湖北省高等学校省级精品课程配套教材

三峡民俗文化
SANXIA MINSU WENHUA

（第二版）

余远国 主编

图书在版编目(CIP)数据

三峡民俗文化/余远国主编. —2版. —武汉：中国地质大学出版社,2015.3
(2018.8重印)
ISBN 978-7-5625-3603-1

Ⅰ.① 三⋯
Ⅱ.① 余⋯
Ⅲ.① 三峡-风俗习惯-介绍
Ⅳ.①K892.471.9

中国版本图书馆 CIP 数据核字(2015)第 044426 号

三峡民俗文化	余远国　主编
责任编辑：马　严	责任校对：张咏梅
出版发行：中国地质大学出版社(武汉市洪山区鲁磨路388号)	邮政编码：430074
电　　话：(027)67883511　　传真：67883580	E-mail:cbb@cug.edu.cn
经　　销：全国新华书店	http://www.cugp.cug.edu.cn
开本：787毫米×960毫米 1/16	字数：304千字　印张：15.5　图版：12
版次：2015年3月第1版	印次：2018年8月第2次印刷
印刷：武汉市籍缘印刷厂	印数：1001—2 000 册
ISBN 978-7-5625-3603-1	定价：48.00元

如有印装质量问题请与印刷厂联系调换

《三峡民俗文化》编委会

主　编：余远国

副主编：王　玲　　陈　红　　梁正义

编　委：刘　晗　　刘伟华　　金运华　　李承燕
　　　　江培忠　　李　静　　孙　平　　刘　勤
　　　　王　玮　　覃妩周　　杨宏明　　孟凡华
　　　　席东军　　刘雪梅　　刘　艳　　谭庆虎
　　　　杨　娟　　邢　昊　　陈晓薇　　张　斌
　　　　杨四明　　李煜林　　余　昭　　刘　舒
　　　　田纯亚　　秦学政　　袁裕校　　刘正国

三峡民俗文化

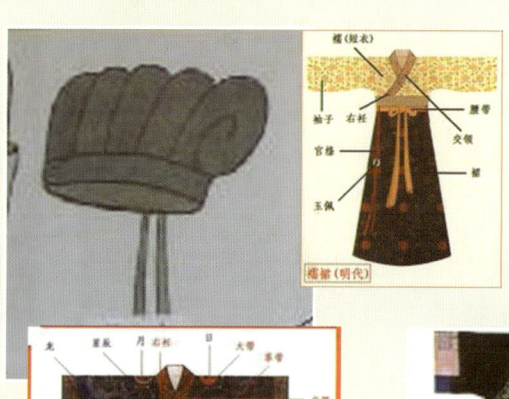

汉服

露水衣

挑花围腰

土家头饰

花背篓

滑竿

纺车

三峡民俗文化

挑夫（棒棒）

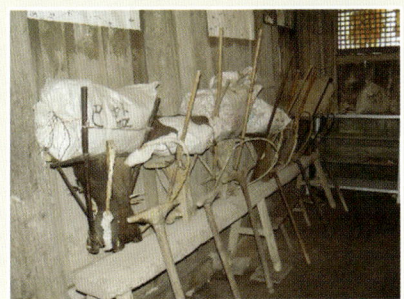

背架子和打杵

鸡公车

蓑衣

传统榨油器

犁

风斗

三峡民俗文化
SHAN SANXIA MINSU WENHUA

梁平年画

根雕 孔雀开屏

木雕铺

长江三峡阴沉木雕

三峡民俗文化

农民版画《赶狐狸》

皮影戏道具及演出

三峡剪纸

三峡民俗文化
SHAN SANXIA MINSU WENHUA

棕叶编　蚱蜢

绣花鞋垫

西兰卡普

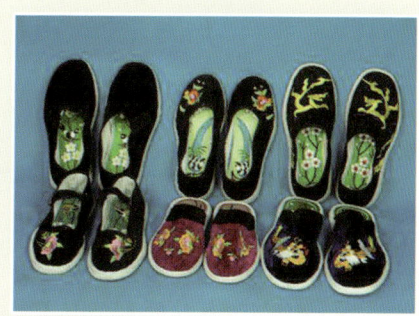

土家族绣花鞋

竹编

油画《三峡竹编》（亚力绘）

纸花

远安垭丝

青林寺谜语传承人赵兴寿(左)、民间故事家刘德方(右)

打闹草

《黑暗传》手抄本

打锣鼓

梁平柚

百里洲沙梨

魔芋

关口葡萄

黄金菇

三峡民俗文化
SHANXIA MINSU WENHUA

巴东豆干

金包银

昭君眉豆

合川桃片

红春民俗文化村鸟瞰图

红春民俗文化村一角

昭君故里

屈原祠

袁裕校家庭博物馆

正国民俗博物馆正大门

正国民俗博物馆宗教文化展厅一侧

编写及修订说明

长江三峡作为中华民族母亲河上最伟大的自然奇观,千百年来留下了无数的历史华章,也是全世界旅游者向往的胜地。三峡蓄水以后,长江三峡泛指三峡库区,即西起重庆,东至湖北宜昌,长达600余千米,水面面积约1 084平方千米的巨大水库及周边地区。三峡是巴、楚、蜀三大文化的交融地带,历经了春秋战国时期廪君率领部族从鄂西迁川东、明清之际"湖广填四川"、抗日战争时期民国重心西迁、当今三峡工程移民安置的四次大移民,造就了一个独具特色的文化地域空间,从而使三峡地区民俗文化丰富多彩且独具风韵和魅力。三峡民俗文化是特指三峡地域内民间老百姓在长期的历史进程中逐渐形成、相沿成习、传承久远的风俗习惯和意趣风采。它曾是人们长期赖以生存的一种精神支柱,也是长期维系宗族和伦理,维系正常生产和日常生活的行为准则。

然而,随着改革开放和经济社会的不断发展,原本流行久远的民俗民风在保护和传承问题上遇到了挑战。一些保存完好的民俗民间文化出现萎缩,一些民俗从业人员随着生活的压力等原因相继转换岗位,一些经典的民俗项目和优秀的民间艺人正在人们的生活中逐渐消失。2003年10月,宜昌作为唯一的地级市与浙江、云南两省被确认为国家首批3个非物质文化遗产保护综合试点地之一。一场声势浩大的、前所未有的"非遗"（非物质文化遗产）抢救保护工作由此展开。2009年，端午节被联合国教科文组织列入《人类非物质文化遗产代表作名录》，其中秭归县的"屈原故里端午习俗"榜上有名。截至2014年底，宜昌已有国家级非物质文化遗产保护项目18个，省级非物质文化遗产保护项目38个，市级非物质文化遗产保护项目64个。

三峡优秀的民俗文化是三峡文化旅游的重要内容，是丰富三峡旅游产品、促进三峡旅游发展的重要组成部分。编写《三峡民俗文化》一书，旨在让读者了解三峡民间独特的风土人情，从而进一步理解"一方水土养一方人"的深刻道理，做三峡民俗文化的宣传者、保护者、传承者。同时，教育人们尤其是青年学生讲究礼仪、诚实守信、遵纪守法、廉洁奉公，增强服务意识，养成团结协作、敬老爱幼、爱岗敬业、吃苦耐劳的良好品德。

《三峡民俗文化》一书自2010年3月首次出版以来，作为湖北三峡职业技术学院省级精品课程"三峡民俗文化"的配套教材，深受师生喜爱；作为宜昌部分民俗旅游景区独特的旅游商品，备受游客青睐。随着时代的发展，书中部分内容亟待修订和完善，通过广泛收集读者的意见和建议，经编委会认真研究，决定对本书进行修订。

2013年5月15日，教育部、文化部、国家民族事务委员会三部委共同出台《关于推进职业院校民族文化传承与创新工作的意见》（以下简称《意见》）（教职成[2013]2号）。《意见》指出，要充分认识推进职业院校民族文化传承与创新的重要意义：第一，推进职业院校民族文化传承与创新是发挥职业教育基础性作用，发展壮大中华文化的基本要求；第二，推进职业院校民族文化传承与创新是提高技术技能人才培养质量，服务民族产业发展的重要途径。《意见》的出台，为本书的修订提供了强有力的政策及理论指导,修订后的《三峡民俗文化》,将努力贯穿"弘扬传统文化,守住精神家园"的思想,力图为民族文化传承与创新作出更大贡献。

《三峡民俗文化》一书的撰写及修订工作由渝东鄂西三峡地区的高等院校、国家示范中等职业学校、旅游企业、旅游及文化主管部门从事旅游教育和民俗研究的专家及教师共同完成。其中,余远国(湖北三峡职业技术学院)负责全书总体框架设计、总纂、修改、定稿,并担任主编;王玲(湖北三峡职业技术学院)、陈红、梁正义(三峡旅游职业技术学院)担任副主编。参编人员有:刘晗(三峡大学),刘伟华、金运华、李静、孙平、刘勤、王玮、覃妩周、杨宏明、孟凡华、席东军(湖北三峡职业技术学院),刘雪梅、刘艳(三峡旅游职业技术学院),谭庆虎(恩施职业技术学院),杨娟(三峡电力职业学院),邢昊(宜昌三峡环坝旅游发展集团),陈晓薇(车溪民俗旅游区),张斌(重庆三峡职业学院),杨四明(宜昌市旅游局),李煜林(宜昌市文化局),余昭、刘舒(宜昌三峡广播电视总台),田纯亚(长阳职业教育中心),秦学政(秭归职业教育中心),袁裕校(宜昌市袁裕校家庭博物馆)、刘正国(宜都市红春民俗文化村)。

本书在编写及修订过程中得到了宜昌三峡职业教育集团理事长韩德锋教授,湖北三峡职业技术学院党委书记郑泽金教授,湖北三峡职业技术学院校长游敏教授,宜昌市旅游局局长柳兵先生、副局长李强先生和宜昌市文化局局长王永平先生,宜昌市非物质文化遗产抢救保护中心主任林鸿女士,宜昌市教育局职业教育研究室主任石希峰先生等领导的大力支持和帮助,得到了湖北省民间文艺家协会副主席王作栋先生、三峡旅游职业技术学院原党委书记龚永新教授、宜昌三峡人文社会科学研究所所长吴绪久教授、三峡大学经济与管理学院旅游系主任阚如良教授、三峡旅游职业技术学院副院长张耀武教授、湖北三峡职业技术学院旅游与教育学院副院长杨崇君教授、恩施职业技术学院旅游系主任余明学副教授、三峡电力职业学院培训处处长郭志敏副教授等老师的积极建议和指导,编写中,我们也学习和借鉴了众多民俗专家、学者的研究成果,在此一并深表谢意!

由于时间仓促和水平有限,本书疏漏之处在所难免,敬请广大读者批评指正!

编 者

2014 年 12 月

三峡民俗，三峡文化的瑰宝

（代序）

三峡民俗，三峡文化的瑰宝。只要是接触过三峡的人，都会由衷地发出如此的赞叹。

我虽然不是出生于三峡，但在三峡生活了近四十年，自然对三峡民俗的感叹会更加地强烈。

早在20世纪60年代，我在三峡之滨的宜昌就读高中。有一年，我找了一个闲暇的时间走了一趟三峡。当我徒步来到屈原故里的泄滩镇时，我便为峡江边那种古朴的民风、淳厚的民俗所折服了。俗话说：泄滩急，青滩险，浪急惊似广陵涛。而我就在那泄滩处，品味了峡江的民俗小吃，品味了峡江人们背粮的厚重，品味了船工们在急流中沉着稳健的气质，品味了他们那种助人为乐的诚真情怀。可以说，那一幕是我一生难以忘怀的；也可以说，那一幕对我的人生成长也产生了不小的影响。后来，我在系列散文《对面的三峡》中对那一幕作了浓墨重彩的描述，在《三峡兄弟滩》中也虔诚地记下了这些往事。也就是从那时起，三峡民俗在我心中种下了一颗真诚的种子。

大家知道，屈原是从三峡走向世界的四大文化名人之一，被誉为"东方和平天使"的王昭君是从三峡走出的四大美女之一，他们的根都在三峡。三峡也因为他们,产生而衍生了令人回味不尽的民俗。谁不知道端午节呢?在我国众多的法定节日中,唯一一个与个人有关的节日,便是纪念屈原的端午。插艾蒿,喝雄黄酒,划龙舟,吃粽子……这一系列的民俗活动不仅在三峡传承了,而且也如屈原一样,其影响遍及全国,甚至全世界。当年,宋代陆游入蜀,夜宿三峡,正值端午,他感受到屈子归州这种浓浓的民俗气息,留下了一首难得的诗作《归州逢重五》:斗舸红旗满急湍,船窗睡起亦闲看。屈平乡国逢重五,不比常年角黍盘。前些年,我到屈原故里,参加了几次端午文化节,那声声招魂曲,那杯杯雄黄酒,总让人不能自已。算起来,我记述屈原故里的诗作已近五十首了。其中,关于民俗的描绘也是让我常记在怀的。现在,如果大家到屈原故里去,到王昭君故里去踏访,那浓浓的民俗之风一定会让你陶醉的。

前些日子,在对三峡文化作解读时,我曾说过,三峡文化首先是"山水文化的共存"。也正是因为有了绵延的大山,才有了"长刀短笠去烧畬"的劳作习俗;也正是因为有了波光粼粼之水,才有了"花红易衰似郎意,水流无限似侬愁"的爱恋习俗的曲婉表达。"杨柳青青江水平,闻郎江上踏歌声。东边日出西边雨,道是无晴却有晴。"这其中所表达的风俗寓意,我想大家一定能很好体会的。

三峡这一带,也是个民族杂居的地方。除了汉族之外,聚居较多的便是土家族了。汉人承载了楚文化,土家人承载了巴文化。楚巴文化相融成了三峡文化的又一重要内涵。楚巴文化相融产生的民俗现象自然也成了这一带很独特的一种景观。不论是唱"阳春白雪",还是唱"下里巴人",只要置身三峡,你总能有不尽的感受。就拿图腾崇拜来说吧,楚人崇凤,巴人崇虎,你是看凤舞,还是听虎啸,来到三峡,你总会有全新的感受。长期以来,土家人已形成了自己的生活方式:吃的金包银(饭),穿的西兰卡普(布),唱的五句子(歌),跳的撒叶儿嗬(舞)。也许,大家已从唱响全国的一曲《花咚咚的姐》中品味出了这种别有风情的韵味来。

说到三峡民俗,她的确是三峡文化中的一块瑰宝,是瑰宝就应当闪光。这些年,有不少有心之人已做了许多发掘和整理工作。截至2009年底,仅宜昌这一带,已列为国家和省级非物质文化遗产名录的就达46种。这是一个不小的成果。当然这还是不够的。民俗也需要传承。最近,为了适应旅游专业的学生所需,余远国教授又做了一件很有意义的事情,他组织整理编写了这部很有实用性的《三峡民俗文化》教材。可以说,这既是对三峡民俗的一次系统整理,又是对三峡民俗的一种有效的传承。对这一举措,我非常感兴趣。不日,这部教材将和大家见面。我想,大家也一定会是非常看好的。那沉甸甸的书稿也恰如一块沉甸甸的瑰宝,让人爱不释手。

"这里的山路弯连弯,这里的水路滩连滩。"我深信,经过大家的共同努力,不断发掘,不殆的整理,不懈地去弘扬,三峡民俗这块瑰宝一定会在三峡"这太阳升起的地方,这月亮挂在的地方"闪耀出无比璀璨的光芒。

时值冬至,此后日长,它昭示着我们将拥有更加丰盈的阳光。我们有理由期待,三峡民俗的前景必定更加辉煌。

三峡人文研究所所长、教授:吴绪久
2009年12月于湖北宜昌

目　录

第一章　民俗概述　/ 1
第一节　民俗的概念和分类　/1
一、民俗的概念　/1
二、民俗分类　/3
第二节　民间习俗的文化渊源　/7
一、宗教信仰　/8
二、自然环境　/9
三、从业特点　/10
四、历史传承　/10
五、文化变迁　/12
第三节　民俗的主要特征　/13
一、民族性　/13
二、群众性　/14
三、传承性　/14
四、变异性　/14

第二章　三峡民间人生礼仪习俗　/ 15
第一节　三峡民间诞生礼俗　/15
第二节　三峡民间婚嫁礼俗　/18
一、三峡土家婚嫁礼俗　/18
二、三峡地区其他婚嫁仪式　/21
第三节　三峡民间丧葬礼俗　/27

一、悬棺葬　/27

　　二、丧葬习俗　/28

第三章　三峡民间服饰习俗　/ 32

第一节　汉族的服饰习俗　/32

　　一、汉服的历史由来　/32

　　二、古代汉服的主要特点　/33

　　三、汉服与唐装、旗袍的关系　/34

　　四、现代汉服　/34

第二节　土家族的服饰习俗　/34

　　一、成人服饰　/35

　　二、小孩服饰　/36

　　三、土家族特色服饰　/37

第三节　服饰与时代　/38

　　一、土家族服饰习俗演变过程　/38

　　二、服饰习俗演变的原因　/40

第四节　服饰与礼仪　/41

　　一、新生儿服饰习俗　/41

　　二、婚礼服饰习俗　/41

　　三、寿礼　/42

　　四、丧礼服饰　/42

第五节　服饰与民俗　/42

　　一、服饰与民俗的关系　/42

　　二、三峡地区土家族服饰民俗　/43

　　三、服饰民俗禁忌　/44

　　四、服饰民俗的特点　/45

第四章　三峡民间饮食习俗　/ 48

第一节　土家族的饮食习俗　/48

　　一、土家族的基本饮食习俗　/49

二、著名的土家佳肴 /50

　第二节　民间饮食礼仪习俗 /51

　　一、宴席礼仪 /51

　　二、饮酒礼仪 /53

　第三节　饮食中的信仰、禁忌习俗 /53

　　一、土家族的饮食信仰 /53

　　二、土家族的饮食禁忌 /54

第五章　三峡土家族茶习俗　/ 55

　第一节　三峡土家族茶礼茶俗 /55

　　一、土家族茶礼 /55

　　二、土家族饮茶习俗 /56

　第二节　三峡地区土家族茶文化载体 /58

　　一、茶谚语、茶谜语 /58

　　二、茶传说 /59

　　三、茶诗词 /60

　　四、茶民歌 /62

第六章　三峡民间建筑与居住习俗　/ 69

　第一节　汉族的建筑与居住习俗 /69

　　一、建筑与居住民俗概述 /69

　　二、汉族建筑民俗 /73

　第二节　土家族的建筑与居住习俗 /74

　　一、土家族的建房习俗 /74

　　二、土家族的居住习俗 /76

第七章　三峡民间交通出行习俗　/ 78

　第一节　民间的交通工具 /78

　　一、三峡地理交通环境概述 /78

　　二、三峡民间交通运输工具 /80

　第二节　民间的出行禁忌习俗 /85

一、出门前注意选择吉日　/85

二、出门行走时要规避的禁忌　/86

第八章　三峡农耕习俗与传统劳动职业　/ **88**

第一节　三峡农耕习俗　/88

一、八把交椅　/88

二、打闹草　/88

三、打锣鼓　/89

四、薅秧歌　/89

五、栽秧酒　/90

六、割谷饭　/90

七、送旱魃　/90

八、开镰　/91

九、封镰　/91

十、放跑　/92

十一、忌戊（忌铁）　/92

第二节　三峡传统劳动职业　/92

一、挑夫（棒棒）　/92

二、背脚子　/93

三、九佬十八匠　/93

四、吆脚猪的　/97

第九章　三峡民间交际礼仪习俗　/ **98**

第一节　致敬礼节　/98

一、叩头　/98

二、作揖、抱拳、万福　/98

三、鞠躬　/98

四、握手、招手　/99

五、举手礼　/99

六、其他礼节　/99

第二节 馈赠礼俗 /99
　　一、节日馈赠 /99
　　二、人生礼仪场合馈赠 /100
　　三、其他馈赠 /100

第十章 三峡民间商业习俗 / 101

第一节 三峡盐文化 /101
　　一、巫盐的起源及特点 /101
　　二、垄断巫盐 /102
　　三、巫盐与栈道 /103

第二节 三峡丹矿 /105
　　一、巫术与丹砂 /105
　　二、三峡丹矿商业文化 /105

第三节 三峡土特产 /105
　　一、土特产的概念 /106
　　二、地理标志产品 /106
　　三、农产品地理标志 /107
　　四、三峡区域土特产类型及代表 /107

第十一章 三峡民间信仰习俗 / 115

第一节 汉族的民间信仰习俗 /115
　　一、祭祖 /116
　　二、祭神 /117

第二节 土家族的民间信仰习俗 /118
　　一、图腾崇拜 /119
　　二、多神信仰 /119
　　三、祖先信仰 /121
　　四、鬼神巫术信仰 /122

第十二章 三峡岁时节日习俗 / 124

第一节 岁时节日习俗的由来和特点 /124

第二节　汉族的节日习俗　/125

一、春节习俗　/125

二、节气习俗　/127

三、节庆习俗　/129

第三节　土家族的节日习俗　/131

第四节　节气、节日禁忌习俗　/134

一、节气禁忌　/135

二、节日禁忌　/136

第十三章　三峡民间文学　/ **138**

第一节　三峡民间文学概述　/138

一、三峡民间文学的主要内容　/138

二、三峡民间文学的主要特征　/143

第二节　神话传说　/144

一、《黑暗传》　/144

二、炎帝神农传说　/144

三、屈原传说　/145

四、王昭君传说　/146

第三节　三峡民间故事　/147

一、都镇湾故事　/147

二、下堡坪民间故事　/147

第四节　青林寺谜语　/148

第五节　寇准的故事　/148

第十四章　三峡传统音乐　/ **150**

第一节　锣鼓　/150

一、宜昌堂调　/150

二、薅草锣鼓　/151

三、建始喜花鼓　/151

四、建始丝弦锣鼓　/151

五、兴山围鼓　/152

　第二节　吹打乐　/152

　　一、枝江民间吹打乐　/152

　　二、土家打溜子　/153

　　三、长阳吹打乐　/153

　　四、远安呜音　/154

　第三节　民歌　/154

　　一、兴山民歌　/154

　　二、利川灯歌　/155

　　三、宣恩十姊妹歌　/155

　　四、雾渡河民歌　/156

　第四节　宜昌丝竹　/156

　第五节　江河号子　/157

第十五章　三峡传统戏剧曲艺　/　159

　第一节　传统戏剧　/159

　　一、峡谷皮影戏　/159

　　二、南剧　/160

　　三、灯戏　/160

　　四、傩戏　/161

　　五、远安花鼓戏　/161

　　六、鹤峰柳子戏　/161

　　七、巴东堂戏　/162

　第二节　传统曲艺　/162

　　一、南曲　/162

　　二、恩施扬琴　/163

　　三、三棒鼓　/164

　　四、利川小曲　/164

　　五、鹤峰满堂音　/165

六、枝江楠管　/165

　　七、恩施三才板　/166

　　八、当阳打鼓说书　/166

第十六章　三峡传统舞蹈及竞技游戏习俗　/ **168**

　第一节　三峡传统舞蹈　/168

　　一、土家族撒叶儿嗬　/168

　　二、肉连响　/169

　　三、地龙灯　/169

　　四、摆手舞　/169

　　五、建始闹灵歌　/170

　　六、宣恩耍耍　/171

　　七、地盘子　/171

　　八、八宝铜铃舞　/172

　　九、滚龙连厢　/172

　　十、地花鼓　/172

　　十一、巴山舞　/173

　第二节　三峡民间竞技游戏习俗　/174

　　一、赛龙舟　/174

　　二、少儿游戏　/176

第十七章　三峡民歌　/ **181**

　　一、《今儿没得空》/181

　　二、《伙计歌》/181

　　三、《六口茶》/182

　　四、《龙船调》/182

　　五、《花咚咚的姐》/183

　　六、《黄四姐》/184

　　七、《三峡,我的家乡》/185

　　八、《山路十八弯》/186

九、《三峡的孩子爱三峡》 /187

十、《雀尕飞》 /188

十一、《这山望着那山高》 /189

十二、《对门对户对条街》 /190

十三、《郎在高山打一望》 /191

十四、《哈格咂》 /192

十五、《天造的柴埠溪》 /193

十六、《鸦雀子喳叽喳》 /194

十七、《幺妹,叭一口》 /194

十八、《姑儿家》 /195

第十八章 三峡民间工艺美术 / 197

第一节 三峡民间工艺美术概述 /197

一、造型特征 /197

二、审美特征 /200

第二节 三峡民间工艺美术类别 /202

一、刺绣、挑花 /202

二、年画 /203

三、编织 /204

四、剪纸、彩扎 /205

五、传统玩具 /206

六、三峡皮影 /206

第十九章 姓氏家族文化 / 207

第一节 姓 氏 /207

一、中国姓氏概述 /207

二、中国姓氏由来 /208

三、中国姓氏概况 /209

四、三峡宜昌姓氏人口比例 /210

第二节 家 谱 /211

一、家谱概述　/211
　　二、家谱的起源及修谱的历史　/211
　　三、家谱的形式、体例和内容　/213
　　四、家谱的价值和作用　/214
　　五、家谱的保存　/216
　第三节　宗　祠　/217
　　一、宗祠沿革　/217
　　二、宗祠管理　/217
　　三、宗祠建筑　/218
　第四节　堂　号　/218
　　一、堂号概念　/218
　　二、堂号来历　/219
　　三、堂号的种类　/219
　　四、堂号的意义和作用　/220
　第五节　人　名　/220
　　一、名、字、号　/220
　　二、班辈排行　/222

附录一　宜昌袁裕校家庭博物馆简介　/ 223

附录二　宜都正国民俗博物馆简介　/ 224

主要参考文献　/ 226

民俗概述

本章是了解和认识民俗、三峡民俗概况的入门篇。主要就民俗的概念、民俗的分类、三峡地区民俗的主要类别、民间习俗的文化渊源、民俗的主要特征进行讨论，旨在了解民俗和三峡民俗的基本情况，对后面学习和掌握三峡民俗事象及其特点奠定基础。

第一节 民俗的概念和分类

民俗，即民族风俗习惯，是一个民族区别于另一个民族的特征之一。三峡地区，是土家、苗、侗、汉多族人民聚居的地区，在这里各民族又保留了各自的民俗文化而且自成群落。总之，该地区是一个兼容着多元文化的地区，因而各民族的风俗习惯异彩纷呈。这些丰富的文化资源，只要依循科学发展的观点去开发利用，就可以转化成永久性的文化价值资源。

中国古代有"入门问讳"的说法，"讳"就是风俗习惯（包括各种禁忌）。它警示人们，要想在一个民族地区自由穿行，一定要尊重该民族的风俗习惯，这也就是尊重民族的价值观。所以风俗习惯被认为是民族问题中的敏感问题，党和国家的民族政策就充分地体现了这些。

旅游从业者应该充分了解各民族的风俗习惯，用审美情感去发现、认识、介绍三峡地区各民族的清风美俗。游客一定会被风俗的"奇（美）异（新鲜、陌生美）"所吸引、冲击，从而体验到不同文化的温馨和审美性感动。

民俗是民族个性化标志之一，是一个民族文化的重要元素。要了解一个民族的心理方式和行为方式，首先必须了解民俗的概念和类别。

一、民俗的概念

民俗拆析开来，有三个元素：风、俗、习惯。简单地说，民族群体的习惯，是为适应特定的地理、历史、宗教、政治环境的最佳选择。"习惯"被认同、凝固成了"风俗"（即经历了"风"化、规范化的过程），这时它在一个民族内就具有了普世价值和历时性（即具有了被传承的价值和特性），所以三者之间，既有生成关系，又有流变关系。

也有些习惯，不能被凝固成俗，但仍然被沿袭和传承，从而成为"准风俗"，即所谓习惯。如土家人"转工打伙"的生产习惯。于是就有了风俗习惯之说。

风俗习惯的概念，有多种界定。目前比较简单、明确、通俗的界定，应该是各民族在物质生活和精神生活方面广泛流行的风尚、习俗。

这个概念的内涵表明，风俗习惯是一个民族在特定环境下的价值参照系统。被本民族成员高度认同，同时又对民族个体的行为起着支配作用，为满足生产、生活、生殖（民族繁衍）的需要，作为一种心理方式和行为方式，能在各种生活领域的实践活动中得到长期传承。

必须说明，这里提出"生殖"的需要，这是因为解放前的三峡地区，尤其是高海拔地区，山大人稀，生产所得不够维持劳动力再生产，只能维持生命低劣的延续，生育上存活率也低。为了民族的繁衍，那里就有许多有关生殖的风俗习惯存在。

风俗习惯的内涵，决定了它宽广的外延。它表现在一个民族的衣、食、住、行、婚、丧、诞、娱的方方面面，而各种礼仪场合又是风俗习惯最集中的表现。

不同的民族，心理方式不同，而且差异较大。比如，东邻土家姑娘，做饭时突然发现没盐了，去向西邻大嫂暂借一勺盐对付过去。要是大嫂直接把盐搁到姑娘手心，姑娘不会感谢，还会惊讶地自认倒霉，甚至会迅速地把盐撒掉，拍拍干净，因为这是犯了禁忌：这意味着姑娘婚后将会遇到"难产"。大嫂如果是其他民族的，情况会好些，姑娘会原谅她不懂"规矩"（风俗）。如果大嫂是土家人，则会被认为是不怀好意。大嫂应该用桐子（"童子"谐音）叶包了给她，表示对她未来的祝福，或用瓷碟盛上给她。当然，姑娘自己没带盛具也是失误。不管怎样，以后要是姑娘真的遇上难产，虽然这纯属巧合，两家会因这点禁忌永久结怨。话说回来，如果借盐的是位汉族姑娘，就什么事也不会发生。不同的民族，风俗和习惯就是这样千差万别。这个借盐的细节，在恩施太阳河一带偏远地区仍然流传着，它只是民族风俗习惯海洋中的一朵小小浪花。

风俗习惯又是一种行为方式。土家山寨至今保留着接待客人时一些特殊礼数，如表现授受方式的"叩肘礼"，给客人敬烟、递茶水、盛饭等不管所授给的东西是什么，也不管这些东西是粗劣的还是精美的，"礼性必须到堂"，授者必须右手单手持物，左手掌撮拢微屈，叩在右手肘关节上。而对方必须用双手接着，就算很得体地完成了授受礼。如果一方不按规范操作，就算傲慢无礼，还会因为这个细节让大家心存芥蒂，导致办事不顺利。

尽管许多心理方式和行为方式在别的民族成员眼里显得滑稽可笑，但要在土家山寨的人际关系中自由穿行，就必须了解并尊重这些风俗习惯。

最能集中表现风俗习惯的，是民族礼仪。因为民族的任何礼仪，都是民族风俗习惯的集合。民族礼仪有最喧嚷的又不得不遵守的行为规范。它是社区伦理关系中的最高调节，长幼尊卑的关系在这里被严格地秩序化。民族礼仪也是民族风情最集中的表现：从礼教、服饰到情感表达方式，都有特定的行为规范，是社区舆论维持的热点。可以说，土家人每一种古老的礼仪，都是被高度神圣化了的，连心理方式、行为方式也几乎全被图腾化了。

总之，民族风俗习惯是民族生产、生活、生殖（民族繁衍）的需要，也是由普遍流行的价值观念决定的。它通过民族社会生活的方方面面表现出来，并成为长期传承的心理方式和行为方式。

二、民俗分类

韩国人赵治勋在《韩国民俗学概说》一书中对民俗作了这样的分类：一是口头传承类，包括神话、传说、民谚、童话、笑话、民谣、牧歌、谚语、方言、隐语、民俗剧的台词等；二是信仰传承类，包括礼曹、占卜、禁忌、主簿、自然崇拜、动物崇拜、异人崇拜、家宅神、巫俗等；三是意识活动传承类，包括山俗、婚俗、丧葬、祭礼、年中活动等；四是技艺传承类，包括饮食、服饰、居住、民具、民俗游戏、民俗竞技、民俗舞蹈、民俗音乐、民俗剧、木偶戏、民间医疗等；五是共同生活结构传承类，包括家族制度、社会构造、经济组织、生产技术等。

三峡地区是土家族的腹地。尤其是清江流域和酉水流域居住着以土家族为主体的土家、苗、侗、汉等各族人民，各种风俗习惯异彩纷呈。但实地考察的结果证明了一个事实：各民族"混居不混俗"。

由于历史久远，在民族杂居的地方，许多文化事象的确出现了文化粘连，而且出现相互涵化的现象。一条长峡，就出现了巴文化、西边的巴蜀文化、东边的巴楚文化，比如用对歌的方式传递爱情信息的婚恋习俗，还有婚嫁中的哭嫁习俗，这都是巴人风俗习惯的遗落，但今天却成了三峡绝大部分地区各族的共同风俗习惯。甚至连对歌和哭嫁的歌词中，除了那些明显的民族标志性的符号，其他内容都大致相同，已弄不清谁属谁家。

不过，那些代表民族个性的风俗习惯，反映人种起源、生命原型记忆和有关民族生存的风俗习惯，则绝不会发生文化粘连。比如图腾崇拜和各种行为禁忌等，它们在传承中，就像土家谚语说的"踩不断的铁板桥"一样，形式上虽略有变化，但文化核心价值不会变。这条谚语反映了民族对自己风俗习惯在传承上的自信。

以土家族图腾崇拜为例。虽然该地区对图腾崇拜对象的说法很混乱，但它们在学理上仍然是清晰的。一是巴人创世始祖是伏羲、女娲兄妹，就是成亲生孩子的伏羲兄妹。于是就出现了"太阳崇拜"（伏羲），巴蛇崇拜（女娲是人首蛇身）。二是对巴人后裔即土家人的初祖廪君的崇拜。因为廪君死后魂化白虎，这才有"白虎崇拜"。与白虎崇拜有关的是清江流域对始祖母盐水女神的崇拜。三是犬图腾崇拜，即盘瓠崇拜，盘瓠子孙遍及梁、汉、巴、蜀、武陵、长沙、庐江。这些地区是各族混居的地区，但崇拜对象互不混淆。祭祀中各自使用着本民族的特定图腾歌舞，如《耍耍儿》《盘瓠舞》，这些都是祭祀祖先神的"娱神歌舞"，而不是"媚神歌舞"。各种礼仪都有崇拜各族自己图腾的内容。如土家丧仪就体现有"白虎崇拜"。

禁忌可分为图腾禁忌和生活中的行为禁忌。它表现的是民族的心理方式。图腾禁忌，如早上起床不准说蛇，全天都不许比划蛇，这是"巴蛇崇拜"的禁忌。蛇要改说"淄"，连称呼余姓人家，或余姓自报家门时也自称"淄"某。生活中的禁忌更多，更琐细。比如前面所描述的借盐的细小禁忌。这些禁忌，也属于风俗习惯的内容。

祖先不会错认，所以才有"混居不混俗"之说，这就为民族风俗习惯的分类提供了可能。

根据三峡地域的实际，三峡风俗习惯主要可分为以下六类。

（一）人生礼俗

人生礼俗是指人从生到死整个社会生活过程中的重要环节及重大事件的礼仪习俗。这里以清江流域土家人的民族风俗习惯为例。

1. 民间诞俗

民间诞俗包括初生礼和生日酒。初生礼属于隆礼，有三个规程，即报喜、洗三朝、整满月酒（或祝米酒、嘎嘎酒）。生日酒比较隆重，一是孩子满周岁，二是寿酒，即从六十岁起，每满一个旬年，称为大寿。

2. 成人礼

土家族的成人礼没有汉族那种专门仪式。土家人以女子月经初潮为"成人"。自此，女性在生活中多了许多禁忌，而且必须在社交中"防嫌"。但也多了许多宽松：可以不必回避女人们在一起的"生理座谈"，还有意准许姑娘从妇女口中获得性知识。未成人的女孩则不准。男子十八岁要能独立进行生产活动，正所谓"三岁牿牛十八汉"。

3. 民间婚嫁习俗

"改土归流"前，土家家庭是以"夫妻本位"为主。婚恋也比较自由，男女只要相爱相悦，双方只要"放话"就可以结合。婚礼中"哭嫁"是少不了的，"哭嫁"又叫"陪十姊妹"，男方也有与之相对应的"陪十弟兄"。谚语有所谓"把（给）不起陪送哭得起嫁"。"改土归流"前的"哭嫁"内容，显示了土家女人在婚姻中的地位较高。"哭嫁歌"的中心思想是"宁做一千夜媳妇,不做一夜闺女"。

"改土归流"以后,受封建礼教的影响,家庭已由"夫妻本位"变成了"父母本位"。官府明令禁止"放话"习俗,婚恋失去自由,婚仪变得繁琐。汉族那套说媒、相亲、订亲(合八字)、举行婚礼……全被引进。但仍然保留了"哭嫁"。不过,它的中心思想已经变为"宁做千夜闺女,不做一夜媳妇"了。女人在婚姻中的地位一落千丈。

4. 丧葬习俗

丧葬习俗是土家族最重视的人生习俗,谚语"不怕生时无人问,只怕死后无人哭"。丧葬里有跳"撒叶儿嗬"礼俗,土家人死了不下地狱,"撒叶儿嗬"提醒灵魂要回到列祖列宗那里去尽到保护儿孙的义务。葬仪有很多禁忌。棺材对木材的"头数"很讲究,以6、11、16、21为可。但"6个头"要求的木料太大,21个头的木料又太小,所以11和16最合适。这是按"生老病苦死"铁定轮回循环确定的数字,即能定位在"生"字上的数。合棺材不能用铁钉,以免把"生"钉"死"。

(二) 农耕习俗

清江流域土家族的风俗习惯里农耕风俗习惯最多,而且许多习俗沿用至今。

1. 新春祭

民歌《龙船调》的原型,就是新春祭中的《种瓜调》,它是"瓜园祭"时唱的"媚神歌"。栽秧时节有"开秧门"的习俗。茶园茶事开始,也有"茶园开园祭"。

2. 开园祭

夏季打麻时也有麻园的"开园祭",今天保留有大量祭祀时使用的媚神歌。薅草季节,有"打薅草锣鼓"的习俗。

3. 丰收祭

秋季有"丰收祭"习俗,也叫"尝新祭"。如"开斗门"就是尝新谷,把第一斗谷晒干碾成米尝新;"开苕门"(每年八月初二)。伴随这些习俗的,也有许多媚神歌。收苞谷、扭苞谷时邻里聚到一起干活唱歌庆丰收。

4. 吃刨汤

冬季感恩年成。"吃刨汤"是祈愿明年农牧业大丰收。整个山寨"吃刨汤"这个风俗习惯,有很深厚的原始的"部落集体主义"的痕迹。每户总是倾家而出,一场"刨汤"吃下来,猪杀得小的人家,还得借肉过年。此外,进入冬季,在田间管理上,麻园有"扫园祭",松土、壅兜、上肥,还有"送麻虫"的仪式,就是把败叶扫(象征性的)到一堆,跟纸钱一起烧掉,送麻虫升天了,明年就不再危害苎麻。

（三）饮食习俗

前面的"开秧门"要吃"栽秧汤圆"。汤圆个头越大越好，预兆着今年收获也大。以一个大饭钵能装下四个汤圆为上限，边吃边添，普通劳力很难吃下一碗。吃得最多的可以私下收到一个红包，等于贿赂神，求神赐予大丰收。

土家年俗里，有一道特殊菜叫"年肉"。把半肥半瘦的腊肉，切成每三块相连（谐音"年"）在一起，俗称"一刀"，再夹以小米或糯米在肉缝间蒸熟。劝菜时起码得吃完"一刀"。

"鲊食"习俗，是土家先民渔业时代就创造出的饮食习俗。在冰箱出现以前，为防止鱼和猪肉变质，虽然早早有了腌渍薰干、晒成腊肉、干肉的方法，但不能保鲜。能保鲜的唯一办法就是"酸鲊"，"酸鲊肉""鲊辣椒"至今仍是土家美食，是深受山外客人欢迎的土家名菜。鲊食习俗历史久远，至今人们还把做客时从主人家带回的一切小礼物都叫"鲊包"。清代土家文人彭秋潭《竹枝词》就用了"鲊包"一词。

（四）服饰习俗

在服饰的制作形式上，各民族大同小异，但仍然有区别。比如，都添加一些本民族的文化元素。土家服饰就爱用西兰卡普镶边，喜欢大红大绿。穿法上也有自己的审美性追求。女人们夏穿"鸦鹊口"：白布大襟衣外罩青布马甲。春、秋穿"三祭水"：里层长，中层次之，外层短，下摆形成三道天然"镶边"，还有"夸（炫）富"的意思。女人头上包白布或者青丝帕。男人夏季穿白"汗头"，冬秋着长袍、腰扎皮褡裤，头上包白布或蓝布帕（不戴青布帕）。男女都穿又短又大的裤子，露出小腿显示出健美。

（五）交通习俗

清江流域的主要交通工具是"蚱蚂舟"（豆荚舟），当地人叫"行船"（区别于渡船），可装载二十至三十人。解放前陆上交通主要靠马帮和人力来肩挑背驮，平路、山路都有"挑脚夫"，山地有专业的"背老二"。川湖古道上至今流传着许多反映他们生活情况的民歌，如《脚夫谣》。

（六）恩施州土家族、苗族的特殊节日

1. 女儿会

以石灰窑和大山顶为原生地的"恩施土家女儿会"，是生命意义上的节日，是一种特殊的婚恋活动形式。石灰窑每年七月十二；大山顶每年七月初九。一年一度，非常盛大。

2. 春社节

恩施土家"春社节"（土家思亲节）吃社饭、挂青，拿着清明吊儿、宝盖、花篮、幢

幡、丝弦锣鼓，排着长队去到坟头祭奠。

3. 椎牛节

椎牛节是农耕文化的遗落。椎牛，亦称"吃牛"，也叫还大牛愿，是苗族祭祀活动中最盛大、最隆重的一项还愿仪式。古时候，苗家人患重病或中年无子，认为是牛鬼作祟，需许椎牛大愿，病愈或得子后还愿。

第二节 民间习俗的文化渊源

民族风俗习惯的文化渊源，学界较为普遍认同的，是以当地该民族的自然条件和经济文化生活为基础，并在长期的历史发展中逐渐形成的。因此，任何民族的风俗习惯，都是历史的产物，都具有历史的必然性、客观性，同时又具有时代的局限性。

但上述对于民族风俗习惯的界定，回避了一个基本事实。它虽然也提到了"文化"，却没有对渊源最深的"宗教信仰"作出强调。所有的田野调查表明，任何一种风俗习惯的形成，都受宗教信仰的统摄（暗摄或明摄）。可以说，离开了宗教信仰，就没有少数民族沿袭至今的风俗习惯和所谓的"文化生活"。所以民族风俗习惯的文化渊源，应当给予它合理的强调，风俗习惯应该界定为：以当地民族宗教信仰为主要行为动机，以自然条件和经济文化生活为基础，并在长期的历史发展中逐渐形成的。因此，任何民族的风俗习惯，都是历史的产物，都具有历史的必然性、客观性，同时又具有历史的局限性。

世界远古的历史，就是神话的历史，中国也是一样。无论是三皇五帝，还是部落酋长，他们都是"神"。是先民需要他们成为民族的精神支柱才让他们成神的。所以，后来的祖先神崇拜同样也是因为民族需要精神支柱，才会延续。自此各民族的生产、生活自始至终地跟自然宗教密切相关。有各种各样的神，才有泛神祭祀和各种近乎繁琐的禁忌。生产、生活、生殖以及其他一切活动，也是自始至终围绕着这些活动展开的，这就逐渐地形成了民族风俗习惯。于是，民族就经历着从无到有、由简到繁、由野蛮到文明的历史发展过程，民族风俗习惯是这一历史发展中一定发展阶段的产物，随着民族风俗的形成，也就逐渐代替了民族、部落的风俗习惯，这一过程，经历了相当长的筛选、淘汰、更新、创立等形成过程。传承到今天的现存的民族风俗习惯，都经历了这一过程。

比如，远古出征、凯旋或民族重大庆典，这类隆礼往往用"人牲"祭祀。这种残酷的风俗，在历代传承中变成了巫师（或梯玛）念咒后，在自己额眉间砍一个小口，象征性地流一点血来代替"人牲"，这叫"开红山"，再由"开红山"演变为在额眉间用红色(朱砂)渍抹一竖条。在土家地区这两种形式曾经并存过一段时间。这就是"人牲"祭祀风俗在历史中经过筛选、淘汰、更新的过程。更新后的形式再被沿用就是创立的过程。"立"起来了,就代替了旧俗。

民族风俗习惯逐步形成的过程,就是对过去风俗习惯的扬弃、继承的过程,也是新的风俗习惯形成的过程。如恩施州建始县娱神歌《黄师姐》就是女性"色相献祭"代替古代用"女人作人牲"献祭的例子。黄师姐是曾经活跃在这一带的色艺出众、技盖一方的宗教名优。神喜欢"名优品牌",后世女巫都扮成黄师姐对祖先神进行宗教性的诓骗。歌里的那些华贵饰物是贫困的土家人力所能及的想象,尽管这些"馈赠"是不存在的,但由女巫把黄师姐的色相和这些精神性存在物一并献给神,神会高兴的。表演黄师姐用色相贿赂神,代替活的女人献祭,同样容易建立人神亲情。这也是新的祭俗代替旧的祭俗,是风俗习惯经历由野蛮向文明发展的过程。现代人把"黄师姐"改成"黄四姐",一字之改,改掉了一个民俗,把娱神歌改成了情歌。同时也改掉了这首歌的生成史。

总之,民族风俗习惯的形成,有其宗教渊源、历史渊源,又有其现实基础。

人类历史的任何一个时期,都在萌发并形成新的民俗。比如,一年一度的中央电视台播放的春节联欢晚会,就是由改革开放之初,人们在春节里用文艺表演形式表达自己的欢乐的普通文化事象(一个新民俗开始萌发),延续下来,就逐渐成为全体华人的民俗了,成了春节除夕夜最能引起悬念的新民俗。

民族风俗习惯形成的文化渊源,有以下五个方面。

一、宗教信仰

前面指出了风俗习惯的形成与宗教信仰的渊源最深,绝大多数风俗习惯直接发端于宗教信仰,相沿至今而成为民族风俗习惯。前面所列举的那些风俗习惯(包括各种禁忌),都是由宗教信仰直接形成的。

民族风俗习惯的产生,不仅受物质条件的制约,还与和这种客观物质条件相适应的主观精神条件,即人们的认识水平,以及人们在社会生产和生活中的精神心理状况有密切关系。在宗教信仰的时代,根本就没有非宗教人,即使有,也会被视为不正常。人们生产、生活的方方面面都受到宗教心理的支配。比如,土家人入山进行狩猎活动前要祭祀"梅山神",保佑狩猎成功。收猎后还要感谢神。这些猎俗是从古代传承而来的。《诗经·周南·驺虞》叙述的就是狩猎后的祭祀活动,诗里表现出感谢义兽白虎(驺虞)帮助驱赶田里的野猪。在土家人行猎过程中至今还有许多禁忌:"稳嘴"(不准说闲话),不准打口哨,不准唱歌。整个狩猎过程在心理上自始至终都受到宗教信仰的暗摄。

先民的宗教信仰,常常是民俗习惯形成的直接源头。宗教信仰是每个民族的精神支柱。可以说,远古的风俗习惯,都是自然宗教信仰的综合体。即便是各部族结盟的盟主头人,也是在宗教心理支配下通过宗教仪式推选出来的,如土家初祖廪君,就是通过巴、樊、覃、郑、向五大姓结盟时"俱事神"(共同祭祀神灵),然后向石穴投剑、乘土船不沉而推选出来的。既然是神支持的人,大家当然放心、服气。

婚嫁仪式几乎是每个人都要经历的生命盛典。土家婚仪中一连串仪程都与宗教信仰有关,其中"拦车马"仪式中就有一个与生育有关的仪式。由民间"哲人"念诵一段"秘祝词",因为在今天听来是生命尴尬,实在难以启齿,所以念诵时就只有口型,没有声音,通过这项仪式把民族生殖繁衍的任务托付给新人,请神帮助她们做到瓜瓞绵绵。新人对婚后的生育才会充满信心。所以宗教信仰无论大小事,都是民族的精神支柱。

反过来,又是风俗习惯使少数民族每个成员从宗教信仰里体验着文化的温馨。受现代生活的影响,虽然民族风俗习惯的宗教色彩已经淡化,但宗教信仰作为风俗习惯形成的渊源,仍然可以从现存的风俗习惯中找到清晰的精神线索。

二、自然环境

民族栖息地的自然环境、自然条件(含气候条件)与民族风俗习惯的形成有着非常密切的联系。

民族,它首先是具有一定地域关系的共同体,没有空间的民族实体是不存在的,特别是民族形成的初始。生活在这一地域范围的民族,其物质和精神文化生活就不能不受制于周围的自然、地理条件。风俗习惯也不例外。

比如清江流域属山地,全年潮湿多雨,在以前的生态环境状况下,野兽常常侵害牲畜,所以民居中的干栏式建筑习惯就形成了。这种土家吊脚楼,可以通风防潮,又方便牲畜管理,在屋基选择、平整上又可以依山抱势,节约不少挖土方的时间和劳力。这就是民居习俗受自然条件和地理环境制约的例子。

与这种地理环境和自然条件相关的火塘文化与太阳崇拜习俗也产生了。因为山里雨水多,云雾多,能遇上晴天的日子很少,太阳崇拜的产生是可以理解的。恩施柳州城云台观就有一个太阳殿。在道教神庙里安置一位自然神灵,这种别致的神庙结构,就是太阳崇拜习俗顽强的遗落。土家人把自家火塘视为太阳的享殿。

又如恩施土家"女儿会"这个生命意义上的节日,就因为大山顶和石灰窑是两个高海拔地区,解放前还处于"鹿豕狉狉"的蛮荒地带,山大人稀,连出门和劳作都会受到野兽的袭击,婚恋活动更不方便,往往因为婚姻对象别无选择,难免出现畸形"派对"。所以一个古老的风俗"女儿会"就形成了,一年一度相沿举行,为青年男女提供了一个自由的婚恋场所。

由于当时生产力低下,又受这里自然条件的制约,有时人们无可奈何,产生出对自然神灵的依赖,于是建立人神亲情,来祈求受到神灵保护,这才出现了对栖息地保护神的崇拜。保护神不是一个具体的对象神,也许是一个山洞、古树,甚至一墩古怪的岩石、小山峰……如恩施州来凤县老虎洞一座山岩,恩施市大集乡高桩岩一墩孤石,都受到各自社区居民的崇拜,无论出外打工、求财免灾,都到这里烧香挂红。

三、从业特点

民族风俗习惯的形成,与民族经济生活,包括经济条件、经济特点、生产发展水平密切相关,它是民族风俗习惯形成的物质基础。

有什么样的经济基础,就会产生与之相适应的风俗习惯。处在自然经济条件下的民族地区,从农业中分离出来的独立或半独立的从业者,他们中有许多是一些专业的个体手工艺人或作坊师傅,有所谓"九佬十八匠"的说法。各行各业都有自己的行业神和祭祀方式,也有自己的行业禁忌。

比如,木匠修猪圈时不能开口说话,不然这个圈里饲养的猪会啃啮木枋。在当时的生产水平下,人们并不知道这种现象是异食癖或腹内寄生虫造成的。许多人家猪圈修好了,会用手掌沾些石灰浆拍在猪圈墙壁上,表示姜太公打过"火印"了,可以辟邪。"火印"特指"猪丹毒",又泛指猪的一切疫病。

打鱼人("九佬"中的"打鱼佬")用鱼鹰捕鱼时也有其行业性仪式,如在岸边念《打鱼咒》,向河娘娘保证不会因为贪心打了"子孙鱼"。起岸时还要念《收鱼咒》,感激河娘娘,安抚鱼鹰。

恩施州咸丰县土司皇城有座张飞庙(庙宇建筑已经废圮),原来供有张飞像,但当地土家人修庙并不是把他作为战神来供奉的,而是供作"从业神"。因为张飞是屠夫出身,所以当地人把他当作畜牧业生产保护神崇拜,神学原理也很简单:牲畜要是发展不起来,张飞哪里弄来猪杀?据说,覃土司领地内曾普遍发生过猪瘟疫,当时的畜牧兽医凭几个小偏方根本无法有效控制瘟疫,在没有其他办法的情况下,只好求助于张飞那把屠刀。于是自然宗教信仰就让张飞做了牲畜保护神。

四、历史传承

民族风俗习惯的形成,与民族的历史遭遇、历史事件、历史人物及社会斗争有密切关系。

在漫长的历史进程中,不管哪个民族,都遭受过自然灾害、战争灾难和民族压迫的苦难。这些重大事件,给民族留下了深刻的记忆,甚至成为民族的心结。尤其是那些没有文字的民族,他们更需要用特殊方式记住这些事件。因为没有文字的记载,就等于没有历史。但这并不等于没有"历史感",所以历史传承就是让民族记住这些事件的特殊方式。它的载体除了神话故事和民间故事就是民族风俗习惯。它表现在以下四个方面。

（一）对战胜邪恶、推翻压迫的战争事件的纪念

比如，中秋节原本是各民族共有的团圆节，但因为反抗元朝残酷的统治和剥削，就变成了杀"家鞑子"（元兵）的纪念日。传说当地人借相互赠送月饼，联合起来杀掉几家供养的"家鞑子"。于是八月十五日又增加了新的内涵：民族反抗纪念日。

恩施市东乡沿清江河谷一带春节有"赶毛狗"的习俗：沿河两岸山头，火光熊熊，气势恢弘，人们齐声吆喝着"赶毛狗"。其实，"毛狗"只是一个自然灾害的符号，"赶毛狗"的目的是驱走一切野兽、病虫，获得丰收。它是为了纪念当年移民挽草为记、烧畲开荒的历史事件。

（二）对民族英雄的缅怀和崇敬

如土家族英雄巴蔓子，为了平息内乱，不得已向楚国求救，许以三城。内乱平息后，巴蔓子为了既保住三城，又保住诚信，就割了自己的头交给楚使。巴蔓子的做法受到楚国的尊敬，予以厚葬。《华阳国志》记载了这件事。巴蔓子还受到世世代代土家儿孙的缅怀。虽然没有固定的纪念日，但历代土家文人的诗文、民间歌谣、地方史志中，总满溢着对他的缅怀之情。他是土家族的守护神。他的"无头坟"在都亭山上，山东麓是恩施大峡谷。与之隔河遥遥相对的就是大峡谷将军石（实际上是一座岩石峰），其被认为是大自然给巴蔓子将军的塑像，历代受到人们瞻仰和缅怀。

（三）对人寿年丰、美好生活的向往和憧憬

比如农耕时代传承下来的丰收祭，上面提到过的"吃刨汤"等，就是感恩大地、祈求丰年，能年复一年地过好日子的风俗习惯。

土家葬礼中，选择以能让儿孙发迹的风水宝地作为埋葬地，下葬时，儿孙们背对坟地跪着，反手牵起后衣襟去接取巫师抛撒的"禄米"，以保佑儿孙代代升官发财，丰衣足食。

（四）为了追忆和铭记民族的灾难

如土家族"六月六晒龙袍"的习俗，就另有文化内涵。明朝凉国公兰玉在土家地区大肆杀伐，造成十室九空的惨境。为了纪念民族遭遇的重大苦难，土家人在这天为无辜被杀害的亲人晒血衣。至于"龙袍"之说，是对民族仇恨情绪的掩饰，也是民族的隐忍。"血袍"改一字而成"龙袍"，就变成祈求风调雨顺的媚神行为，以免引起官府的注意。巫术的理论根据是：龙袍都晒干了，要是再不下雨，龙王自己的日子也不好过（龙王生活在水里，他的龙袍是不会干的，现在干了，问题当然严重）。不管怎样转化，对晒血衣的记忆却依然鲜活。

五、文化变迁

民族风俗习惯的形成，与民族的心理情感、文化艺术等有密切联系。文化变迁的主要原因是禁忌产生。而被禁忌的事物，在民族心理上，又往往是神圣或攸关吉凶的事物。在生活中提到这些被禁忌的事物名称时，必然会产生崇拜或恐惧的心理，也必然要使用被民族群体认同的代替物，来曲折地称呼被禁忌的事物。这种现象就形成所谓语言崇拜现象。它在历史中经过不断地修正、凝固，就形成为另外一套语言符号系统，从而引起文化变迁。

所以，从探究文化变迁的过程中，可以发现这些民族禁忌中的好恶心理感情，了解该民族文化艺术发展的程度和特点。

(一)亲人称谓上的禁忌语言及其替代语

在公开场合或有其亲人在场的情况下，不能直呼他人父母或长辈名字，而改用令尊、令堂、令兄等替代；对自己亲人也一样另有说法，如家父、家兄……这纯属伦理崇敬产生的禁忌。我国各族人民都有这类风俗习惯。也有宗教原因的，如土家人生孩子后，如果"命相"说明由自己的父母抚育会夭折，或"克父母"，避忌的方法并不是要送给别人抚养，而是只要"改口"就行，称谓自己的父母为"叔叔""婶娘"，称谓叔叔和婶娘为"父母"，只要"改口"(确定替代语言)，就能一生平安。

(二)生活中的语言禁忌和替代语

这是宗教敬畏心理形成的禁忌。清江流域的土家人生活中有许多禁忌语，比如清晨和晚上不能说"鬼"，替代语为"撒大哥"；不能说蛇，这是巴蛇的图腾禁忌，必须改用"溜子"；"乘船"因"乘"谐音"沉"，要改用"搭船"；锅里饭吃完了要说"吃满了"。

(三)生产劳动和行业禁忌语和替代语

这类禁忌几乎成了另一套语言系统。如，抬工班子，杠子叫"尺"，短横挑叫"牛"，绳子叫"红"，系牛的绳环叫"牛扣"；路不好走，要说"狗子恶"，等等。小煤窑的禁忌更多，畚箕叫"碴口"，扁担叫"弯子"，油灯叫"亮壳儿"，会餐叫"打班"。说走了口，就会受到伙计的责骂。

(四)各种礼仪场合的禁忌语和代替语

人死了，要说"走了"或"老了"；说姑娘出嫁一场，要说"翻身一场"；抱别家婴儿套近乎时，不能说"娃娃好乖"，要说"这个大人好乖"。

(五)对抽象事物的表达语言

用具体事物做替代物来表达抽象事物，这对民间艺术影响极大，造成文化变迁。如刺绣"喜鹊闹梅",是"梅"替代媒;"青藤合欢"是生命原型记忆,演绎的伏羲、女娲兄妹成亲的人种起源故事,两根青藤相互缠绕,就是替代物,也是借喻夫妻生活;石榴图案替代多子多孙的祝福。

(六)数字的禁忌与崇拜

各族人民都有自己的凶数和吉数。如6、8、9、12……为吉,7、36为凶数;4吉凶兼备,用于四季发财时为吉,又因谐音"死",可被认为凶数。

总之,由于民族共同心理、共同情感和传统的思想观念的影响,在宗教敬畏心理的作用下,形成了不同民族的不同风俗习惯。文化的变迁,使文化本来的样子似乎有所改变,但我们透过变迁了的形式仍然能看到引起变迁的动因:不同的好恶和禁忌。

民族风俗习惯表现的内容是多方面、多层次的,是一个十分复杂的社会历史现象。

第三节 民俗的主要特征

民族风俗习惯,是社会发展的产物,是各民族、经济、政治和文化生活的反映,尽管各民族习惯产生的基础不同,表现的内容和形式也各异,但它们都有一些共同的基本特征。

一、民族性

民族风俗形成的渊源既然是本民族宗教信仰、民族所处的自然环境、经济生活、历史传统、文学艺术、民族心理等方面的物质生活、文化生活和思想观念的反映,这就决定了它是构成这个民族特征的基本内涵之一,是该民族"民族性"的突出表现。

如土家人的丧仪中,为亡人举行的"撒叶儿嗬"歌舞,那种神理创造上的狂妄和大胆,把土家先民面对死亡时的勇气和充满野性的豪迈,表现得淋漓尽致。这种对待生命的豁达和乐观向上的精神,就是土家人思想观念的具象化。把死变成了一种活法,这是区别于其他任何民族的"民族性"特征。还有葬仪中抬丧人那悲壮的号子,尤其是抬进坟地时,抬丧人走着"大摆碓"的步子,就是"白虎临穴"的走法,以唤起亡魂的记忆,去到列祖列宗的故土的悲壮情境,充分地表现了土家人的文化精神和葬仪的民族性。

二、群众性

民族风俗习惯这个概念本身，就表明了它的群众性。没有群众性，根本就不能成风俗，更不能成为民族群认同的习惯。民族风俗习惯本来就是各族人民在长期的生产、生活实践中，自然形成和逐渐演变而成的。它被民族成员高度认同，才能成为人们的价值参照系统。

因为有群众性，才有约束性，民族风俗习惯一旦形成，就必须遵守，它是民族成员在出生以前，文化就为他准备好了的规则。能熟练遵守民族风俗习惯，就能在民族人际关系中自由穿行，成为受尊重的人。所以民族风俗习惯"软如空气，强如铁链"，不分贫富贵贱，都得遵守，否则就会导致严重后果。比如土家玩龙灯。龙头上用各种颜色的胡须都可以，但不能挂白胡须，除非是公认的。如果某个社区不守这项规矩，就会发生斗殴，即使白须龙打赢了，白须龙的头人，甚至整个社区也会受到谴责或孤立。

三、传承性

民族风俗习惯形成的过程离不开传承，形成后要延续下去，更离不开传承，只有具有传承价值的风俗习惯，才会历时久远，影响范围广泛，形式和内容上才会连续和相对稳定。传承，也是文化的积淀方式。

像前面各节所列举的风俗习惯，尤其是其中的礼仪，都是具有传承价值的民族风俗习惯，像"女儿会""椎牛节""春社节"这类生命意义上的节日，人们会自觉地记住它们，并且能永远记住它们的文化内涵。

四、变异性

民族风俗习惯的变异，是在历史过程中发生的，所以变异性本质上是指在传承过程中，民族自身对风俗习惯作出的达尔文式的修正。这种修正是由于民族经济、社会、政治、文化等方面因素起了变化，风俗习惯随之变异。

比如，"六月六晒血衣"变成"晒龙袍"，就是政治原因引起的变异。在生育问题上，由于民族生存环境有了很大的改善，土家人那种生殖问题上的盲目承受者角色，在现代生活面前显得苍白可悲。为了提高家族成员在社会生活中的竞争力，同时在计划生育宣传的催化作用下，"多子多孙"的祝福已经不是最好的祝福，而且陈旧不堪，甚至滑稽可笑。

总之，民族风俗习惯随着社会生产力的发展而发展变化，它反过来又对经济基础产生影响。所谓发展民族经济，就是发展带有本民族文化特点的经济。如西兰卡普壁挂和西兰卡普服装系列就受到其他民族同胞和外国人的青睐。

第二章 三峡民间人生礼仪习俗

所谓人生礼仪是指在人的一生中,随着人们生理年龄的增长,都要经历若干个具有特殊标志意义的时段,并举行相应仪式以公告社会自身社会属性的改变。人们常把在这些不同年龄段所举行的仪式称为"人生礼仪"。土家人在其生命过程中,必须经过诞生礼、成年礼、婚礼、葬礼等几个大环节,每一个环节又包含丰富多彩的种种习俗。本章介绍了三峡地区民间诞生、婚嫁和丧葬人生礼仪习俗的主要内容,读者可了解人生礼仪习俗的起源,掌握三峡地区民间诞生、婚丧习俗,从而树立良好的民俗宣传和保护意识。

第一节 三峡民间诞生礼俗

诞生礼起源于古代的"生命轮回说",中国古代生命观重生轻死,因此把人的诞生视为人生的第一大礼,也是一个人一生中举行的第一个仪式,在人生仪礼中占有重要位置。它的意义在于向社会郑重宣布一个家族新成员的诞生。

三峡民间,从一个人生命的诞生到十二岁期间,要经历一系列礼俗环节。

(一)添生

添生是生儿生女的事情,人们把它当作传宗接代和养老送终的头等大事。临生时,孕妇和家人非常紧张,常言道:"儿奔生,娘奔死,只隔阎王一张纸。"

新中国成立前,人们相信"婆婆经",孕妇一旦发作,房屋的门、窗、柜门都打开,缸、坛子和罐子的盖子也要一个不漏地揭开。遇到难产,紧口坛子、罐子要摔成碎片,房前屋后的石板也要翻身。

添生时,婆婆要仔细观看娃儿落地的姿势。偏着身子落地,家人才会放心。娃儿落地屙尿,是不祥之兆,要用手捧住,让尿滚到娃儿身上,俗话说:"落地屙尿一举枪,不死老子就死娘。"

娃儿落地后,总要先放鞭炮,因为这样可以为生命壮胆,长大后胆子就会大些,也可把喜讯告知邻里乡亲。

(二)逢生

第一个跨进添生大门的叫逢生人,无论是官是民、是富是贫,主人都要以礼相待,弄些东西给逢生人吃。老人们甚至认为,逢生人的思想、才华、德行、气质等就是新生命的未来模样。假如是好吃懒做、叫化子、小偷等是逢生人的话,这对主人来说就是一大忌讳和心病。

乡邻得到添生的消息,要前来关心和捧场,说一些恭贺的话,如"恭贺您落了心啊!""添了一张嘴啊!""是放牛伢子还是个酒坛子啊?"人们把生女娃子说成"酒坛子",把生男伢子说成"放牛娃子"。

(三)报喜

添生后,娃儿的参要尽早去给家家(外婆)报喜,让家家放心。俗话说:"婆家不报喜,娘屋里无碎米"。报喜一般要准备四样茶礼,如果生的是女娃子,礼品中就要有白酒;如果是男娃子,礼品中就应有嘎嘎儿(猪肉)。

报喜后,家家定下"洗三"的日期,不过逢三不"洗三",如日期有违,当另择吉日。

(四)洗三

洗三,又叫"吃三朝饭"。三朝是说奶巴子(新生儿)存活三天的好兆头。洗三是对新生命的一次重大洗礼,也是人生的第一个节日。

洗三的主客是家家、舅家家、姨家家和接生员,陪客是自家直系亲属的长辈们。客人不多,总共不过两三桌,因此又叫吃"三桌饭"。这天,家家要送来鸡子、鸡蛋、猪蹄子、猪心肺等营养品,为的是给月母子(产妇)发奶和补养身体。

洗三严肃而慎重。把艾蒿和蒲草加清亮水放在清洁(干净)锅里煮开,去渣后加上金、银、铜、铁、锡,就成了洗三用的水。老人讲,用这种水洗澡,可以消毒、治病和去邪。洗三,是奶巴子和月母子同时进行。不过,对奶巴子特别讲究。冬天里,室内要生火,防止感冒。开始由接生员接过奶巴子,用新盆子、新袱子(毛巾)装上洗三水给奶巴子洗澡。洗的方法是从上到下、从前到后、从左到右、由内向外按序进行。边洗边说一些吉利话,洗到眼睛时说:"眼睛长得亮,看了东方看西方,看了南方看北方,方方多明亮。"洗到耳朵时说:"官大耳朵大,长大好听话,你八方听得见,做个乖娃娃。"洗到手板时说:"手板长得白又嫩,指嘎儿(手指)也长得伸,给你双手洗干净,长大正乾坤。"这些词有随口编的,也有约定俗成。奶巴子洗净以后,还要拿剥壳后的石磙蛋滚脸和滚身,娃儿长大后皮肤就会变得白净可爱。

奶巴子穿上新衣后,先给室内四个门旮旯作揖,求"偷生官"保佑奶巴子平安。然后给家家和长辈们作揖。

洗三后的水叫"太水"。洗三完毕后,要把太水泼在人迹不到的地方,一般倒在自己的床底下,免遭人的践踏。接着,便是打发送生娘娘。神龛前供有全鸡、槽头猪肉、三杯酒和三杯茶。娃儿的爹三叩头,娃儿三作揖,以表对送生娘娘的感谢。

中午,主人摆上丰盛的酒席,"烧三桌"的仪式开始。主人在每桌酒席下烧香化纸,请各位长辈亡灵坐席,最后呼叫:"三代公祖、老少亡人,没叫到的都来喝喜酒!"

席间,家家要定下洗九的日期,娃儿的爹就可接客和准备了。

(五)坐月子

产妇生产后一个月为"坐月子",产妇为"月母子"。月母子必须在家休养一个月,这月内一般不下床,不出屋,不吹风,忌生冷,不能去别人家(否则谓"热血扑门")。不出月,陌生人不能看产妇和婴儿。

(六)打喜

生了小孩后,必须到女家报喜,相互商定日期"打喜"。到了约定日期,女方家人前来送"祝米"。前来送礼的亲朋好友每人背一个背篓,背篓上放一个长方形的红木盘子,里面摆放着鸡蛋、面条、糯米、红糖、布料等物,俗称"背盘子"。送祝米的队伍少则几十人,多则上百人,颇为壮观。

(七)吃红蛋

送祝米之日,亲戚朋友可享用主人家的荷包蛋加甜酒,这便是吃红蛋。这"红"字便寄寓着吉祥喜庆、红红火火之意。所以,乡亲邻里在婴儿满月这段时间里,除了主人邀请外,也可主动要求去吃红蛋以示庆贺。

(八)满月

"做满月"是人生第一次重大庆祝活动,仪式比较隆重。特别是三代、四代、五代同堂的家族,长孙、长曾孙、长玄孙"做满月",人丁兴旺,家宅张灯结彩,更是热闹非凡。

一个月满后,必须摆酒席招待来客和打喜漏掉的宾客。然后,夫妻两人带上婴儿去看望外公外婆,谓"出窝"。

做满月要为婴儿剃胎发、洗澡、穿新衣。旧俗剃发后拿个红蛋在婴儿头上滚几下,象征长大有出息。洗澡时"脚桶"内放十二粒从河滩上特意拣来的小石头,俗称"壮胆石",把热水端到向阳背风的天井处,让婴儿享受阳光的照射和热水的浸浴。长辈有意把"壮胆石"往婴儿身上触抚,表示"壮胆"。洗毕,给婴儿穿上新衣,抱回到床上让其躺好,再把"壮胆石"拣回倒在床下,表示这石头将伴随婴儿成长,保佑其无惧无畏,健康聪明。满月这天要做大量油饭,分送媒人、邻里、外家和其他亲朋。满月的产妇把婴儿抱到厅堂、户外,和亲邻见面,充满喜气。祭祖宗、拜床母时婴儿由其母或祖母抱着拜拜。外家和亲朋都会前往礼庆贺。家家送的是婴儿从头到脚穿戴的帽子、衣服、鞋袜等,俗称"送头尾"。年长者到来都要抱抱婴儿,慈爱地说一些吉利话,祝婴儿健康聪明,合家喜气洋洋。

(九)抓周

"抓周"又叫"试儿",这种习俗在民间流传已久。它是小孩周岁时举行的一种预测前途和性情的仪式,是第一个生日纪念日的庆祝方式。"抓周"与产儿报喜、三洗、满月礼、百日礼等一样,属于传统的诞生礼仪,其核心是对生命延续、顺利和兴旺的祝愿,反映了父母对子女的舐犊深情,具有家庭游戏性质。往往是在吃喝完毕后,把各种物品,如书、笔、尺、算盘、钞票等摆放在桌子上,让小孩去抓,看他先抓什么,若是先抓书,则说他长大后用心读书,有出息。总之说些吉祥话,引来旁人一阵欢快的笑声。

(十)过童关

小孩周岁以后每逢生日,母亲必煮几个鸡蛋以示庆祝。如年满十二岁,就意味着度过了童年的关口而成了大人。所以,十二岁的这个生日,亲戚朋友往往要庆祝一番。封建时代流行早婚,过了童关就可以结婚了。

第二节 三峡民间婚嫁礼俗

三峡地区由于其独特的地理环境,这里的习俗都带有一些古老传承的意味,同时也别具一格。生活在这里的土家族以勤劳勇敢、智慧聪明、能歌善舞著称,数千年的文化积淀,形成了多姿多彩的土家族文化。土家族文化作为三峡区域文化的重要内容之一,不仅传统保留完整,而且特色突出,尤其是婚嫁习俗更是蔚为壮观,夺人眼目。

一、三峡土家婚嫁礼俗

(一)哭嫁

在鄂西土家族,哭嫁是土家青年婚姻的重要组成部分,土家姑娘的结婚喜庆之日是用哭声迎来的。

哭嫁源于妇女婚姻之不自由,她们用哭嫁的歌声来控诉罪恶的婚姻制度。土家人还把能否唱哭嫁歌作为衡量女子才智和贤德的标志。今天,婚姻自由了,土家族姑娘在结婚时还要哭嫁,但仅仅是一种仪式罢了。

哭嫁歌是土家族的习俗民歌。姑娘在出嫁前一个月里要唱哭嫁歌,用歌声来诉说土家族妇女在封建买办婚姻制度下的不幸命运和对自己亲人的眷恋不舍之

第二章　三峡民间人生礼仪习俗

情。按照习俗,姑娘要哭唱七天到半个月,最多的要哭唱一个月,直哭得声音嘶哑仍不停哭。

哭嫁歌的哭唱形式程序则根据出嫁的进程来划分,分为"一人哭唱""两人哭唱"和"哭团圆"三种形式。

"一人哭唱"即姑娘哭诉自己的命运,哭唱祖宗、父母的养育恩情、兄嫂姐妹的情谊以及哭诉封建婚姻和媒人的可恶可恨的欺骗行径等。如"哭父":

　　天上星多月不明,爹爹为我苦费心;
　　爹的恩情说不尽,提起话头言难尽。
　　一怕我们受饥饿,二怕我们生疾病;
　　三怕穿戴比人丑,披星戴月费苦心。
　　四怕我们无文化,送进学堂把书念;
　　把你女儿养成人,花钱费米恩情深。
　　一尺五寸把女盘,只差拿来口中衔;
　　艰苦岁月费时日,挨冻受饿费心肠!
　　女儿错为菜籽命,枉自父母费苦心;
　　我今离别父母去,内心难过泪淋淋!
　　为女不得孝双亲,难把父母到终身;
　　水里点灯灯不明,空来世间枉为人!

"两人哭泣"称为"姊妹哭",即由出嫁姑娘先哭唱,陪哭人在一旁劝慰哭唱,从句尾插入,两人哭唱一起一落(也有两人对哭唱的),自然地形成摹仿式多声部音乐。寨里的亲友每晚都要来陪哭,非亲非友的少女们也互相邀约成群结队来"打坡"(土家语,即参加学哭嫁),如姐妹对哭唱:

　　姐:梭罗树上十二丫,我们同根又同丫;
　　　今朝姊妹要分离,离开绣楼好孤单!
　　妹:梭罗树上十二丫,我们同父又同娘;
　　　今朝姐妹要离开,难舍难分情难断!
　　姐:梭罗树来台对台,我姐心里难宽怀;
　　　丢你妹妹婆家去,逢年过节又才来!
　　妹:梭罗树来台以台,望姐心里多宽怀;
　　　多承姐姐把妹待,姐的教诲记心怀!

"哭团圆"又叫"陪十姊妹",是土家族姑娘哭嫁的独特形式。新娘出嫁的头天晚上,爹娘邀请亲邻中的未婚姑娘九人,连新娘共十人在新娘的闺房围席而坐,通宵歌唱,故称陪十姊妹歌。十姊妹围坐一桌,首先由新娘哭"十摆",新娘哭"一摆",厨师在桌上摆一样菜,摆完后,其余九姊妹轮次哭,最后又由新娘哭"十收",厨师再一样一样将酒菜收进,菜收完,陪十姊妹活动即告结束。哭嫁的歌词内容很多,"十摆""十收"有哭祖宗之德、爹娘之恩、姐妹之谊、兄嫂之贤、故土之情等,有时也骂媒人。陪哭多是难分难舍的缠绵之词。音律多用七字八句的顺口溜,如"爹娘恩德比天地,哺育教养心操碎,树欲静而风不息,恩德未报就别离。远望故里盼归期,归来又能住几时?门前小河长流水,女儿眼泪长长滴。"

现代社会,土家人更多地把哭嫁当作一种喜庆仪式,如"陪十姊妹"结束时唱的《圆台歌》歌词就有:"一对凤凰飞出林,一对喜鹊随后跟,凤凰喊叫花结果,喜鹊接声果团圆,花结果,果团圆,花果团圆万万年。"传唱过程中,往往高潮迭起。一些胆大善歌、声音嘹亮的姑娘常常彼此叫板,各领风骚,逗引得围观的亲朋嘉宾齐声喝彩。新娘也往往被"逼"唱上几首,娇羞的容颜满溢出内心的喜悦。

哭嫁歌的音乐属"联曲体"结构,是一个较长的乐段的多次反复,在反复哭唱的过程中,由于唱词变化,旋律也随之略有变化,但旋律的基音及终止音保持不变,每句旋律均由高音级进下降。旋律中装饰音运用较多,在句尾时常加进呜咽与抽泣声,以表现妇女悲痛压抑的情绪。哭嫁歌的音乐形成固定曲牌,哭唱词形成固定篇章,内容极为丰富,语言精练质朴,一般五字句、七字句结构为多,押韵上口,通俗明快,易于传唱。根据出嫁程序,哭唱有哭父、哭母、哭兄嫂、哭姐妹、哭弟弟、哭叔伯、哭舅父、哭外祖、哭媒人、哭辞别祖宗、哭梳妆、哭吃离娘饭、哭穿露水衣、哭上轿、哭众客人等,是一部较为系统的土家族妇女血泪史,也是一部揭露封建买办婚姻制度的控诉书。

(二)"陪十姊妹"和"陪十弟兄"

"陪十姊妹"就是前述的"哭团圆"。"陪十弟兄"是男方的活动,又称"坐十友席"。"陪十弟兄"程序基本与"陪十姊妹"相同,只是座上的成员多为少年儿郎。男家接来十二岁左右的童男九人陪新郎,边唱边说边吃喝,唱者曰"歌",说者曰"令",总称"令歌"。说令歌时,互比口才,风趣诙谐,开始由支客师开令,然后依次说唱令歌,支客师说:"开令开令,金榜题名,状元及第,学士翰林,一开天长地久,二开地久天长,三开荣华富贵,四开金玉满堂,五开五子登科,六开鹿鹤同寿,七开七朝天子,八开八景象,九开千年富贵,十开万代新人,一杯令酒,酒杯令行。"这时支客师将一杯酒放在席上,轮流说令传酒,说唱了令歌,将酒传给下一人,说唱不了令歌者,便要喝下这杯酒。所以当接到陪十友的请贴以后,要学令歌以备应付场面。当然要是硬说不上来,别人也可代他说:"门口一条沟,沟里出泥鳅,说得令的吃泥鳅,说不到令的啃骨头。"有的说不上四言八句,令杯一传来顺势说:"桌上一个洞,令杯往前送",这样也可应付过去。

(三)娶亲

在"陪十姊妹"和"陪十弟兄"的次日天明后,是迎娶吉日。一大早,男方一行数十人在"押礼先生"(娶亲队伍的总负责人)的带领下,浩浩荡荡地来到女方家门口。男方娶亲人一到,女方则鸣炮吹奏以示欢迎,但免不了"拦门礼"——女方在接收男方送来的彩礼及新娘的衣物、首饰后,女方支客师与男方押礼先生即要各展才艺,言语滔滔,尽显腹中文韬礼数,倘男方礼数不周,或押礼先生论辩词穷,则会罚酒,但处罚时较真的少,往往是在欢声笑语中接受处罚,更增添了一些喜庆的成分。但即便如此,押礼先生也大意不得,没准女方要较真一回。因此,男方的押礼先生多由能言善辩、有威望的人担当。

女方在款待娶亲人马及诸多亲友时,准新娘也在进行最后的梳妆。席散后,娶亲队伍即绑扎嫁妆,待绑扎就绪,在音乐与鞭炮声中,新娘由其兄或弟背至堂屋正中,告别祖宗、父母,然后被背上花轿,新娘再不回头,直至婆家,花轿抬到男方大门前落下,由二位交亲婆扶新娘款款下轿。新娘在进大门时踢一脚门槛(俗称"封口",寓意夫妇今后少口角争吵)。稍后,即拜堂。

(四)回门

婚后第三天,新娘与新郎一同回到娘家,俗称"回门"。在娘家住上一夜返回,但也有当天返回的。男方迎娶新娘在当天返回的称为"娶登门亲",但也有因男女双方相距较远,男方迎娶队伍需在女方家住上一宿第二天才回的,这就叫"娶隔夜亲"。个别地方即使双方相隔不远也有"娶隔夜亲"的。

(五)亲上加亲

说到土家族的婚嫁习俗,不能不提及土家族较为流行的一种情形:土家族喜欢"姑表开亲""姨表开亲",即所谓的"亲上加亲"。俗有"姑家女,伸手取""姨家妹,自己的"。先人们缺乏生理遗传等方面的科学知识,只热衷于"亲上加亲",却不知道近亲结婚可能带来的危害。此外,土家族人还有"兄死收嫂,弟亡收媳"的习俗。

二、三峡地区其他婚嫁仪式

婚嫁是人生最大的喜事,因而隆重热闹,民间俗成的礼节也是名目繁多,三峡地区婚嫁习俗可谓多姿多彩,基本有如下一些仪式。

(一)说亲

俗话说,"天上无云不下雨,地上无媒不成亲"。男婚女嫁总得有人撮合,这撮合的人叫媒人,也叫红娘、红人先生、媒婆、月老、介绍人等。过去曾有以此为职的媒人,当地人说:"好吃好喝的捞媒做"。媒人说亲一般先"量媒",即双方情况、要求,先摸摸底,当媒人认为双方条件相当或是"天生的一对、地配的一双",就再邀一个同行,分别到男方和女方家去提亲(即说媒),男女双方对上门提亲的人热情接待,媒人也尽力地介绍对方的情况,使他们能达成共识。只要双方父母应允了提亲人的意思,这提亲人就正式成为这桩婚事的媒人,此桩亲事(即婚姻)就会称为是明媒正娶,说亲的程序就算完成。

(二)合八字

男女双方父母同意了提亲,男方就要请算命先生来合男女的"八字"。"合八字"即算命先生用天干地支表示人出生的年、月、日、时,合起来是八字,再根据定亲生辰八字来推算这个人的命运好坏。如果双方"八字"合上了,这桩亲事就可以定下;如果合不上,一方缺什么而有解也可以定亲;如果双方八字相克无解,比如一方"火"热,一方"水"深,水火不相容,那这桩亲事就因"八字"不合而告吹。合"八字"封建迷信色彩浓,现在都不用了。

(三)过门

男女八字合上了,双方父母要互请对方来家做客,叫"过门"。男方接女方过门,女方一般由嫂子、姑母陪同,在媒人的带领下到男方家。过门一是让父母看看对方的长相使其落心,二是让过门的人了解对方的家境。"过门"回家时,父母还要给未过门的媳妇(或女婿)"打发"(即见面礼)。过门后,男女双方就可以自由来往了。

(四)定亲

双方过门后经过一段时间的往来了解,男方父母就要择吉日,请女方及女方能代表其父母的有关人员到男方家来做客,并请自家的堂亲、姑、舅、姨等直系亲戚来陪,即"定亲"。定亲虽不比结婚热闹,但也隆重,有的还杀猪宰羊,请吉长(即厨师)开生案,当着众亲友拟订婚约。定亲这天,女方来客要在男方家歇宿,次日返回时男方要给定亲礼,一般是衣物布料、金银首饰,有的准公婆还给信物。

(五)求恳

结婚日期由女方的父亲与叔父、姑父等人来确定。男方如果要娶亲,必须将女方的父亲、叔父、姑父接到男方家商定婚期,这叫"求恳"。求恳这天,男方家特别讲礼数,俗话说:"低头娶媳妇,抬头嫁姑娘。"女方对男方"过礼"等方面的要求都要说出来,并向男方介绍他们的陪嫁物品。男方要尽量满足女方的要求,如有达不到的要求,也只能低声下气地请女方谅解,否则女方会以推迟婚期来要挟男方。一般情况下双方都是和和气气地达成协议,互不为难。

(六)开剪

婚期一定,男方就要积极为女方准备"过礼"的东西了,比如养猪、养羊、扯布料。请裁缝为新媳妇做衣裳,缝衣服这天叫"开剪"。这天还要把新媳妇接来,一是要量比子(即尺寸),二是来帮忙做饭。开剪还要给裁缝师傅封"利市"(即红包),裁缝师傅还要吃喜糖。这天开剪后,男女双方都要缝衣裳,一般给女方缝十二、十八甚至二十多件新衣,至少要保证结婚那天新娘从头到脚穿的、戴的都是男方的。而女方家缝的衣服是装箱子的。

(七)过礼

结婚前一天,男方将求恳时答应给女方的物品都要送到女方家,这叫"过礼"。过礼的礼品要有整猪、整羊,鱼一定要是两条,还有专为女方长辈订做的喜饼,称"粑粑",常言说,"嫁姑娘是要吃粑粑的"。还有烟、酒、糖果、衣物。衣物也有讲究,大到过冬穿的棉袄大衣,小到裤腰带,都必须齐全。一般"过礼"是用挑担挑去的,女方会给挑夫利市钱。除食品外,其他物品都会作为嫁妆结婚时送回。

(八)成亲

成亲即结婚,成亲时也有各种礼数。

1. 上头

即成亲头一天,女方要给新娘上头。湖北枝江一带的黄花闺女是不准将头发全部往脑壳后面梳的,前额都要留"达达"(即刘海儿)。结婚后必须将头发全部向后梳,称为"上头"。乡间"上头"时先扯脸,用"索子"(即一种稍粗的白棉线)搓后,一头用嘴含着,一头用手拉着,另一只手的手指将"索子"搓后的那端分开,利用上劲后一正一反地在新娘的额前颈后将汗毛、短发扯下来,边扯边用地灰抹,再将头发往后梳。上头是女人一生的转折点,预示着由少女变为少妇。

2. 陪郎(陪姑)

此项仪式在男女双方各自家中举行,类似土家族的"陪十弟兄"和"陪十姊妹"。开席时,厨师安排有供十人一桌的宴席。男方(或女方)要请九个童男儿(童女儿)陪新郎(新娘)吃饭。此席上、下席各坐三人,旁席各坐两人。新郎(新娘)坐在上席的中间。出菜后,厨师要请"迎台师傅"打鼓吹号将一盘带花的菜送到新郎面前,叫"迎榜",新郎不出钱这碗菜就不能揭开。厨师得到新郎的"迎榜"钱后,迎台师傅就对着新郎吹喇叭,新郎也要给"利市钱"。陪姑不"迎榜",只"迎花"。枝江一带把陪郎叫"坐十友",陪姑叫"坐十姊妹"。

3. 放压箱钱

女方陪姑之后,父母要请同族长辈、兄嫂及姑舅姨进房看新娘的花衣裳装箱,并带头往箱子里放钱,因为压箱钱放得多既能表示亲友的大方,又能显示娘家的富裕,可抬高新娘到婆家后的身价。有心计的新娘还故意以舍不得这些人为借口,用哭嫁的方式激起长辈们多放点钱。一般来讲,这些亲戚都要放压箱钱,甚至有的凑成整数或几百几千的。

4. 娶亲

娶亲一般是轿抬马骑。娶亲队中有几位必不可缺的人物。一是新郎,如有特殊情况,新郎可由本族的未婚姊妹代替;二是男方媒人;三是两名大炮手,称为"投贴的";四是一对童男,称"男伴郎",一对童女,称"女伴郎";此外还有轿夫、马夫、乐队及"喝泡打杂"的若干人。新郎到了女方家,要喊"给爹、妈送恭贺",要与所有亲戚打招呼后,在堂屋坐下,此时有一小孩(一般侄儿类)打来洗脸水给新郎洗脸,新郎洗脸表示干干净净、清清白白地来接人,洗完脸要给送水的小孩一个红包。

5. 哭嫁

"哭嫁"也叫新娘"打榨"。即新娘在上轿之前要在闺房啼哭,一是舍不得爹妈、哥嫂弟妹;二是嫌嫁妆太少,压箱钱不够,用哭嫁的方式最后"榨"一点娘家及亲友们的钱;三是民间常以新娘哭唱水平的高低,来评判新娘智慧和能力的大小,其实真正舍不得父母的新娘很少,大部分的心早已飞到新郎的怀抱。

6. 送亲

送亲一般由下列人员组成:一是女方介绍人;二是两个女送亲,一般是嫂子或姑姑,称为"亲客";三是两个男送亲,由新娘的兄弟担任,称为"小亲家";再就是扛帐子、挑镜桶脚盆(称"小家业")的,抬亮盒、嫁妆的,都称为"发亲"。发亲后,娘家还将小家业中的"劈柴"拿回来,只留下两块或四块,否则寓意把娘家的"财"都带走了。发亲铳响,娶亲的、送亲的一起上路,返回时不能走来娶亲时走过的路,这就叫"新人走新路"。

7. 铺床

娶亲回来是"小家业"嫁妆先到屋。帐子、被子进屋后,新郎父母安排人铺床。铺床人一般是妇女,要求其女上有父母,下有儿女,丈夫健在。只有这样的人铺床才会使新郎、新娘婚后白头偕老,儿孙满堂。铺床人在为其铺床时,会得到新娘事先放在被子里的"利市"。

8. 拜天地

接亲归来,堂屋里已是灯火辉煌。拜堂上方的春台上点有两支红蜡烛。亲友来宾坐两旁,媒人、父母双亲、小亲家坐上方。新郎、新娘站在拜台上,支客先生做司仪举行拜堂。拜堂施大礼(磕头)先拜天地,再拜公堂,三拜父母,四拜媒人,五拜姑嫂,六拜来亲,七拜亲朋,八是夫妻互拜。八拜也正合"要得发不离八"的吉利话意。夫妻互拜后一般还要互换信物,喝"交杯酒",即新郎、新娘各端一杯茶水,以茶代酒,双方挽起胳膊,互送对方喝,意为二人百年好合。

9. 抢房

抢房也叫抢床,其实就是新郎、新娘争先恐后进洞房。据老人讲,谁先进洞房谁就占据强势,以后不会受到对方的欺负。所以拜堂之后,男方的母亲或嫂子推着新郎,女方的亲客推着新娘,一齐往洞房里挤。有的新郎、新娘愿意同时步入洞房。入洞房后,有童男、童女为新郎、新娘各端来一盆洗脸水,新郎、新娘双双洗脸洗手后,分别给童男、童女红包,表示干干净净地结为伉俪。

10. 闹房

新婚之夜闹洞房是最热闹的,主人最忌讳新婚之夜无人闹房。一般闹房的都是男方的表兄弟及朋友,闹房时除了亲客能在房内,小亲家和来亲都分别安排专人作陪或休息去了。在湖北枝江百里洲一带,送亲的人都要当天回去,不能在男方家歇宿。闹房者一是进洞房看亲客、新娘、嫁妆、新房,二是来给新郎新娘贺喜、陪夜。闹房的名堂很多,一般进门先喊"喜",一人领,众人合。例如"(领)楠木桌子,(合)喜呀;(领)四角四方,(合)喜呀;(领)上面摆的,(合)喜呀;(领)瓜子糖,(合)喜呀。"进门后入座,先喝一口茶,抽一支烟,再有板有眼地进行。比如要吃"鸦雀含柴"的糖,抽"喜鹊闹梅"的烟,喝"双狮抢球"的茶,等等,这些都是由闹房者事先安排好了的。还有的把新郎的爹或哥拖进去闹房,因枝江农村喜讲"公佬爹烧火""伯佬哥扒灰"等俗故事,所以新郎的爹或哥一般都早早躲起来,怕弄进洞房留笑话,有时为了不得罪客人,还是硬着头皮被拖进洞房"挨整",这样就会掀起闹房的高潮。一班人闹房结束又来一班,直到五更。

11. 交亲

闹房到五更,闹房的人会自觉地纷纷离去。亲客就要请新郎将他的父母姑舅姨等长辈请进洞房,由亲客们动手摆糖果瓜子,并倒茶递烟。待各位长辈坐定,亲客即代表新娘的父母对新郎的父母作些交代:一是感谢他们的热情接待;二是介绍新娘的有关情况;三是代表新娘家里对嫁妆办得不全表示歉意;四是要求新郎的父母要将新娘当作亲生女儿一样管教。同时也当面对新娘提些要求,比如要孝敬老人、夫妻和气等。新郎的长辈也有一个代表发言,对女方父母包括亲客表示感谢。互相客套之后,亲客将新娘陪嫁的箱子钥匙当面交给新郎的母亲,并向长辈们介绍有多少件衣服、多少压箱钱等。新郎、新娘也要当面相互表态,比如怎样孝敬老人、互相帮助,把家庭建设好等。

12. 传茶

交亲结束后,新娘将自己在娘家为男方的长辈们做的鞋拿出来,送给各位长辈,一是表示尽孝道;二是在长辈们面前显示一下自己的针线活本领;三是可以得到比鞋高出几倍的"利市钱"。长辈们接到鞋后,连忙掏出红包给新娘。这就是"传茶",鞋叫"传茶鞋"。

13. 端洗脸水

第二天一大早,指定新郎的直系亲属的子女,如兄弟、妹妹、侄子、侄女等,等在新房门外,为新娘端洗脸水,这时新娘要给红包,数目不等。

14. 揪脑壳茶

天亮了,新娘要早早下厨,在嫂子或姑妹的帮助下做元宝打鸡蛋,做元宝的面(即汤圆粉)、鸡蛋都是娘家为其准备的。煮好后由新郎、新娘端着送到所有直系长辈的床前,让老人们从床上一揪脑壳就可以吃到鸡蛋茶,这就叫"揪脑壳茶"。长辈们接到鸡蛋茶,也要给新娘利市钱,一般给的钱很多。不是嫡亲的亲戚是吃不到这"揪脑壳茶"的。同时也表示新娘的父母很讲礼数。

15. 回门

婚礼的第三天,新娘在新郎的陪同下第一次回娘家,称为"回门"。为了迎接新姑爷的到来,娘家一般在这一天过客(请客),叫"回门客"。因为新姑爷从此就是娘家的"门外娇客"了,无论如何,岳父母是不会怠慢的。不过作为新女婿首次去做"姑爷",也必须讲礼数。一般回门要带上几样"茶"(即礼物),至少是四样,表示"四季发财",也是对岳父母的一种答谢。中午入宴,娘家要给新姑爷"回门饭"吃,这碗饭要用"头子碗"(大碗)盛一满碗,碗底放上一枚硬币,但是不管新姑爷肚子有多饿,是不能吃完的,碗里要剩一些饭和硬币。对新娘来说,是不能把娘家吃空,对新姑爷来说,是祝岳父母家"连年有余,吃不完,用不完"。下午新郎不管岳父母怎么挽留,也得趁早回家,而且越早越好。因为父母在盼着儿媳早点回来,否则父母的眼睛迟早会瞎,因为他们望儿媳妇归来是望眼欲穿。

(九)打花脸

新郎新娘"回门"时,就是"打花脸"的时候。在家里的表兄弟姐妹或亲友已备好锅灰、墨、红土之类,等候新郎、新娘"回门"归来。归来的鞭炮一响,表兄弟姐妹们一拥而上,抓住新郎、新娘,给他们脸上抹黑抹红。父辈的亲友也如痴如狂地逮新郎的父母画"花胡子",有的还在他们背部乱抓,即"刨背"。"打花脸"意味着"打发打发","刨背"是祝他们早日抱孙子升辈。"打花脸"从表面看来很"武野"(粗蛮),实际上气氛热烈和谐,意义深长。若没有"打花脸"和"刨背",对过(办)喜事的这家人来说,就是不吉利,好像真的失去了"发财"或"升辈"的运脚(机会)。

(十)亲家过路

婚嫁的最后一礼为"亲家过路"。亲家过路即男方择一日子,请女方父母到家里正式做客,以方便双方亲家日后的往来行走。乡间流传的"亲家母的茶,一礼还一答",也就是这个意思。男方这边也要请姑舅姨来作陪,借此机会让女方父母放心,并共同喝一杯安心快乐酒。

第三节 三峡民间丧葬礼俗

丧葬礼俗是指人死后,亲戚朋友为之举行的殓殡、祭奠、安葬、哀悼等习俗,它是人生最后一项礼仪。

三峡地区所在的重庆、湖北两地是多民族地区,除汉族外,尚有土家、回、满、苗、彝、壮、藏、布衣等三十多个少数民族,民族风情、民俗文化可谓灿烂多姿。三峡地区是一个文化交融地带,山地居多、山高路陡,有些地方交通相对闭塞,具有相对独立的自然地理空间,也形成了独具特色的丧葬民俗。如悬棺葬、重庆开县的巫舞、湖北恩施及长阳五峰的跳丧舞等,既是民俗文化的珍品,又是具有相当高的文化研究和开发价值的文化遗产。

一、悬棺葬

三峡地区的丧葬风俗因地方不同,所举办的仪式也形式多样,但总体来说它具有鲜明的民族特色。悬棺葬和岩墓葬是土家族、苗族等少数民族的安葬方式,与汉族的掩棺入土和火葬完全不同,因其棺材形制如船形,因此亦可称船棺葬,棺材多被置于悬崖峭壁上的陡坎、台阶或岩洞里。先民根据宗教"灵魂不死"的观念,幻想人死后,其灵魂可以到另一世界去生活,且能采取一定的方式与原先的社会群体保持着密切的联系。悬棺葬在陡峭的山崖上,临江水而又高高在水面之上,永不再受洪水之威胁,却又能与那曾滋养过他们的生命之水朝夕相伴。三峡丧葬习俗中最特殊也最有名的是悬棺葬。悬棺,是长江三峡的三大悬谜之一。《巫山县志》载:"大昌境内,悬岩之上,累累形类风箱或类棺,人不能近……"从"累累"二字分析,当时的悬棺是很多的。如瞿塘峡中的风箱峡、巫峡大宁河中的铁棺峡、长江西陵峡峡口的兵书宝剑峡等乃是古代巴人岩棺葬之遗迹。一具具高悬于峭壁危崖上的棺木,充满了神奇的色彩,它是古代三峡人勤劳勇敢、聪明智慧的见证,后人无不为之赞叹。据《归州名胜一志》记载:"唐将军王果为雅州利刺史,舟至峡中,望悬岩旁有物似棺,令人视之,果棺也,骸骨存焉。"近代亦有采药人设法进入岩中石洞,从棺中取出铜镜、铜剑等文物,证实确是巴人悬棺葬。而今,三峡地区还流传着悬棺葬俗的感人诗句:"棺木为何悬此崖,鸟鸣猿啼动人怀。雪飞草木山戴孝,风吹松涛林举哀。春到百花齐奠礼,夜来孤月照灵台。可怜尔是谁家子,死到如今未曾埋。"

二、丧葬习俗

死是人生三件大事之一。六十岁以上的老人若身故,则白事当作红事办,表示死去的不是短命鬼。到了病危时,老人的子孙晚辈和至亲,应拢来守护和送终。过去人们常用子女有没有送到终来衡量子女的孝心。

在旧时的丧葬习俗中,虽有沿俗信巫的现象存在,但总的来看,还是人们对死者的追念哀思,对存者未来生活的安抚祝福,构成了三峡地域特色的丧葬习俗文化。在葬事活动中多有禁忌,这里称丧葬为人生礼仪中的"白事",对长寿者去世称"过白喜事",也有称"红事"的,故有"红白喜事"之说。有些地方对死人有特定名称:未满三岁而夭折的称为"化生子儿",意在这孩子是父母的前世孽债;未满十二岁而死的称为"短命鬼";未满三十岁而死的称为"少年亡";兄弟、夫妻之间称先死的为"死鬼子";年过六旬而过世的才视为正常,对此不说死,一般说"老了""过了""拿了脚""走了路",或说"已故""逝世""仙逝"等。

(一)落气、报丧与吊唁

老人临终前,子孙们闻讯后便急急忙忙赶回家,守候在老人床前,为老人送终,直至老人停止呼吸(俗称"落气")。人一落气,第一要务是"推帐",即将死者床上的蚊帐卸掉,意在让死者的灵魂不至于落入"罔死城"而不得超度。有的地方还要把屋顶的瓦揭开一片,若是草房也要戳个洞,以便灵魂升天,俗称"出煞"。同时,守候在身边的儿孙们跪在床前,放声痛哭,并烧"纸钱"(一种用专用工具打满月牙形眼的黄表纸),即所谓"烧落气纸",以便死者在阴间的路上花费。并在床前点燃一盏油灯,在死者脸上覆盖一张黄表纸。

人死后要报丧(俗称"把信"),男死先报族,女死先报舅。一般由死者子孙戴孝到亲戚家,跪于门外,报告死讯。旧时礼制,人死后其亲属都要"成服",即身穿白孝服,头包白布帕,鞋上蒙白布。"正孝子"(死者的儿子或长孙)的孝帕长八九尺,头上缠一部分,后面拖一大幅直至脚后跟。还要头戴"麻冠",孝服外穿粗麻布背心,腰间系一条麻绳,是谓"披麻戴孝"。由于亲属与死者的关系有亲疏远近的不同,丧服便分为五等,即斩衰、齐衰、大功、小功、缌麻,称为"五服",既分孝布的粗细,又分服孝时间的长短。死者入殓之前,必须请人给死者"抹澡"。抹澡的水应从户外水井、溪河中取来方可使用。抹澡就是用一块方形新布沾水后抹死者的五心,即顶命心、太阳心、心口窝、手板心和脚板心。然后给死者穿上寿衣入殓。

旧时一般要停丧三日。丧家在堂屋设置灵堂,安放灵柩,供人悼念。灵柩前用白布作幔,其上挂死者遗像,其前设案桌,案上置灵位,灵位两旁摆有纸扎的"金童玉女",俗称"陪灵娃娃",案上还摆有烛台、香炉、果品等。一些仕宦之家还在屋宇两阶竖立白绸或黄绸的"铭旌",上面写着死者的最高官位或学位。在停丧期间,亲友携带挽幛、挽联、挽帛等前来吊唁，烧纸上香，在司仪的引导下，行叩首或鞠躬礼，礼毕，孝子叩首回谢。为超度亡灵，旧时多要请僧道念经，做道场，三、五、七天不等，甚至更多。据说后人给死者多念经，便可以减轻死者的罪孽。为此，富贵之家往往不惜钱财，大做道场。

(二)坐丧、转丧与跳丧

在停丧期间，三峡地区民间有"打丧鼓"的习俗。丧鼓有坐丧、转丧、跳丧之分。其中，跳丧最富特色。

坐丧就是歌师坐着，一边打鼓，一边唱丧歌，而没有其他任何动态的辅助形式。或一人独唱，或多人轮唱，或几人对唱。对唱时相互诘难，颇能显示歌师的才识。唱词内容多为亡者生平事迹、古典小说中的故事情节等。丧鼓调时而高亢激越，时而低回婉转，时而悲戚忧伤，精彩处，引人入胜，听者忘形。

转丧就是歌师在前，吹鼓手（一般有锣鼓、唢呐、小号等乐器）随后，缓缓绕棺而行，歌师高唱哀歌，吹鼓手以乐器伴奏，死者亲属紧随其后，神情肃穆，以示哀悼。转丧在三峡地区流行范围较广，屈原故里秭归县可谓典型。据秭归县民间所流传，当地原本只有坐丧之俗，自从三闾大夫屈原投汨罗江而死，神鱼将其尸体背负回到秭归，乡里的父老乡亲怜惜屈原一生忠心赤胆，特制红漆棺木盛殓，为表示对屈原的敬仰之意，由坐丧改为转丧以示悼念。从此，秭归县便一律使用别具一格的红漆棺木（其他地方均为黑漆棺木），并一律时兴转丧。秭归丧鼓《开路歌》起声便是："天地开张，日吉时良"，而在屈原根据民间巫师的祭祀歌舞词而改编的《九歌·东皇太一》里，首句也是"吉日兮辰良"，可见，转丧与屈原之死确有某种联系。

跳丧是三峡地区土家族悼念死者的一种传统的祭祀性歌舞。据史籍记载："巴氏祭其祖，乐鼓而祭，叫啸以共哀。"又载："蛮夷信鬼尚巫，伐鼓踏歌，以祭鬼神。"清《巴东县志》亦载："旧俗，殁之夕，其家置酒席邀亲友，鸣金伐鼓，歌呼达旦或一夕，或五夕。"《夔府图经》云："父母初丧，击鼓以道哀，其歌必狂，其众必跳，此乃盘瓠白虎之勇也。"这些记载说明了跳丧的缘由及基本形式。虎，是古代巴人的图腾，土家族先民巴人，当人死后，常要合族举庆，祝贺死者化为白虎升天。今天的跳丧便是古风的沿袭，也是现在广泛流行于巴山蜀水间的巴山舞的原始形态。跳丧时，由本地德高望重、能歌善舞的长者掌鼓，一般是一人击鼓领唱，两人或四人对舞于灵前，也有几对同时舞蹈的。高潮时，可移至场坝，围观者亦可进入舞圈，参加者有时达数百人之多。丧歌的歌调保留着竹枝词曲牌的格律形式，一般为五言、七言，其唱腔有高、平调之分，常用六八拍，节奏鲜明。掌鼓者唱罢台词后，边击鼓边领唱，舞蹈者闻声起舞，摇背穿肘，踢踏耸肩，相对击掌，并随掌鼓者应和或高昂激烈或低沉婉转的丧歌。舞蹈的特点是脚踏虎步，手脚同边，弯腰弓背、屈腿摆臀，多表现行军作战、生产生活等内容，也模仿飞禽走兽的姿态，动作和形式较为灵活。和着节奏明快的鼓点,舞蹈者时而如猛虎下山,其势迅猛;时而若猿猴攀岩,敏捷轻盈;时而似古树盘根,朴拙粗犷;时而犹行云流水,自然酣畅。土家人称跳丧为"撒叶儿嗬",现已是国家级非物质文化遗产。

(三)出殡、安葬与祭祀

俗话说"入土为安",人死停丧数日后,即按阴阳先生选定的日期,将盛殓死者的棺木抬出灵堂,送往山上的墓地安葬,是谓出殡。出殡前,孝眷围棺哭别,号丧哀泣。之后,抬杠者(俗称"八大金刚")用两根长木杠夹住棺木,用麻绳系牢,再在每根长木杠的两头各栓两根粗麻绳,每根麻绳上穿插一根扁担长的木杠。两人抬一根,可供八人抬,抬杠者亦可十六人甚至三十二人。八大金刚不能临时拼凑,在死者落气后,孝子便披麻戴孝,携带白汗巾、麻草鞋一个个登门磕头相请。

出殡时,八大金刚将灵柩抬起,仪仗、鼓乐前导,其后是分放旌铭、灵牌、遗像的轿子,孝子躬身挂着哭丧棒扶棺而行,亲友则送殡于后。还有一人提着灯笼,一人提一筐纸钱,边走边撒,俗称"撒买路钱"。出殡队伍路经桥梁庙宇,要点燃香烛,一些亲友还在路旁设香案送行。墓地一般在荒山野岭,道路崎岖。八大金刚在领头人的指挥下,遇山翻山,逢水涉水,唱着抬杠号子,声音激越,步履整肃,甚为壮观。孝子每逢途中亲友邻里放鞭志哀,或是八大金刚换肩停步,哪怕是在烂泥水田中,也必须在棺前跪候。旧俗认为墓地风水的好坏会直接影响子孙后代的兴衰祸福,因此,墓地一般要请风水先生选择,有的在死者生前就已选好。灵柩抬到墓地,竖向掘成长方形坑穴,俗称"打井",然后将柏枝和纸钱烧灰垫底,再洒入雄黄酒,孝子跪地磕头,八大金刚将棺材放入,孝子撮土撒在棺材上,随后掩土垒坟,立石碑。

旧时,对新亡人的祭祀活动主要有三项,即"烧七""出灵"和"服丧"之祭。烧七,就是从死者卒日算起,丧家每隔七天就要举行一次祭奠,焚香烧纸,打扫坟墓,通常以"五七"为限,也可烧满七七四十九天。此中还有一个"回煞"仪式。旧时人们认为人死后魂魄要回家一次,具体时间由道士推算。届时,丧家把香烛、酒食摆好,在地上铺一层炭灰或草木灰,用以检验死者回来的足迹。用一根竹竿,每间隔一尺贴纸钱一张,立在门口台阶上或插于死者落气的屋檐下,据说阴魂见此就会进屋。用土罐装一煮熟的鸡蛋置于房屋角,以此贿赂"鸡脚神",让死者魂魄在家里多待一会儿。这时,一家老小躲得远远的,待规定的时间过去后,先将一串爆竹点燃丢进屋内,爆完后才可以进屋。人死满周年时,还要烧纸焚香,祭奠亡灵,俗称"烧周年"。三周年时,再烧纸钱,焚香烛,请道士做道场,是谓"出灵","出灵"后,孝子的孝期方告结束。旧时,父母丧亡,子女要服丧三年,在此期间有种种禁忌规矩,如布衣素食,不得婚娶,不得饮酒娱乐,不能随意嬉笑,逢年过节不得贴红对联,理发时要留一撮头发不剪,等等。有的还在墓地搭草棚,日夜守孝。即使在外为官,也需辞职还乡守制,是谓"丁忧"。直至三年期满后,丧事才算结束。民国以来,这些习俗才逐渐简化,现在农村一般在"五七"过后,一切便恢复正常。城镇实行火化,旧时的习俗已被遗体告别仪式所替代。丧葬习俗的改变标志着人类精神文明的进步。

第三章 三峡民间服饰习俗

服饰是人类文明的标志,又是人类生活的要素。服饰主要具有三方面的作用:御寒、遮羞、装饰。通过本章的学习,熟悉汉服的含义及古代汉服的典型特征,了解汉服和唐装、旗袍的关系,掌握三峡地区土家族的传统特色服饰及其主要特点、与民俗活动相关的服饰习俗及禁忌,了解土家族服饰习俗的演变历程。

第一节 汉族的服饰习俗

一、汉服的历史由来

汉服,即中国汉族的传统民族服饰,又称为汉装、华服。汉服是中国汉民族的民族服饰。其由来可追溯到三皇五帝时期,一直到明代,连绵几千年,华夏人民(汉族)一直不改服饰的基本特征,这一时期汉族所穿的服装被称为汉服。自炎黄时代黄帝垂衣裳而天下治,汉服已具基本形式,历经周朝的规范制式,到了汉朝已全面完善并普及,汉人、汉服由此得名。随后各朝代的汉服虽有局部变动,但其主要特征不变,均是以汉代为基本特征。

汉服是汉族传承了数千年的传统民族服装,最能体现汉族的特色。从三皇五帝到明代的几千年时间里,汉族凭借自己的智慧创造了绚丽多彩的汉服文化,发展形成了具有汉族自己独具特色的服装体系——汉服体系。博大精深、体系完备、悠久美丽的汉服,是中国不可多得的一大财富,是非常值得每一个炎黄子孙引以为豪的。客观上汉族人在某些过渡历史阶段的穿着服饰,如汉化旗装、旗袍、马褂等绝对不可以被称作"汉服",因为它们与真正的汉服没有正常的演变衔接过程。汉服以其强大的生命力一直没有消失,现代汉族人信仰的道教、佛教以及一些边远山民,甚至许多少数民族的服饰都还保留着汉服的特征,现代社会的一些重要祭祀、纪念活动、民俗节日等仍能看到汉服的身影。汉服的影响十分深远,亚洲各国如日本、朝鲜、越南、蒙古、不丹等的部分民族服饰均具有或借鉴汉服的特征。

所以,汉服的界定标准可以表述为:上溯炎黄,下至宋明,以汉族(先秦时则为华夏族)人民所穿着的服饰为基础,并在此基础上发展演变而成的一种明显具有独特风格的一系列服饰的集合。

二、古代汉服的主要特点

(一)样式特点

汉服的主要特点是交领、右衽、束腰,用绳带系结,宽袖,又以盘领、直领等为其有益补充,给人洒脱飘逸的印象,这些特点都明显有别于其他民族的服饰。

汉服的基本款式大约有九类,在基本款式下又因其领口、袖型、束腰、裁剪方式等的不同变化演绎出几百种款式。它与西服大不相同,与那些即使受到汉服影响而产生的韩服、和服等服饰也不同,足以体现华夏民族的特色。

汉服有礼服和常服之分。从形制上看,主要有"上衣下裳"制(裳在古代指下裙)、"深衣"制(把上衣、下裳缝连起来)、"襦裙"制(襦,即短衣)等类型。其中,上衣下裳的冕服为帝王、百官最隆重正式的礼服;袍服(深衣)为百官及士人常服,襦裙则为妇女喜爱的穿着。普通劳动人民一般上身着短衣,下穿长裤。

(二)风格特点

汉族服饰几千年来的总体风格以清淡平易为主。汉族古代的袍服最能体现这一风格,这种袍服的主要特点是宽袍大袖,褒衣博带,形制虽然简单,但一穿到人身上便各人各样,神采殊异,可塑性很强。我们现在虽然不能见到这种服装的千姿百态的原型,但我们还是可以从汉代的帛画和魏晋隋唐遗留下的一些人物画中窥其神貌之一二——形制简单的汉装大衣附着在不同体态的人物身上顿时具有了一种鲜活的生命力,线条柔美流畅,令人浮想联翩。朴素平易的装束反而给他们增添了一种天然的风韵。袍服充分体现了汉民族柔静安逸、娴雅超脱、泰然自若的民族性格,以及平淡自然、含蓄委婉、典雅清新的审美情趣。

(三)配饰

配饰、头饰是汉族服饰的重要部分之一。古代汉族男女成年之后都把头发绾成发髻盘在头上,以笄固定。男子常常戴冠、巾、帽等,形制多样。女子发髻也可梳成各种式样,并在发髻上佩戴珠花、步摇等各种饰物。鬓发两侧饰博鬓,也有戴帷帽、盖头的。

古汉服的鞋也是很讲究的,在传统绘画和戏曲中体现出来的履与其他民族有很大不同,有的有很厚的鞋底,鞋头往往有翘起的装饰。鞋头向上翘起是为了避免人踩到衣服上跌倒。

汉族服饰还有一个重要特征就是喜饰玉、佩玉。佩剑也是古汉服的一部分,士人着正式服装往往有佩剑。

三、汉服与唐装、旗袍的关系

今天人们看到的"唐装",并不是真正唐朝的服装,而是借唐朝的名义,结合清朝服饰创新出来的仿古服饰。女性的旗袍、男性的长衫和马褂,都是满族的民族服饰及其延续,而非汉族的民族服饰,也不是华夏民族悠久历史上一直传承的服饰。

四、现代汉服

现代汉服没有款式、布料、花纹、场合、发式、鞋子等统一标准,其虽然处于加快升华发展状态,但还是十分混乱复杂。其原因是多方面的:首先,从汉族发展历史看,由于中国历史悠久,汉族群体广大,朝代生活变化,汉服发展多样化,也造成每个人喜欢的款式不一样;其次,清朝统治期间,汉服中断三百年,所以当代人们对汉服比较陌生,虽然目前的民间自发组织汉服复兴,但是缺乏规划性、组织性、统一性。

随着经济的发展和人们对传统文化的呼唤,被冷落了多年的传统文化开始重新走进人们的日常生活,现代汉族服装继承了传统汉族服装的精华,并结合现代社会生活需要而有所创新和发展,具有鲜明的传统气息和显著的民族特征,以及时尚色彩。作为中国的传统服装——汉服,也频频出现在婚礼庆典和各种重要活动中,并有许多传统文化爱好者身穿汉服行走闹市街头,以实际行动向人们宣传传统文化。

汉服是汉族的代表性衣冠,是汉人的精神气节的凝聚,深深植根于汉族历史文化,犹如汉人之发肤,相连于汉人之血脉心灵。只要有汉族的存在,就有汉服的存在。

第二节　土家族的服饰习俗

三峡地区是汉族、土家族、苗族、侗族、回族等民族杂居的地区,服饰文化绚丽多姿,其中以土家族服饰最为突出。土家服饰文化可以归结为穿着简朴,喜宽松,装饰尚简洁,重喜色,具有鲜明的民族特色。

土家族服饰有自己独特的布料和款式。布料多为自纺、自织、自染的土布,被称为"家机布",采植物树叶取其汁染成蓝色或黑色。男子多穿黑色或蓝色,女子将布染成各色图案,简洁而喜庆。

一、成人服饰

(一)男子服饰

1. 头巾

鄂西土家族男子一般包蛮头幞,这种包束是将一条长六尺、宽八寸的布搭在头上,后面以盖住颈项为准,另一端从右到左盘于头上,包成"人"字形。这种包束的优点是保护头和后颈,背东西时防止灰尘漏到身上。

2. 上衣

较古老的上衣叫"琵琶襟",安(钉)铜扣,衣边上贴梅条和绣"银钩",后来逐渐穿满襟衣(尤其中年以上者)和对襟衣,青年人多穿对襟衣,正中安(钉)五至七对布扣。

3. 围裙

土家男人还有系围裙的习惯,尤其是爱系三幅围裙。这是由三层重叠的蓝布或白布构成的特殊围裙,起到挡风保暖、保持衣服整洁的作用;或在抬扛重物时作垫肩,或在地里劳动休息时垫坐。土家族中流传着"三幅围裙白布腰,打得粗来进得朝,棉花织的家机布,人不求人一般高。"这段顺口溜生动地描述了三幅围裙的功用和穿着者的自豪感。

4. 裤子

裤子用青布或蓝布,以七寸宽的白布作腰,穿时提于腹前左右折叠,以带系围,男女一式,叫"转腰裤"。山寨农民以打"人"字形的绑腿为男子汉的标志。

5. 男鞋

男鞋通常是高粱面白底鞋。男子劳作时喜穿草鞋。

(二)女子服饰

1. 头巾

土家妇女用1.7～2.3米青丝或青布帕包成形似沙撮的"沙撮幞",不包"人"字形。

2. 上衣

上衣大致分如下三种。

(1)大襟。左开襟袖大而短,无领,滚边,衣襟和袖口有两道不同的青边,但不镶花边。

(2)银钩。这种衣为矮领,衣襟和袖口镶宽青边,袖口青边后再加三条五色梅花边,胸襟青边则用彩线绣花。

（3）三股筋。衣大袖大,袖口镶 16.5 厘米宽边,领高 1.65 厘米,镶三条细边。已婚妇女的上衣长至膝盖,袖口宽大而短;少女的服饰则以细长为主。

3. 女鞋

女鞋较讲究,除了鞋口滚边挑"狗牙齿"外,鞋面多用青、蓝、粉红绸子,鞋尖正面用五色丝线绣各种花草、蝴蝶、蜜蜂等图案。绣花鞋垫是姑娘赠给意中人最珍贵的礼物,其制作过程为,先用面粉糊布壳并晾干,再用纸剪出鞋垫式样,画上格子后,以青、蓝、白、红、绿、黄、紫等多色线手工纳出花纹或文字图案。

4. 图案

土家族妇女服饰上的衣袖与裤脚图案完全采用"挑花"法,也就是在布上用针刺上连贯的"小十字",以之连成线条或方块,再组合成各种图案,图案由最初的花、鸟、树、虫发展到后来的人物、文字、走兽等复杂的图形。在构图中,运用色彩变换,体现出律动感觉。用色如绿、红、黄或为黄、绿、红,这种形同色异、不换形而换色的方法,促使呆板的、单一连续的纹样丰富起来,艳丽多姿,给人以美的享受。这些精巧的服饰凝聚着土家人的智慧,是民族服饰的珍品。

二、小孩服饰

土家族孩童的衣裤不是特别讲究,注重的是鞋、帽。

（一）帽子

按年龄、季节确定帽形:如春秋戴"紫金冠",夏季戴"冬瓜圈",冬季戴"狗头帽""鱼尾帽""风帽"等。这些帽子上除用五色丝线绣"喜鹊闹梅""风穿牡丹""长命富贵""易养成人"和"福禄寿禧"等花鸟和字外,还在帽檐正面缝上"大八仙""小八仙""十八岁汉"等银菩萨。小孩一般戴虎帽,帽子前额用金银打就十三个菩萨像,中间大的一个为观音坐像,两边钉有十八罗汉像。虎帽两侧至两腮前有银勾,用于系帽用,帽顶两侧用白兔毛做成虎耳,上面挂银铃。虎帽用大红绸缎做面料,前檐绣有一个"王"字,后脑绣有双龙抢宝等图案,胸前持有金锁银牌,上刻"福、禄、寿、禧"字样,帽后悬有金链银梁。

（二）鞋

小孩的鞋也为老虎鞋,用红绸缎做面料,鞋尖向后翻,两耳插上兔毛,前绣一个"王"字,两侧绣花。土家族是崇虎的,小孩戴虎帽、穿虎鞋是受虎的"围抚",邪恶不敢侵害,既可辟邪壮威,又可使小孩显得天真活泼,伶俐威武。

三、土家族特色服饰

(一)八幅罗裙

起初八幅罗裙是土家先民的日常服装,后来被土司引入傩戏,成了法裙。八幅罗裙是由红、蓝、黄、青、绿、黑、白、紫共八色的八块长形布条制成,每块彩布的左、右、下三边镶上不同色彩的吊边或镶嵌花栏杆,块面彩绣龙凤花草衬饰。用白布缝成腰并与每块彩布的一端连接。块与块间不相连,起舞或走动时,八块布条迎风飘荡,色彩斑斓。

(二)露水衣

姑娘出嫁途中穿的露水衣,可谓土家服饰一绝。露水衣由上衣、裤、裙三部分组成,上衣为大襟、大袖、大摆,裤腿宽而短,裙为八幅罗裙或百褶裙。新娘脚蹬绣花鞋,亦称"露水鞋",佩戴簪、耳坠、手镯等银光闪闪的首饰,是婚礼上最为引人注目的焦点。

(三)西兰卡普

土家族著名的土花铺盖"西兰卡普",史称土锦,也叫溪州斑布,是用以做服饰和被面的实用艺术品,已有两千多年的历史。相传为一个名叫西兰的土家姑娘所创。妇女衣服上五颜六色的花边、小孩的摇窝被,都是"西兰卡普"制品。它质地厚实,经久耐用,是一种美丽的实用装饰品。心灵手巧的土家姑娘十几岁就登上简单的木织机,开始编织西兰卡普。西兰卡普编织精巧,色彩鲜明,花纹朴素绚丽,富有浓厚的民族风格。编织者可以随心把自己所喜爱的图案和彩线织上去,所以每一段制品都各有特色。据说图样多达二三百种,内容多为飞禽走兽、喜鹊闹梅等。姑娘织的最后一块西兰卡普往往倾注了她的全部才能,因为这将用作出嫁时的盖头、赶歌舞会的披风,若丈夫远行,也可用来包衣物,让它永远伴随亲人。

(四)草鞋

土家人爱穿草鞋,一种是耳子稀疏的"边耳草鞋",另一种是耳子密集,从前向后依次缩短,前有"鼻子"后有跟的"满耳草鞋"。草鞋轻便、透气,穿起来舒服、安稳,行动自如。穿"满耳草鞋"一般配长筒白袜,打"人"字形裹腿,或用棕片包裹。这样在深山老林行走时可防荆棘划伤或蚊虫叮咬。

(五)背褂子(马甲)

背褂子深受土家男女老少的青睐,穿着它可防止粗糙的背篓磨坏衣服。背褂子的长度和上衣的长度相同,春秋穿夹背褂子,冬天穿棉背褂子,富裕人家则穿皮背褂子。

第三节　服饰与时代

服饰发展与其所属民族的政治、经济、文明的历史进程互相影响，服饰习俗作为文化的一部分，会随着时代的变迁而发生相应的变化，表现出阶段性特征。三峡地区汉族服饰习俗的演变没有特别明显的分界线，土家族的服饰变迁则显现出一定的阶段性。

一、土家族服饰习俗演变过程

土家族服饰的历史可划分为形成阶段（先秦至唐宋时期）、发展阶段（元明至清初土司时期）、演变阶段（清初改土归流至20世纪80年代）、创新阶段（20世纪90年代至今）四个阶段，在各个阶段具有不同的特征。

（一）形成阶段

先秦至唐宋时期，是土家族服饰的形成阶段。大量的研究表明，土家族在宋代已经形成。这就标志着最迟在宋代包括服饰在内的土家族共同文化已经形成，因此可以将宋代作为土家族服饰形成时间的下限。

土家族服饰的形成阶段又可以划分为三个历史阶段，即先秦时期（巴人服饰时期）、秦汉至隋唐时期（蛮人服饰时期）、五代至两宋时期（土民服饰时期）。先秦时期是土家族服饰的起源阶段。巴人尚未掌握纺织技术之前经历了结草为服的原始服装阶段，以稻草、兽皮束身，这从土家族原始舞蹈毛古斯的装束可见一斑。他们掌握纺织技术之后，逐渐绩织而衣，脱离了结草为服的原始服饰阶段，并将服装与佩饰结合起来。秦汉至隋唐时期是土家族服饰的初步形成阶段。随着纺织技术的进一步提高，纺织品"鯓布"被作为纳贡名品，为土家族服饰的初步形成提供了有利的物质条件。这一时期土家族先民的服饰已大量采用鯓布，并形成了色彩斑斓的个性。五代至两宋时期是土家族服饰的最终形成阶段。由于土家族先民在宋代以后被称为"土丁""土民"，因此将这一时期的土家族服饰称为"土丁服饰"或"土民服饰"。五代开平年间，江西汉人彭瑊归楚，被封为溪州刺史，带领大批工匠进入土家族地区，从而开始出现"女勤于织，户有机杼"的繁荣气象，此后土家族先民以土布制作衣服，以"溪布"装饰衣物的现象更加普遍，色彩斑斓的个性更加突出。

（二）发展阶段

元明至清初土司时期，是土家族服饰的发展阶段。土家族服饰形成之后，经过了一个相对独立的自主发展阶段，即除上层土司服饰受汉文化影响外，广大土民的服饰基本上没受汉文化影响,从而形成了以男女服饰一式为总体特征的独特个性。

土家族服饰的发展主要体现在以下几四个方面。一是服装布料基本上采用自织自染的土布(俗称"家织布")。这一时期,大批汉族相继迁入武陵地区,进一步促进了土家族手工纺织技术的发展,使土家族能够将葛、麻、棉、丝等加工成土布。二是大量采用西兰卡普作为装饰。妇女衣服上五颜六色的花边、小孩的摇窝被,都是西兰卡普制品。三是大量采用挑花工艺。土家族妇女服饰上的衣袖与裤脚图案完全采用"挑花"法。四是个性特征已逐步形成。综合文献资料分析,土司时期土家族服饰的基本特征可以概括为"男女一式""短衣""椎髻""跣足""以布勒头""喜斑斓服饰"等。

(三)演变阶段

清初改土归流至20世纪80年代,是土家族服饰的演变阶段。土家族服饰的演变又可划分为改土归流至鸦片战争时期、鸦片战争至民国时期、民国时期和新中国成立至20世纪80年代四个阶段。通过这四个阶段的演变,土家族服饰在款式、面料质地、色彩等方面都发生了深刻的变化。改土归流后,土家族服饰被强令改制而逐渐发生了变化,主要表现在以下两个方面。

一是土家族服饰男女一式的款式得到彻底改变,款式逐渐增多,男女差别越来越大,从而形成了土家族完整的服饰体系。男子以扣穿蜈蚣扣的对襟短衣和宽大的裤子为主,腰缠花板带;女子以穿右襟大袖上衣和八幅罗裙、百褶裙、筒裙及大脚绣花筒裤为主,且随年龄变化更趋多元化。无论是服饰的款式和佩饰,还是服装的种类,都逐渐趋于系统化。二是使土家族服饰受满汉服饰的影响越来越大,改穿满汉服饰的越来越多。大批汉族流官和农民进入土家族地区后,满族官服和汉族服饰对土家族服饰具有不可忽视的影响。

鸦片战争后,国外棉纱、棉布大量倾销至土家族地区,洋纱、洋布因其价格便宜,逐渐取代当地的棉纱、棉布。因此,改土归流后,土家族衣料由以麻布为主而改以棉布为主,再改以洋布为主,已是面目全非。民国时期,尤其是抗日战争爆发后,湖北、湖南省府大批师生迁入恩施、沅陵,则进一步加速了土家族地区的族群流动,加速了土家族服饰的演变,即改穿汉族服饰的人越来越多,穿戴本民族传统服饰的人越来越少。新中国成立后,以汉族为主的大批党政干部陆续迁入土家族地区,彻底改变了土家族地区的民族结构,使汉族服饰的主流地位在土家族地区越来越明显,土家族服饰越来越边缘化。改革开放以后,随着土家族与外界联系和交往逐渐增多,穿着越来越时装化。

(四)创新阶段

20世纪90年代至今,土家族服饰逐渐进入创新阶段。随土家族的民族意识和文化自觉逐渐增强,形成了一种政府倡导和土家族人民自发参与相结合的土家族服饰创新潮流。一方面,土家族地区的各级政府从弘扬民族文化和发展民族旅游的角度出发,积极倡导土家族人民穿着土家族服饰,要求有关部门和厂家研制具有时代特色的土家族现代服饰;另一方面,土家族人民对本民族传统服饰采用了扬弃的态度,既希望本民族服饰不拘泥于传统服饰的陈旧款式、色彩,符合现代审美的要求,与时俱进;又希望它保留本民族传统服饰的基本特征和主要元素,传承其历史精华,推陈出新。在政府力量和民间力量的双重推动下,从事土家族服饰研究、制作的专家、学者和厂商,都加紧研制既有民族特色、又有时代特色的现代土家族服饰,从而使土家族服饰逐渐进入创新阶段。

实践证明,土家族服饰的创新是艰难曲折的。尽管各土家族地区相继研制了大量的土家族现代服饰,但是服装款式和佩饰缺乏相对统一的规范,没有科学体现标志功能和审美功能的完美结合,存在五花八门的现象;服饰的民族性和时代性结合不够,没有科学体现传承与创新的有机结合,存在不伦不类的现象。从款式看,不仅不同地区的土家族服装款式各异,而且同一地区的也不同,有的是经过精心设计的,有的则是随意制作的,总体上随意性太强。我们应该进一步加强对土家族服饰的研究,为土家族服饰的创新实践提供科学的理论指导。

二、服饰习俗演变的原因

任何一个民族的服饰习俗都不是一成不变的,都会随着民族的交融而发生一定程度的改变。服饰是民俗的载体,是最广泛的大众文化,因此服饰的变异和更新记载了民俗的发展轨迹,反映出特定的时代政治、经济、文化特征。

(一)内在原因

人类求新求异、追求自由和人性解放的心理需求,成为服饰习俗演变的内在动力。现代社会,任何一个民族都不可能孤立地存在,随着各民族文化的不断交流、融合,人们的心态逐步从封闭走向开放,人们对外来服饰也由新奇到接纳到向往,这种心理动力是促成服饰习俗演变的根本原因,它不仅反映人们对服饰外在美的追求,而且反映了一个时代的大众内心深层次的文化情结,而这些改变往往和一个时代的经济、社会的总体发展态势密切相关。因此,服饰习俗的演变往往是一个国家、一个民族时代的印记。

(二)外在原因

正如上述土家族服饰习俗的演变过程,许多时候服饰习俗是受到外来强制力的约束而改变的。这些外来力量主要包括统治阶级的意志改变、统治民族的改变、执政人的变更等,当一个民族处于经济文化劣势的时候也会被动地接受外来的服饰文化。这些外来力量的约束违背了服饰习俗的自发性,最初并不能深入人心。

当前,三峡地区汉族服饰文化占主导地位,土家族服饰有汉化的趋势,这种变化有土家文化主动向汉文化融合的内在因素,也有汉文化大众化的外在因素。由于三峡地区土家族、汉族混居、通婚等原因,这种民族文化的融合似乎是不可避免的。但是,土家族具有民族特色的服饰习俗和制作工艺是一笔珍贵的文化遗产,有效地保护和传承土家族服饰文化对于维护三峡地域文化的多样性具有十分重要的意义。

第四节 服饰与礼仪

人生诸项重大仪礼中的服饰,是日常服俗的变异、升华、复合或简化。日常服饰表现生活的常态,仪礼服饰则表现生活的异态。三峡地区汉族服饰礼仪习俗同其他地区没有明显差异,比较有特色的是土家族服饰习俗。

一、新生儿服饰习俗

三峡地区土家族、汉族都有给新生儿戴"百家锁",穿"百家衣"的习俗,即从百户人家讨来贺礼买来银锁,讨来百块碎布缝成棉衣给新生的小孩穿戴上,以求纳百福、平安、长命百岁。

二、婚礼服饰习俗

土家族的婚礼是人生最隆重的礼仪。土家人历来把结婚当作人的终身大事,因为它关系着一个家庭的繁衍。完整的婚礼仪式包括婚前哭嫁、过礼、婚礼、婚后回门等环节,与服饰有关的主要是过礼和婚礼的环节。

(一)过礼

土家族未婚青年男女在结婚的前三天,新郎倌要给新娘送去梳头礼,礼物主要是梳子、篦子、发套、簪子、首饰、丝帕子等,送衣服则只送上衣不送裤。新娘收下梳头礼的第二天,要请当地稍有名气的开脸师开脸梳头。开脸师用两根缝制衣服的棉线交叉在一起,运用双手的拉力和棉线的闭合力,慢慢将新娘脸部的汗毛扯下。这不仅是修饰面部,也意味着新娘自此不再是黄毛丫头。开完脸后就是洗头、梳头,梳头时要将新娘的披发或辫子打开收拢,然后在后脑勺上缠绕盘成圆形,再套上发套,别上簪子,叫"粑粑髻"。梳头就绪,新娘正式结束了毛头姑娘的生活,同时也为迎接新郎过大礼做准备。

(二)婚礼

传统的土家族婚礼当天,新娘上轿前穿上整套"露水衣"(见本章第二节),戴上"喜罩帕"。

三、寿礼

三峡地区土家族寿礼一般是指年满六十岁以上,父母过世的情况下,可以做寿礼。六十岁、七十岁、八十岁等满"十"的寿庆是重大礼仪活动。

举行满"十"的重大寿庆时,祝寿者一般采用"传盆"的方式。"传盆"需做新鞋、新衣,有的还专门用锦缎绣制寿仙或拜寿图案和条幅,与其他礼物一起一一用茶盆盛装,敲锣打鼓送去。一般寿庆不举行仪式,大寿需举行仪式。

四、丧礼服饰

(一)葬服(亡人服)

中国人对葬服格外重视。汉族民间老人有未临死期而提前制作葬服的习俗,谓之"寿衣"或"老衣"。做好后每年晾晒一次,直至寿终正寝时使用。其配套讲究是棉衣棉裤,上有帽子,下有靴子,外罩大氅,算是一套较为完整的葬服。

(二)孝服

三峡地区汉族、土家族的孝服都以白色为主,传统的孝服多为"披麻戴孝":头上披长长的白布,直垂后背,腰间系麻绳。现代城市中,人们也有着黑色服装,配白色小花、肩戴黑纱的习惯。

第五节 服饰与民俗

一、服饰与民俗的关系

服饰与民俗具有不可分割的共生性,服饰既是民俗生活的产物,又是民俗的载体,丰富了民俗生活。

服饰被称为民俗事象,而不能简单地称为现象,因为服饰不仅仅指其在着装活动的发展、变化中所表现出的外部形态和联系,而且包含着更大的内涵。事象,行为过程谓之事,外在形态谓之象。事与物有联系,谓之事物;象与物有联系,谓之物象。服饰与行为过程有关,与物饰活动形态也有关。服饰的行为是民俗活动的行为,服饰的形态又是民俗的现象。所以,服饰是一种民俗事象,它既是民俗事物、民俗行为,又是民俗形态和民俗现象。服饰的事与象在民俗活动中整合成非常活跃的统一体。

二、三峡地区土家族服饰民俗

(一)三峡地区土家族代表性服饰民俗

1. 女儿会

土家族把每年的五月初三或七月十五定为女儿节,七月十五又是土家族的月半节,到了农历七月十二、十三这两天,父母要接出了嫁的女儿回家团聚,参加祭祀祖先的活动。也因为这天出门的女子多,到聚居区乡镇"赶场",观看游艺活动的姑娘和年轻媳妇多,故又被称作"女儿会"。一般人们在这天都穿戴艳丽的民族服饰,打扮得格外漂亮,青年男女自由交往,谈情说爱。女儿会为青年人的盛会,而且已不仅仅限于某一个民族的男女参加。

2. 春节服饰

三峡地区的汉族和土家族都比较注重春节的服饰,一般都认为在春节期间要穿上新衣服,表示一年开始、万象更新的意思。

3. 傩戏表演面具

祭神、祈福、驱邪等都是心意民俗的表现形式。而傩戏是土家心意民俗的典型代表。"傩戏"被称为中国戏剧活化石。傩,是古时腊月驱逐疫鬼的仪式。《现代汉语词典》解释为"旧时迎神赛会,驱逐疫鬼"。而傩神,是指驱逐疫鬼的神。可见,傩戏是为了敬傩神、驱疫消灾而唱的戏。三峡地区土家族流行的傩戏就是由崇拜祖先、驱逐疫鬼的宗教祭祀活动演化而来。

戴面具演出是傩戏最为突出的特点。面具称为"脸壳子",选用质地细腻而韧绵的白杨木、柳木雕刻而成。其造型是依据剧本的角色或民间传说人物形象而定。每个面具都有固定的名称,代表角色的身份。面具大致分为四种类型:正神面具,正直、善良、温和的神祇,慈眉善目、亲切可爱;凶神面具,勇武、凶悍、威严的神祇,形象狰狞诡异,镶嵌獠牙;世俗人物面具,贴近生活,造型写实,没有变形夸张;丑角面具,滑稽角色的面具,歪嘴皱鼻、龇牙咧嘴,幽默风趣。

傩戏面具重视色彩的调配,分淡彩和重彩两种,淡彩勾勒较少,重彩用各色颜料勾勒涂抹,再刷一层光油。总的来说,面具具有色彩深厚、凝重、古朴、大方的特点。

4. 晒龙袍

相传六月六日是三峡地区的土家族土司覃厚遇难血染龙袍之日。这天,家家户户都要把新衣、新被等物拿出来晾晒,以祭奠土司。

5. 洗邋遢

每年腊月二十八,土家妇女要把一家人的脏衣服、脏被子洗干净。

全家老幼还要用艾蒿水洗澡,是为了身爽体健过新年、干干净净迎新春,与旧的一年告别,求新的一年清清洁洁、顺顺利利。

6. 洗神

旧时土家族除信奉白虎神外,还供奉"大神、二神、三神"(家神),每年冬月(农历十一月)初一杀猪宰羊,男女老少着民族服装参加"洗神",摆三牲祭品,由老师(即男巫)手执司刀、令牌、吹牛角招神,跳舞驱邪。然后由一班男女耍火棍(用三尺长的一根竹竿,画上红绿颜色,打通竹节,灌上桐油,塞上布条点燃)左右盘旋,跳民族舞蹈。

(二)传统服饰民俗的演变

三峡地区汉族、土家族传统的服饰习俗在历史的长河中保持了相对的稳定性,但是服饰民俗同一般民俗文化一样也会随着时代的变化而变化。

一方面,随着时代和环境的改变,人们的着装心理发生了变化,许多古老的服饰传统正在渐渐消失。如上面讲到的"晒龙袍""洗神"等服饰习俗在三峡地区年轻人中已经很少有人了解,而有些习俗,如腊月洗衣服、春节穿新衣等还普遍存在。另一方面,由于土家族与汉族逐渐融合,在服饰习惯上也逐渐一致,三峡地区大多土家人平时已经很少穿着土家族服装,结婚仪式也渐渐"汉化""西化",很少见到新娘穿"露水衣"出嫁了。只有在比较偏远的山区和旅游景区才可以看到比较完整的土家婚礼仪式。

土家服饰民俗的汉化预示着土家族的传统文化正在逐渐弱化,而土家族精美的传统服饰及其独特的制作工艺是三峡地区最富有特色的民俗文化之一,是三峡地区民族文化、地域文化的多样性不可或缺的因素,如何有效地保护和传承土家服饰民俗,是一个值得人们思考的问题。

三、服饰民俗禁忌

在中国传统语汇中,"禁"与"忌"是意义相近的两个词。"禁"是禁止亦即不允许的意思,"忌"是一种因害怕或憎恶而力求避开的心理状态。服饰民俗禁忌也与其他禁忌一样,起源于人对某种神幻力量的莫名恐惧,带有人类孩提时代稚嫩认识的某些色彩。这些禁忌习俗反映了人类趋利避害的心理需求,即使是在文明高度发展的现代社会中,服饰的禁忌仍然普遍存在。

服饰禁忌同本民族的传统密切相关,不需要官方的强制,完全是人们自愿遵守的行为准则,可以起到法律起不到的规范作用。

(一)三峡地区服饰常见禁忌

1. 日常穿着禁忌

三峡地区汉族的日常穿着习惯同我国其他地区大致相同。平时着衣讲究与环境协调,工作环境服饰比较正规,休闲时穿着比较随便。汉族忌讳将内裤,特别是女性内裤晾在人们必经之路,通常认为从晾晒的内衣或裤子、袜子下经过,会玷污了神圣的头,会给自己带来晦气。

土家族忌扛锄头、穿蓑衣进屋门。

2. 节日禁忌

年三十忌洗衣、忌做针线活,过年忌戴白花。

3. 礼仪禁忌

三峡地区汉族、土家族在婚礼、寿礼等喜庆的仪式上,主宾服饰力求鲜艳、整洁甚至华丽,普遍的禁忌是衣着破烂不堪、肮脏邋遢。反之,在葬礼仪式上则忌戴首饰、穿鲜艳的服饰。

土家族在服饰馈赠上也有许多禁忌,其中最普遍的是,男性忌送非婚恋少女戒指、手镯、腰带和贴身衣服,否则会被认为是轻薄之徒。手帕不属服饰之列,但也可算作是服饰随件,一般来说,非情人关系的异性之间不赠送手帕,以免有情爱亲昵之嫌。

到土家族人家中拜访,进门不必脱鞋,但是上炕最忌穿着鞋,否则是对主人的极大不敬。

4. 身份禁忌

土家族旧时对于寡妇的服饰有一定的禁忌,如在守孝期间(三年内)必须穿黑色衣服,三年后如果没有再嫁,可以穿月白色衣服。

(二)服饰禁忌的演变

服饰禁忌也在随着时代的发展而悄悄变化,最明显的是对于寡妇的服饰禁忌已经不复存在了,随着时代的进步和妇女解放,现在妇女不必再受这些禁忌的约束,可以自由追求自己的幸福生活;再如,现代婚礼上新娘普遍穿着白色婚纱,而白色在过去婚礼是忌讳的;但是有些禁忌却一直保存下来,如过年忌戴白花、丧礼忌穿红衣等。

四、服饰民俗的特点

不仅仅是古代、近代、现代、当代及至未来,民俗都会因人的存在而存在,服饰也会因民俗的发展而发展。因为服饰不仅是民俗事象的构成成分之一,而且符合民俗的根本特征,即历史性、自发性、地域性、传承性、变异性。

(一)历史性

服饰与人类早期民俗同时诞生,与民俗同样源远流长。每一个时代的民俗和服饰习俗都是那个时代的历史产物,从服饰与民俗相辅相成的关系上可以看出,它们作为一种民俗事象,总是产生在特定的历史阶段,成为一定历史时期民俗文化的载体。

(二)自发性

民俗事象,一般是在民众生活中反复出现的深层次文化事象,然而这个深层次是指民俗意识在民众心灵中扎根的深度,并非指官方依靠行政命令规定的法制和干预的程度。服饰文化,更深深带有一种来自于民众之间的自发性。服饰的起源与款式的改进,往往是一个人偶然在服饰局部予以改善或变化,却由此形成服饰的新意或新形象,使周围的人们耳目一新,进而效仿,逐渐辐射、扩散,而后形成了固置状态。自发性,使民俗服饰没有桎梏,又显示出民俗事象发源的纯洁与朴素,使民俗服饰有着鲜活的朝气与永恒的魅力。

(三)地域性

"百里不同风,千里不同俗"。服饰的地域性非常明显,生活在同一地区的民族服饰习俗大致相同,同一民族由于生活在不同的地区,服饰习俗也会呈现出不同的特点。

从起源角度看,人种、民族、部族都生息聚落在一定的土地上。但由于地理环境关系,地域的生态现象不尽相同,也决定了服饰事象的差异。

(四)传承性

民俗服饰习俗往往通过言传身教的方式代代相传,自发性多于被动性,服饰民俗代代传承,显示出民俗事象绵延不断的生命力。

在经济相对稳定的社会历史条件下,民俗的某些具体事象具有很强的承袭性,很容易被接受。因为它只是反映在一个较为闭塞环境中的对古老民俗的依赖与延续。民俗的传承性有时在社会经济发生翻天覆地的变化以后,也会以与先前相差无几的形式保存下来,从而构成了与新时代不甚协调却又确实存在的现实。

(五)变异性

人类的历史与文明就是在变化中发展的。民俗传承的形式一般说是稳固的,有很多民俗几乎是原封不动地在历史进程中维持其基本形态,但是有一些民俗在传承中产生自然的或人为的变异,特别是民俗服饰的传承过程中,其变异性更明显。

服饰的变异性表现在以下四个方面。

1. 服饰功能变异

从原初防御天敌(猛兽毒虫、寒热风雨),进而注重仪礼,又转化为审美需求。

2. 服饰质料变异

从披兽皮、着草裙,到麻、毛、棉、丝等天然质料为纺织材料,再到人造合成纤维;染色亦由矿物、植物原料到化学试剂,因此,闪色、荧光、复合色等多重出现,服饰工艺效果也大有变化。

3. 着装心理变异

由追求最大限度的保护性,变为追求最美好的着装形象,又变为追求个性化,因而服饰也许是不完好的,甚至丑陋的(如乞丐装、朋克服)。

4. 着装形象变异

由原始服装的披挂型发展为缠绕型,又进化为分肢型,再变为适体型。而佩饰品由天然品变为工艺品,又变为天然品加工艺性。

服饰的变异速度,在时间长河中是不同的:越早越缓慢,越近越快速,种种变异都导致了服饰民俗风貌的变异。时至近代,服饰的"流行"潮已成为普遍的社会现象,其时装变化更大更快,这显然是服饰变异性最鲜明的表现,流行就是变异。

第四章

三峡民间饮食习俗

"红日巡天过午迟,腹中虚实自家知。人生一饱非难事,仅在风调雨顺时。"从古到今,中国人一直以饱腹为第一目标,充分发挥聪明才智去料理一切可吃的食材,累积了无与伦比的饮食基础,创就了今天中华饮食雄霸天下的局面。三峡饮食具有独特的魅力,通过本章学习,掌握三峡地区人们的饮食习惯和特点,了解具有代表性的三峡饮食以及三峡饮食习俗中的礼仪规范和禁忌。

第一节 土家族的饮食习俗

土家族自称"毕兹卡"(意为本地人),主要分布在湖南省西北部(永顺、龙山、保靖、古丈)、湖北省的恩施土家族苗族自治州(来凤、利川、鹤峰、咸丰、宜恩)、宜昌的五峰、长阳土家族自治县、贵州的沿河土家族自治县、德江、印江等县以及重庆的石柱、秀山、酉阳、黔江等县,土家族的饮食历来较为粗放。由于土地贫瘠、五谷不丰,加上人多地少、畜养单一,这里的人们自古温饱而足,不尚奢靡。但是,这里的饮食精品和饮食文化也很特别。湖北省的恩施、长阳等地是土家族人们的聚居地,民间至今还流传着一首《好吃包歌》("好吃包"即馋嘴人),其中这样唱到:

一想樱桃黄,麦李在树上;又想瓜子蜜生姜,还想血灌肠。
二想蒸猪肉,黄焖煎豆腐;又想仔鸡多酌醋,高笋炒葫芦。
三想腊肉干,牛肉焖得烂;又想红心腌鸭蛋,肥肉炒大蒜。
四想塘里藕,豆腐俞泥鳅;又想后院红石榴,干锅炒黄豆。
五想汤油茶,茶里佐芝麻;又想田鸡过油炸,还想嫩丝瓜。
……

此歌表面上在讥讽"好吃包",实际上从头看到尾,这是一份土家族的民间食谱!

第四章　三峡民间饮食习俗

一、土家族的基本饮食习俗

（一）日常食俗

1. 主食

土家人主食以苞谷（玉米）、大米、高粱、红薯、杂豆、洋芋（土豆）为主。日常主食除米饭外，以苞谷饭最为常见。有时也吃豆饭，粑粑和团馓也是土家族季节性的主食，有的甚至一直吃到栽秧时。过去红薯在许多地区一直被当成主食，现仍是一些地区入冬后的常备食品。土家族平时每日三餐，闲时一般吃两餐；春夏农忙、劳动强度较大时吃四餐。据说"过早"吃汤圆有五谷丰登、吉祥如意之意。

2. 菜肴

土家族菜肴讲究酸、香、辣。俗话说："三日不吃酸和辣，心里就像猫爪抓，走路脚软眼也花"，故土家族菜肴特别看重辣椒、胡椒、花椒、大蒜、胡葱、韭菜、香椿等辛辣、香味特浓的作料。旧志记载：因土人居住"丛岩邃谷间，冰泉凛冽，岗瘴郁蒸，非辛味不足以温胃健脾"。土家妇女多为酸、香、辣制作能手，诸如将四季鲜菜、野菜或五禽六畜之肉通过干制、腌制、烘炕等制成干菜、腊菜、辣菜、酸菜等。这种酸菜与四川酸菜、北方咸菜差别较大，辣味十足，其制作工艺是：在辣椒成熟的时候把红色的辣椒用刀切碎（也有用粉碎机粉碎的，味道不如手工切），放入较多的盐和姜末拌匀，再加少许水，装进用陶土做的酸菜坛子里，盖上盖子并在坛口边的托盘内装满水密封（以防止空气进入），经过一段时间的发酵后就可以往里面泡生姜、大蒜、萝卜、白菜等制作酸菜了，时间越长就越酸、越辣、越香。

另外，土家人喜欢吃腊味，最具代表性的就是腊肉。土家人认为新鲜猪肉有毛腥气，喜欢吃烟熏腊肉。土家腊肉一般叫土腊肉，有上千年的传统制作历史。土家族几乎所有家庭每年都养猪，一般每户养二三头，多的有养七八头的。除了卖猪挣钱，还要留一头或两头"年猪"，用于过年宰杀了吃肉。年猪都在农历冬月或腊月间宰杀，杀猪师傅将猪肉按其部位砍成一块一块的，分猪脑壳（猪头）、猪蹄子（猪腿）、坐墩儿（猪屁股）和块子肉等。猪肉砍好后用大量盐在表面涂抹，然后放在大缸或大盆里腌一夜，腌出血水，再取出挂在炉灶上面搭起的架子上用柴火熏烤，有的还在柴火上放些柑橘皮以使腊肉更香。熏烤大致经过一个月的时间，再取下来挂在二楼同样的位置，使之一年四季烟气不断，保持干燥不腐。待腊肉熏烤好的时候，也差不多开始过年了。土家人在过年的这些天会吃很多腊肉。一般来说会在年前准备半边猪头肉、一个到两个猪后腿、半边猪屁股和两三块其他的肉，若正月拜年的客人多，还会成倍增加，差不多得吃完一头猪。过年时腊肉的做法有蒸、炖和炒，如粉蒸坐墩肉、蒸糯米扣肉、炖猪蹄和炒回锅肉等。腊肉丁子蒸蒸菜、玉米粉子煎腊肉粑粑、青椒炒腊肉等,香气扑鼻,四季不断,百吃不厌,堪称土家的风味食品。类似的还有腊香肠、腊猪头、腊肝、腊肠,以及腊鱼、腊羊等,甚至豆腐、豆豉等素食也可熏制成腊味,风味独特。

(二)节日食俗

土家族民间十分注重传统节日,尤其以过年最为隆重。届时家家户户都要杀年猪,做绿豆粉、煮米酒等。猪肉合菜是土家族民间过年、过节必不可少的大菜。

每年农历二月初二称为社日,届时要吃社饭。其做法是先于节日前上山扯来野葱、社菜,洗净剁碎,放于锅中焙干。煮饭时,先将肥腊肉炒香,铲出待用。煮饭时以三分糯米和一分黏米混煮,黏米半熟后方入糯米,然后将米汤滗净,放进社菜、野葱和腊肉,搅拌均匀,阴火焖熟。揭开锅盖,香气盈室,其味妙不可言。

糯米粑粑(糍粑)是土家族民间最受欢迎的食品之一。重阳节打粑粑,女儿"坐月子"送粑粑,修房上梁抛粑粑。节日里馈赠亲友,一般也都是互送粑粑。除糯米粑粑外,还有高粱粑粑、小米粑粑、苞谷粑粑等。

腊肉是土家族的上等大菜。切成块状的腊肉,肉质紧凑,呈殷红色,喷香诱人。逢年过节或亲朋临门,满桌的菜肴中,正上方必摆放腊肉。

二、著名的土家佳肴

1. 金包银

永顺、龙山、来凤、鹤峰等地多把米和苞谷掺在一起吃。即用锅添水把少量的米煮开,再拌上苞谷粉煮熟,既香又耐饿。其中大米为白色,苞谷粉为黄色,黄白相间,如同金银镶嵌。

2. 十大碗

土家十大碗来源于湘西土家族民间节庆及招待贵宾时惯用的菜式,其最大的特点是半荤半素、一菜两味、油而不腻。

相传土家族人生性好客、爱面子,但由于古时生活贫困,无力安排上好足量的菜肴。为了使餐桌上菜品的数量多,面子好看,一般每桌安排十碗菜,且每碗菜的下面用素菜垫底,上面用荤菜盖面。久而久之就形成了过年或举办喜事时的固定菜式,即"土家十大碗"。

3. 合渣

在土家族的民间歌谣中,有这么几句:"辣椒当盐,合渣过年,一条裤子穿它几十年……"这句话夸张地描述了土家人在解放前的辛酸生活。其中,"合渣"是土家人的一道家常菜。

合渣的制作比较简单,只是在开头推磨的阶段辛苦些,因此,土家人称制作合渣为"推合渣"——将黄豆用水泡胀后,用石磨磨成豆浆,再将豆浆兑水放进锅里煮开,然后放进切好的菜丝再次煮开,就制成了一锅乳白带绿的合渣。由此可见,"推合渣"比起打豆腐来要容易得多,难怪土家人又称合渣为"懒豆腐"。

4. 合菜

俗称"团年菜",是土家族过年家家必制的民族菜。相传明嘉靖年间,土司出兵抗倭,为不误军机,士兵煮合菜提前过年。其制作方法是将萝卜、豆腐、白菜、火葱、猪肉、红辣椒条等合成一锅熬煮,即成"合菜"。除了味道鲜美,还别有深意。它象征五谷丰登、合家团聚,又反映土家人不忘先民的光荣传统。

5. 猪血稀饭

每年三月白帝天王的生日,土家人杀猪祭祀。庙祝时煮猪血稀饭祭于神前。凡祭祀之人,都要分吃猪血稀饭一碗。此外,过年杀年猪祭祖,也煮猪血稀饭。寨子里逢人都可舀一碗吃。有远道来客,更要请吃一碗猪血稀饭。

6. 团馓

先将糯米蒸熟后,置于一圆形的模具内,摊开晒干,便成为熟糯米团饼,再将其油炸,香脆可口。可贮藏在坛内,以备自家吃或待客,或作馈赠品。

7. 糯米粑粑

逢年过节,土家人户户打粑粑。用上好木头雕成模子,在做好的糯米粑粑上印成各种各样的图案,成为"印儿粑"。过了初二,女婿就要挑着粑粑去岳父母家拜年,大女婿要带"双龙闹海"印儿粑。

第二节 民间饮食礼仪习俗

土家族人虽生活俭朴,但又十分注重饮食的礼仪。这种礼仪以热情好客、省己待客为中心内容,尽显土家人的爽直豪气。

一、宴席礼仪

土家人好客,"过客不裹粮投宿,无不应者"。旧时,贵客到来,要放铁炮以迎。铁炮如大鞭炮一般大小,竖立于铁匣上,放起来震天动地。如果一时没有铁炮,也可鸣放猎枪表示欢迎。听见炮声,寨上的老人、青年、儿童,一起出来相迎。现在虽无如此繁文缛节,但主人也会立即敬烟,煨茶,煮腊肉。

土家族素以能歌善舞、勤劳善良闻名,但土家人在餐桌上的许多习俗却鲜为人知。每逢家中来了客人,主人不仅会准备美酒佳肴盛情款待,而且会邀请同村相好的乡邻在吃饭时做陪客。如果家中来了客人，主人没有请到乡亲来陪客，就会觉得特别丢面子。

热情的主人在厨房做饭炒菜时，绝不会让客人帮忙，也不允许客人端放饭菜的。主人将饭菜摆上餐桌，招呼客人在餐桌的上席（餐桌上方的右边）落座后，陪客和主人才会入席。餐桌上，主人会不断给客人碗里夹菜、盛饭，一面慢慢地用餐一面不停地唠嗑，往往一餐饭要好几个小时才能结束。无论主客，先吃完之后，都会双手握住筷子站立向对方示意自己已经吃饱，并礼貌地说上一句"您慢用"或"您随意"，然后坐下"候饭"，待对方结束用餐后，方才离席。

（一）十碗八扣

"十碗八扣"是土家地区最隆重的筵席。逢红、白事才专门请大师傅掌勺。因而在土家族地区过事，也俗称"整十碗"。"整十碗"的大师傅又叫"焐匠"。焐匠在土家族地区也是一门专门的手艺，是靠一代一代传下来的。土家"十碗八扣"就是靠了一代又一代的焐匠一直传到了今天。

所谓"十碗八扣"，即十碗菜中有八碗是"扣菜"。这十碗菜是：一碗头子、二碗笋子、三碗鸡子、四碗鱼、五碗蒸杂、六碗羊肉、七碗丸子、八碗肚子、九碗正肉、十碗汤。

头子即肉糕，垫菜为粉条、黄花菜和木耳之类；如有海参、鱿鱼，则以笋子垫底；鱼的垫菜是莲米或花生；蒸杂的垫菜为洋芋和南瓜；羊肉的垫菜为豆腐；丸子以豆腐做成，或以瘦肉做成；肚子的垫菜为豆芽或炕黄瓜；蒸肉的垫菜为豆豉；汤则由虾子或肉丝做成。而所谓"八扣"，实际是十碗中，除第一碗的头子和最后一碗汤以外，其他均用扣碗上席。因为第一碗是最好的一道菜，而最后一碗汤又叫"醒酒汤"，用于酒醉饭饱之后醒酒，所以放在最后。

扣菜即在碗内涂上油，将食物、作料放进，上格子（蒸笼）蒸熟，然后以大碗扣上反转过来。上菜时按顺序一碗一碗地上。上第一碗，端大盘子的人高喊一声"大炮手——"，长长的拖腔直到席前，随之鸣炮，响匠吹起欢快的"菜调子"，东道主前来敬酒。客人边吃边上菜。接着上第二碗，端大盘子的人高喊"顺——"，响匠又吹起"菜调子"，直到上完十碗。

十碗菜的摆放也有规矩，或摆"四角扳爪"，或摆"三元及第"。除十碗菜以外，响匠还要配腌菜碟两个，为客人解酒解腻。

（二）酒席分类

土家族置办酒席分水席（只有一碗水煮肉，其余均为素菜，多系正期前或过后办的桌席）、参席（有海味）、酥扣席（有一碗米面或油炸面做成的酥肉）和五品四衬（四个盘子、五个碗，均为荤菜）。入席时座位分辈分老少，上菜先后有序。

(三)数字礼仪

土家族无论婚丧嫁娶、修房造屋等红白喜事都要置办酒席,一般习惯于每桌七碗、九碗或十一碗菜,无八碗桌、十碗桌。因为八碗桌被称"勺吃花子席"(意为招待要饭的人),十碗的"十"与"石"同音,都被视为对客人不尊,故回避八和十。

二、饮酒礼仪

土家族重礼仪,客到"进门三杯酒",客走"上马三杯酒",无酒不成席,无酒不成礼仪,主人不为客人准备酒是极不礼貌的。

咂酒是土家族古老而奇特的酒俗文化现象。酒是以糯米或玉米、高粱、小麦等粮食酿制而成的甜酒,用大瓮装好置于窖内贮藏一年或数年,然后取出以凉水冲泡,数人以竹管进行吮吸,称为咂酒。多用于宴会招待嘉宾或田边地角劳作间隙,以助兴和解除疲劳。吮吸时,先由一人吸咂,叫"开坛",然后彼此轮吸。据考证,咂酒乃土家族处在农耕时期,吸取了古蜀地的酿酒方法,在土家族士兵被征调赴东南沿线的战事中逐渐形成的吮吸习俗。咂酒时,围众共饮一坛,大众心理得以亲情交融,是土家族在饮酒上协调人际关系的途径,充满着"和"的哲学思想,表现了土家族崇尚礼仪、热情待客、纯朴厚道的民族性格。

第三节 饮食中的信仰、禁忌习俗

一、土家族的饮食信仰

土家族的信仰崇拜有祖先崇拜、自然崇拜、英雄崇拜、图腾崇拜等多种形式。祖先崇拜为土王、八部大神、向王、向王军,这些都是土家族早期的祖先神,土家族认为其灵魂可以庇护本民族的繁荣昌盛。对自然崇拜,认为万物皆有神,如日、月、星、辰、雷、雨等。图腾崇拜则是崇拜远古时期的英雄或祖先。如土家族信仰"白虎图腾"。传说八部大神是喝虎奶长大的,其先祖是虎。虎又是英雄形象,传说白帝天王三兄弟被皇帝毒死后,变成三只白虎,坐在金殿宝座上。皇帝惊恐万状,只好封他三兄弟为白帝大王,并立庙祭祀,三只白虎才离开。人死后变虎,虎也可变人。各地都有白虎庙,有的家里神龛上供有白虎神位,敬祭白虎以求保佑平安。

而土家族人们对祖先、英雄的信仰也体现在饮食上。每逢年节都要大敬祖先,初一、十五也要进行小敬。祭祖的食品有猪头、团馓、粑粑、鸡鸭和五谷种等。有的在每餐饭前,先用筷子夹少量的菜放在饭上并把筷子插在饭上敬默一会儿,表示请已故先人先吃,然后自己才开始食用,农历六月六日为祭土王,每个村寨都要设摆手堂,将猪头、果品等祭品放于摆手堂前。十月朔日祭冬,宰鸡鸭设筵宴客。此外,土家族还敬灶神、土地神、五谷神、豕官神,在修房造屋时祭鲁班,祭品除酒肉外,还要有一只大公鸡。

二、土家族的饮食禁忌

(1)土家族待客用餐时,不仅有许多信仰,还有一些"禁忌"。在餐桌上,主人绝对不会摆放六碗菜和八碗菜,因为土家方言中"六菜"与"奴才"谐音;八碗菜是一人一碗,意为招待要饭的人。在餐桌上摆放六碗菜或八碗菜无疑是对客人的不敬和侮辱。用餐时,客人如果边抽烟边用餐,就是讽刺主人准备的饭菜不够,只好用烟填饱肚,当下酒菜。逢年过节,家人会在餐桌的一角放上一个或者几个空碗,将一双筷子平行地放在碗口,恭请已故的先人"用餐"。而在平时,要是将一双筷子平放在碗口,就会被认为是不吉利的征兆。

(2)鄂西土家族忌在待客的油茶汤中打三、四以外数目的鸡蛋。俗信一个(鸡蛋)为独吞,两个为骂人,五个销五谷,六个是赏禄,七、八、九个则应了"七死八亡九埋"的不吉语,故习于打三个或四个荷包蛋待宾客。

(3)平日忌讳将死雀鸟带回家中;不可端着碗在他人背后吃饭,使之"背时(食)";禁食狗肉;未婚青年忌食猪的蹄叉叉;儿童忌食鸡爪和猪鼻;成年人忌食猪尾巴。

(4)一般不吃敬过神的酒、菜、肉、饭。煮饭的火炕、三脚架、鼎锅都是"神物",禁止任何人跨越和践踏;不可将鞋袜衣裤和其他脏物放在灶上。

(5)在逢年过节的日子里,土家人为了图个吉利,在饮食中也有一些禁忌。如吃年饭时忌泡汤,只准用勺喝汤,因为吃年饭泡汤预兆来年会发大水冲毁家里的田地。同时,吃团年饭时也忌添客人。

(6)土家族中有的姓氏由于有自己的图腾崇拜,在饮食上他们就会有自己的禁忌。例如,恩施田姓土家族就禁吃甲鱼(俗称团鱼)。

三峡土家族茶习俗

茶文化是中国优秀传统文化中的重要部分，历史性、民族性、地区性、文化性、国际性的特点明显，在文化、经济、社会甚至政治领域具备强大的功能。三峡地区自古产茶，三峡茶文化博大精深、源远流长，表现在社会、人文、宗教、地理、历史、文学、艺术、医药、保健、工艺、美术等广泛领域。具体来说，茶典故、茶谚语、茶传说、茶诗词、茶民歌，以及特色鲜明、流传久远的茶礼和茶饮习俗，都是三峡民俗文化中的经典和瑰宝。

第一节 三峡土家族茶礼茶俗

一、土家族茶礼

在土家族这样一个有着茶图腾崇拜残迹的古老民族中，茶，不仅是他们赖以生存的一种主要经济作物，更是积淀在他们生命中、血液里的一种信仰。

茶在土家人生活中随处可见。女婿上门、稀客来访、走亲访友相互赠送的礼品，称为"茶礼"或"带茶"；客人来后，主人给客人端的茶，称为"塞茶"；春节拜访亲友送"茶食"；迎接远道而来的客人要奉上"定心茶"；婚丧嫁祭都要贡茶；新媳妇进门第一天早上必须给公公婆婆敬茶，公婆则以茶钱若干回礼，有的公公第二天早上迟迟不起床，新媳妇将茶送到床前，叫做喝"揪脑壳茶"，这是流传很久的一种家庭茶礼。

在土家族人眼里，茶是敬神待客的尊崇之物。土家人视茶为神圣之物，认为山有山神，茶有茶神，禁忌将茶泼在地上，认为这是玷污茶神。土家人素有"客来敬茶""好茶敬上宾，次茶待常客"的礼节。"茶叶本是两头尖，知人待客茶上前。烧茶娘子本辛苦，儿孙后来做高官。"表达了土家人不辞辛劳只为对子孙后代的期许这样一种质朴的愿景。"土家人礼性大,进门就把椅子拿。毛把烟、沙罐茶,开口说话哦嚆啦""来客不筛茶,家里无'达沙'(方言,指无礼节)",直白的方言民谣唱出了土家人客来敬茶的基本礼节。

土家人还将茶用于敬奉神灵和宗教仪式,"三杯酒三杯茶,初一十五敬菩萨"。逢年过节,土家人将鸡蛋茶、葛粉茶、面食茶、米子茶、绿豆皮子茶、瓜子果碟茶等丰富茶食,以莲花碗侍奉上供。

土家族茶饮与土家火塘联系紧密,因为土家人的大部分泡茶、煮茶、饮茶活动都是在火塘里发生的。除非置办酒席,一般是不会把茶筛到饭桌上的。

土家族人还有三伏盛夏设路边茶的习俗,大路边、店门前、凉桥头、树荫下,一张方桌,一个大陶钵装着熬好的茶水,一面竹筛扣上,一把竹制浇筒,配上两三个瓷碗,就这样让过往的行人自由取用。设路边茶,正是土家族人质朴为怀的信念使然,也是茶成为礼仪用物、施惠之物的明证。

在日常生活中,茶礼的道理无处不在。"好茶敬上宾,次茶等常客",土家人对远方来客、亲戚朋友、特殊嘉宾都是以好茶相待;"长辈优先,男女有别",好茶优先家里的长辈老者、出劳力的男人;"家有红白事,更需多备茶",婚丧嫁娶、祭祀追宗都要备茶、敬茶;"人啬茶不涩,茶涩人不啬",通过舍不舍得泡好茶、多放茶叶来评价一个人的人品。

二、土家族饮茶习俗

三峡区域内的土家人对茶的功效有着清楚的认识,他们创造了许多原始的茶饮和茶食,根据不同节令和场合,或食用,或待客,颇有情趣。据清同治《咸丰县志》记载:"擂茶,取吴萸、胡桃、生姜、胡麻共捣碎,煮沸做茶。此唯黔咸接壤处有之。"在宜昌境内的土家人,更有凉水甜酒茶、凉水蜂蜜茶、糊米茶、姜汤茶、锅巴茶、绿茶、灯笼果茶、老叶茶、茶果茶,还有炒米茶、蛋茶、油茶等丰富多彩的茶饮品种。

盛夏之际,他们泡"糊米凉茶"解暑。从山间采来一种叫做"奶尖苞籽"的植物,浸泡揉搓,捣其汁液,用凉开水冲开、搅匀,待其凝固,取片,放入凉茶汤中,加以红糖、白醋,即成凉粉茶,清凉透底,生津止渴。还有一种"凉水甜酒茶",汲取清凉山泉,冲兑自家酿制的糯米杂粮甜酒;或者在茶中加入蜂蜜,制成蜂蜜茶待客。

土家族锅巴茶是将锅巴置于火上烤成焦黄,然后放进开水中,冷却后再喝,既香又止渴解暑。

还有一种用野生糖梨树叶子制成的凝清茶,将晒干的糖梨树叶子洗净放入大罐的开水,因其汤色红亮,滋味甘甜,消火败暑,极为普及。

罐罐茶,是在土家人生活区域内流传最久的一种遗风。土家罐罐茶的饮用有两种方法,一是熬罐罐茶,一是烤罐罐茶。

熬罐罐茶一般用烧制的紫砂罐或者灰砂罐,殷实人家就用铜铸的铜罐,俗称"敬茶罐"。方法与煎中药大致相仿。煮茶时,先在罐子中盛上半罐子水,然后将罐子放在点燃的小火炉上,罐内水一旦沸腾,放入茶叶,加以搅拌,使茶与水相融,茶汁充分浸出。因为投茶量大,而且粗老茶叶经熬煮而成,茶汁很浓,一般人喝不习惯。但是每到入冬季节,除了"赶仗"狩猎,土家人都在自家的火塘"茶室"熬制罐罐茶,喝着浓香的茶,拉着家常话。

烤罐罐茶,则是先将洗净的茶罐煨在火坑里烤干,然后将茶叶放入陶罐放在火炉上烤热(土家人生性节俭,平时自己饮用都用粗茶,贵客临门,才用毛尖、茸勾、水仙、珍眉等好茶),盖上盖,再移到火坑边缓烤,并不断翻动,以使茶叶充分受热,待到听见罐内茶叶微微炸裂的声响,揭盖时浓香散发,这时候悬挂在火坑中央的梭桶钩(土家火坑烧水的挂器)上大吹壶(水壶)的水也沸腾了,主人立即将开水冲入少许,只听见"嗞"的一声,一缕白雾似的气团夹带着浓郁的茶香冲罐而出,急忙盖上罐盖,煨烤片刻(俗称"发窝子"),再将吹壶高举倒水,注满茶罐,文火缓烤,使茶汁均匀。此时主人将煮好的茶汤分别斟入备有炒米、熟黄豆、芝麻、姜粒等的茶碗里,立时香气扑鼻,引人馋涎。由于罐罐茶的用茶量大,又是经熬煮而成的,所以茶汁甚浓,极苦涩,饮用罐罐茶有利于驱风祛湿,解乏提神,强身健体。

土家族的独特饮茶习俗,还反映在请贵客喝"四道茶"的礼节上。一是盖碗茶(又称清热茶、白茶),意为亲亲热热。尤其是清明前后采的茶,冲泡出来清香四溢、营养丰富,有歌唱道"头道云雾茶,长在岩洞坡。提神又养颜,脸色像花朵。"二是米子茶(又叫"泡儿茶"),意为甜甜蜜蜜,碗上只放一根竹筷,供客人搅拌糖和泡米,既解渴又充饥,据说这根竹筷象征土家人咂酒用的竹管或麦管。三是油茶汤,筛工更为复杂,土家有民谣"不来贵客,不筛油茶"以示尊贵。四是"鸡蛋茶",以待亲家和远客。土家《四道茶歌》就是根据四道茶的茶饮民俗传唱而来的一首经典民歌。

土家四道茶,既以事象来筛,也以时令而定。夏天多筛"白茶""梨儿茶"(梨树叶子泡的),清热解渴;冬天多选热腾腾的油茶汤,"油茶汤,喷喷香;外面冷,里面烫;趁热喝,精神爽""油茶汤,喷喷香,支人待客好家当;一日三餐三大碗,清心养颜精神爽。"

然而,最有土家特色和风味、最为讲究、最受欢迎的,当属土家人的油茶汤了。土家油茶汤有着悠久的制作饮用历史,同治《咸丰县志》载:"油茶,腐干切颗、细茗、阴米各用膏煎、水煮,燥湿得宜,人或以之享客,或以自奉,间有日不再食,则昏愦者。"同治《来凤县志》载:"土人以油炸黄豆、苞谷、米花、豆腐、芝麻、绿焦诸物,取水和油,煮茶叶作汤泡之,向客致敬,名曰油茶。"清道光年间,文人蒋士魏曾即兴吟诗:"依山面水一家家,风土人情不大差,唯有客来沿旧习,常须咂酒油汤茶。"长阳、五峰许多地方现在还有"一日不喝油茶汤,满桌酒菜都不香"之说。

油茶汤是最古老的一种茶汤,做法十分讲究,唐朝陆羽在《茶经》中记载:《广雅》云:"荆、巴间采叶作饼,叶老者,饼成,以茶膏出之,欲煮茗饮,先炙令赤色,捣末,置瓷器中,以汤浇覆之,用葱、姜、橘子芼之。其饮醒酒,令人不眠。"可见土家油茶汤的制作十分讲究,喝油茶汤的习俗也十分悠久。

油茶汤也有简易和复杂做法之分。简易做法是取适量茶油入锅,待油冒青烟,放入一小撮茶叶和花椒,待茶叶焦黄之后,放入适量冷水和姜丝,用锅铲不断挤压茶叶和姜丝,榨出茶汁和姜汁,水烧开后再徐徐加入冷水,再烧开,依次加入食盐、大蒜、胡椒等,即成。

复杂的土家油茶汤就是专指"八宝油茶汤"。在做茶汤之前,要把阴苞米(嫩苞谷烫熟风干后的制品)、阴米子(糯米蒸熟晾干的颗粒)、熏豆腐干、粉条、黄豆、花生米、核桃仁、芝麻(有的是用阴米子粘连而成的团徽)等原料用茶油炸熟,分装在各个茶碗里待用;再选用上好的茶叶烧成茶汤,冲入茶碗饮用。土家油茶汤清香可口,提神解乏,驱热祛寒,强身健体,与藏族酥油茶、蒙古族奶茶,并称为中国三大传统名饮,是土家人自饮或待客的佳品。

土家族独特的饮茶习俗以及茶礼在生活中的表现,蕴含着土家人求真、向善、达美的特质。

第二节 三峡地区土家族茶文化载体

三峡地区的历史名茶、名山、名水、饮茶习俗、制茶方法等汇成独具峡江特色的茶文化,这些独特的茶文化形式是极为宝贵的精神财富,彰显了三峡土家人善良、廉俭、奉献、诚实、守信、敬和等道德规范,这正是土家茶文化的核心内涵。

三峡地区近90%的土家人聚居在五峰土家族自治县、长阳土家族自治县,这两个区域地处武陵山脉,山河纵横,峰峦叠嶂,植被丰厚,雨量充沛,自然条件优越,产茶历史悠久。久远的种茶、采茶、制茶、吃茶、卖茶的历史,使该地区积淀了丰厚的茶文化内涵,反映在流传至今的众多传统茶艺、茶歌、茶舞、茶戏曲、茶传说、茶地名、茶机械、茶技师等方面,表现出独特而非凡的文化魅力。

一、茶谚语、茶谜语

茶农中间延续着许多活生生的茶谚语和茶谜语,民族特色鲜明,涵盖内容广泛。

(一)茶谚语

关于茶树栽培管理的,如"若要茶树好,铺草不可少""春采夏剪结合好,深挖培肥要做到"。

关于茶叶采摘的,如"惊蛰出芽,清明摘茶;清明发芽,谷雨摘茶""茶叶本是时辰草,早三日是宝,迟三日是草"。

关于茶叶品饮的,诸如"三皮(片)叶子泡一碗,一喝就醉""春茶苦,夏茶涩,秋茶好喝不好摘"。

关于茶叶制作的,如"炒青味浓用锅炒,先大后小火温好,多抖少闷揉紧条,将干磨炒生白毫"。

关于茶叶审评的,如"紧细匀直条索紧,乌黑油润色泽明,汤色红亮叶底匀,滋味浓烈香气醇"。

关于茶与生活的,如"千茶万桐,一世不穷"。有反映茶叶功效的,如"姜茶表寒,糖茶和味,早茶提神,午茶易醉,清茶好解渴,晚茶难入睡,浓茶解油腻,隔夜剩茶伤脾胃",等等。

(二)茶谜语

干打皱,湿打开,吃哒喝哒原物在。(谜底:茶叶)

生在青山叶儿尖,死在凡间遭熬煎,世上人人爱吃它,吃它不用筷子拈(夹)。(谜底:茶叶)

生在青山一蓬松,死在河下水又红。接客先接我,我又不在酒席中。(谜底:茶叶)

黄泥筑墙,清水满荡,井水开花,叶落池塘。(谜底:煨茶)

一个老儿真古怪,天天摸到灰里歪。(谜底:茶罐)

颈短大肚皮,像鸡不是鸡,吃的是干菜,喝的是开水,吐的是黄汤,都爱喝一杯。(谜底:茶壶)

言在青山不见青,二人土上说原因,三人骑牛少只角,草木中间有一人。(谜底:茶礼仪——请坐奉茶)

二、茶传说

在茶乡,与茶相关的故事俯首皆是,故事的主角可能是皇帝与百姓、土司与土民、商贾与茶农、学士与茶人、官吏与村妇,丰富多彩,不一而足。这些茶故事带着土家文化的深深烙印,具有很强的生命力和艺术感染力。

1. 五峰水仙茶

相传很久以前,五峰水尽司北山门一带,有一位土司生病,四处求医却无药可解,无奈之下只能卧床。第二年春天,一位貌若天仙的土家姑娘采摘鲜嫩的茶芽,亲自制成香茶敬奉给土司,土司每日冲饮此茶,面色逐渐红润,精神逐渐好转,不久竟然痊愈康复了。土司到处寻访恩人未果。有人说,这是仙女下凡专程搭救土司。于是,土司就把水尽司的茶命名为"水仙茶"。相传乾隆皇帝品尝了土司特意选供的茶以后,龙颜大悦,欣然提笔命名"水仙香茗"。

2. 伍家台贡茶

今恩施宣恩县伍家台贡茶为乾隆皇帝喜爱,下旨御赐"皇恩宠赐"匾,以资嘉奖。

3. 茶店女巧对知县

在五峰县天池河畔高墒岭,有一张姓人家,开了"张家茶店"方便来往行人。张家独女张英,少而有才,为茶店撰写"条条通途,何去何从?吃两碗,辨别西东。头头是道,孰正孰邪?喝一杯,谈论短长。"茶联对仗工整,寓意深刻,书法更是外柔内刚,俊秀飘逸。县令乔老爷路过见之,不信出自村女之手,于是要与张英对对子。乔老爷说"赞长弓张家才女",张英对"夸吾行衙门圣人",乔老爷喜不自胜。不料张英反问"品仙茶山人三口",乔老爷勉强对出"开茗毫廿名两千"。老爷眼见不能胜出,结了茶账,准备离开。张英送老爷出门,又是一句"老爷两脚踏大道,须分清曲直。"语含双关,乔老爷呆立半晌无法应对,只好匆匆赶路。张英从后面追上去,乔老爷问"小姐哪里去?真是后来居上啊!"张英答道"小女一人走小路,要明白先后。"有礼有节,不卑不亢。乔老爷深深为茶店女子的聪明才智所折服,据说回去以后还专程写了诗歌赞颂张英。

除了这些关于茶的生产、名称、来历的传说故事以外,还有"唐老茶技不献洋人""田氏敬茶智降劫匪""贺龙与泗洋绿的传说"等故事,反映了土家人与茶息息相关的情结,折射出土家人的聪明才智和美好愿望。

三、茶诗词

几千年来,因为茶与三峡结缘,或者因为三峡与茶结缘的文人墨客众多,他们常常会留下关于三峡风光和三峡茶的诗句。前面介绍的李白、欧阳修、陆游等都是代表。另外还有一些诗人、茶人,也写过很多关于三峡茶的文章、诗词,这里只能撷取一二作简单介绍。

唐代花间派词人温庭筠对茶非常了解,著有《采茶录》,还写过一首《西陵道士茶歌》:"乳窦溅溅通石脉,绿尘愁草春江色。涧花入井水味香,山月当人松影直。仙翁白扇霜鸟翎,拂坛夜读《黄庭经》。疏香皓齿有余味,更觉鹤心通杳冥。"描写西陵峡道士深夜在山洞一边品茗一边研读《黄庭经》的情景。

唐代文学家韦处厚曾被贬为三峡开州刺史,人称韦开州。他写过一首《盛山十二景诗·茶岭》:"顾渚吴商绝,蒙山蜀信稀。千丛因此始,含露紫英肥。"身居偏僻的开州,吃不到当时名优顾渚茶和蒙顶茶,但是能品尝到芽头肥壮、品质优良的盛山龙珠茶,也心满意足了。北宋冯山写了《开州盛山十二题·茶岭》:"新萌雨露浓,岭头春味足。缘云采撷人,争收火前绿。"言说三峡茶叶采摘早、质量高。

郑谷《峡州尝茶》是写三峡名茶"小江园"的著名诗篇。在他看来,产于三峡的小江园,堪比安徽鸦山茶、四川鸟嘴茶,浅黄色的叶片、浅绿色的茶汤,能够让皮日休这样的老酒客、老茶仙感知回甘隽永的滋味。

欧阳修担任夷陵县令期间,深入走访了三峡。他对峡州地带的民俗风情非常感兴趣,为淳朴的峡州人和优良的峡州茶写了很多文字。"雪消深林自剐笋,人响空山随摘茶。春秋楚国西偏境,陆羽茶经第一州。"是最为有名的诗句了。诗句不仅明确交代峡州的地理位置,更重要的是充分肯定了三峡茶的历史地位,对自己生活在陆羽《茶经》里提到的第一产茶地区感到骄傲。

清代高僧金田《鹿苑茶》:"山精石液品超群,一种馨香满面熏。不但清心明目好,参禅能伏睡魔军。"形象地描写了鹿苑茶的绝佳生长环境、超群品质和显著功效。

在地域性特点明显的土家茶文化中,茶诗词、茶民歌是很重要的内容。这些经久不衰的古茶诗和民歌基本流传在现今五峰、长阳、恩施、鹤峰境内。

明代嘉靖年间的容美土司田九龄是个大才子,著有《紫芝亭诗集》,里面有《茶墅》一诗:"年时落拓苦飘零,瀹茗闲翻陆羽经。霞处独尝忘世味,丛中深构避喧亭。旗枪布处枝枝翠,雀舌含时叶叶青。万事逡巡谁难料,但逢侑酒莫言醒。"是研究土家茶文化的珍贵的资料。作者出身豪门,却同情黎民百姓,主张清正廉明,晚年却遇土司内讧,朝野矛盾,无奈迁徙至湖南澧浦。身在异乡为异客,只能邀羽论经,啜茗咀茶,想象自己远离世俗,静享家乡茶山风光、茶香悠悠,沉醉其中。

清咸丰年间长乐县令李焕春写过一首著名的《竹枝词》:"深山春暖吐萌芽,姊妹雨前试采茶。细叶莫争多与少,筐携日落共还家。"描绘了春意盎然的茶山采茶景象。

清代著名戏剧家、汉族诗人顾彩曾经游历容美长达五个月之久。期间亲眼目睹土家茶农的艰辛劳累、贫穷困苦,引发了恻隐之心,在他的《容美游记》里写下著名的《采茶歌》:"采茶去,去入云山最深处。年年常作采茶人,飞蓬双鬓衣褴褛。采茶归去不自尝,妇姑烘焙终朝忙。须臾盛得青满筐,谁其贩者湖南商。好茶入得朱门里,瀹以清泉味美香。此时谁念采茶人,曾向深山憔悴死。采茶复采茶,不如去采花!采花虽得青钱少,插向鬓边使人好。"

另有一首土家诗人田卓然(田飞鹭)古风体叙事长诗《售红茶》,全面介绍了土家红茶品质、制作、筛选、品评、拼配、包装等环节,深刻抨击了官商勾结压榨茶农的丑恶行径,表达了对茶农的深深同情。

还有一类土家诗人的茶诗,看起来是娱乐消遣,实际上蕴含哲理,发人深省。如田泰斗《茶烟》:"烟自喉而出,茶至喉而入。相交口舌间,未可共心腹。"

四、茶民歌

在开发茶园、背粪上坡、播种茶籽、培植茶苗、采摘炒焙、揉制做形这些劳动过程中,土家人即兴创作了千百首茶歌,这些茶歌涵盖种茶、制茶、饮茶、礼茶甚至与茶无直接关系的一些情感、生活内容。能歌善舞的土家茶农与茶工们在天长日久、朴实无华的生产生活中创作了这些生命力旺盛的艺术精品,又经口耳相传,逐渐流传下来。"灯火元宵三五家,村里迓鼓也喧哗。他家纵有荷花曲,不及农家唱采茶。"土家茶歌从诞生就饱含着劳动人民的血泪、爱恨、情仇,因而更加坦荡,更加率性,更加鲜活。正是与土家人的生老病死等日常生活息息相关,密不可分,土家茶歌才得到茶农、乡民的厚爱,一代又一代,继承、创新、发展,进而成为土家茶文化中一颗璀璨的明珠。

(一)茶民歌来源

总体来说,土家茶歌的来源大约可以分为三种。一种是由诗为歌,即由文人的作品变成民间歌词。比如清代土家诗人田泰斗《回门》:"茶礼安排笑语温,三朝梳洗共回门。新郎影落新娘后,阿母遥看拭泪痕。"还有:"江陵市上卖珠花,妾爱珠花插鬓斜。郎若去时千万买,摈与三斤麦颗茶。"

另一种来源,是由谣而歌,民谣经文人的整理配曲再返回民间。如咸丰年间长乐县县长李焕春《竹枝词》:"深山春暖吐萌芽,姊妹雨前试采茶。细叶莫争多与少,筐携日落共还家。"《竹枝词》这种诗歌体裁是古代巴人留给中国文化史的重要遗产。

第三种也是最主要的来源,即完全是茶农和茶工自己创作的民歌或山歌。这种口头文艺形式在民间流传,所以茶歌具有广泛的群众基础,如大量的《采茶调》。我国江西、福建、浙江、湖南、湖北、四川各省的地方志中,都有不少茶歌的记载。这些茶歌,开始并未形成统一的曲调,后来,孕育产生出了专门的"采茶调",如《采茶歌》《请茶歌》《茶山小调》等。以至于使采茶调和山歌、盘歌、五更调、川江号子等并列,发展成为中国南方的一种传统民歌形式。当然,采茶调变成民歌的一种格调后,其歌唱的内容就不一定限于茶事或与茶事有关的范围了。

(二)土家茶民歌的内容

土家茶歌丰富多彩,再现了土家族人的生活场景,生动表达了他们的道德情操和忠实信仰。土家茶歌可谓包罗万象:种茶、采茶的劳动场景;客来敬茶、结婚送茶礼的礼仪习俗;劝请喝茶的盛情;借茶言情的郎情妾意……茶歌从不同侧面反映了土家茶农生活、情操和当时的社会生活情况。"农人随口唱山歌,北陌南阡应鼓锣。"茶农们在辛勤的劳作中获得了乐,获得了趣,获得了爱,也获得了美。他们质朴的吟唱就是他们难以言说的感悟。他们借茶歌歌颂自己的爱情,借茶歌咏叹生活的艰辛,借茶歌表达对人生的认知,借茶歌展示土家人豪爽、淳朴、诚实、坚忍的品格。

《采茶十二月》这首歌谣道出了茶叶的种植、采摘、加工、贩卖等过程,揭示了种茶的时令,贯穿了土家人生活的全部,充分反映出土家人对茶的重视程度及茶在土家人生活中的重要性。

《十杯茶》则通过茶歌劝诫情郎要多读书、勤劳动、不贪色、不动武、莫借钱、不打官司、不嫌妻丑、莫多言、莫痴笑、出门早回还,表达了土家人对人生的基本态度,强调的是正直善良、朴实勤劳的主流思想。

在土家人生活中,茶扮演着一个重要角色——爱情信物,一个男人对心仪的女子的表白,往往是从一斤茶开始的。"高山岭上一树茶,年年摘哒年年发,头道摘了斤四两,二道摘了八两八,斤四两,八两八,把给幺妹儿做打发。"而一个女子,如果接受了男子的茶礼,就算是默认了这桩情事。陆游《老学庵笔记》曾记载土家男女吃茶订婚的习俗,也记录了"小娘子,叶底花,无事出来吃盏茶"的民歌。明代许次纾《茶疏》说:"古人结婚,必以茶为礼,取其不移植子之意也。"可见,土家人也是很早就将茶视为坚贞不移、纯洁忠诚的象征的,茶礼也自然成为确定男女爱情婚姻关系的重要形式。

如《情哥打扮一枝花》:

"情哥打扮一枝花,一摇三摆到姐家,手提两封茶。
不觉走来不觉行,不觉来到姐家门,把姐叫一声。
姐儿听了心里喜,哥哥来得真稀奇,这是哪一起?
走进门来打一恭,手提粗茶茶两封,送到姐手中。
红漆交椅拖两拖,叫声哥哥你请坐,待奴烧茶喝。
连忙添个冷水罐,一下蹲在火中间,手拿扇子扇。
莲花碗儿手中拿,白糖放了放芝麻,筛与巧冤家。"

茶歌不仅唱出了土家儿女的郎情妾意,也唱出了土家的茶礼(茶送情人)、茶俗(罐罐茶)。

一般来说,土家茶歌并不是只与茶有关。有很多茶歌本身就与茶无关,只是借茶歌的形式予以表达,有唱盘古开天地的,有唱古人功绩的,均以"××采茶"为名。如《采茶》与《倒采茶》等,均是借茶歌或歌咏或批判历史、戏剧里的人物,表达土家人的爱憎与是非观念。

在这些茶歌中,朴实的歌手无非是借古唱今,既是表达自己对先祖的景仰,又是对自己丰富知识和歌唱技巧的一种炫耀。还有一些"午采茶"歌，多数是唱花名、言情事，言辞颇艳，给中午做农活的人提气提神。

长篇叙事茶歌《卖茶歌》以男女主人公是否去卖茶的对答为主线，从一开始的女人不愿意男人去卖茶，找各种理由阻止，男人为了赚钱养家，非要去不可，双方发生了争执。到后来女人满心满意为即将出门的男人做好饭菜、带好行装，仔细叮嘱、万般商量，其间，男女主人公的性格通过自己的叙述展现无遗——女人温柔、善良、贤惠，男人顾家、性子急躁。这首茶歌道尽了卖茶人的艰难，道尽了茶农们的辛酸，更道尽了土家儿女们与土地一样朴实、与大山一样厚重的恩爱之情。

（三）土家茶歌的特点

三峡地区土家茶歌地方文化色彩浓郁，具有极强的艺术感染力。

通俗易懂，明白如话。土家茶歌由朴实的土家族人创造出来，大多数几乎就是浅显的方言对白，沁透着原汁原味的土家风情，语言通俗，形象生动。如由《筛茶歌》演变而成的《茶号子》就是用清江纤夫船调唱出来，方言色彩浓厚，音韵柔和、绵长，节奏明快，感染力特别强。

以茶叙事，以茶言情。诸如《采茶歌》《六口茶》《蜜蜂采茶》《荷包采茶》等，所言非关茶事，只是以茶编词，以茶叙事，借茶谈情。

古人认为，茶树只能以种子萌芽成株，而不能移植，故历代都将茶视为至性不移的象征，用来表示爱情坚贞不移；茶树多籽，象征子孙绵延繁盛；又因"茶性最洁"，可示爱情冰清玉洁；茶树四季常青，寓意爱情永世长青。因而土家世代流传民间男女提亲、订婚、结婚，均要以茶为礼，男子向女子求婚的聘礼，称"下茶""定茶"，而女方受聘茶礼，则称"受茶""吃茶"，茶礼成为男女之间确立婚姻关系的重要形式。

"我打茶山过，茶山姐儿多，心想讨一个，只怕不跟我。门口一窝茶，知了往上爬，哇的哇的喊，喊叫要喝茶。"（《土家采茶调》）这种直白如话的火辣辣的表达，正是田间地头农民的爱情流露，他们不要掩饰，无需扭捏，面对心仪的女子，曲折却又坦诚地喊出自己的心声。

在众多茶歌中，爱情绝对是永恒的主题。如《四道茶》这首情歌，从"苞谷林里耍，青冈树下坐""院坝里面耍，堂屋里面坐""锅台旁边耍，灶门前面坐"到最后"洞房里面耍，鸳鸯床上坐"，层层递进，叙述的就是青年男女在采茶过程中相识、相知、相伴（由恋爱到结婚）的过程。

（男）喝你一口茶，问你一句话，你的那个爹妈（舍）在家不在家？

（女）喝茶就喝茶，你哪来咧多话！我的那个爹妈（舍）今天不在家！

……

这首广为流传的《六口茶》歌，曲调悠扬、旋律欢快、歌词幽默、浅显如话。年轻的男子以喝茶为名,向他爱慕的女孩子询问打探一些无关紧要的事情来表达自己的爱情,女子则俏皮嗔怪地应答,六问六答,鲜活地再现了土家青年男女恋爱中"茶为媒"的事实。

土家人生性勤劳、粗犷、淳朴、诚挚、乐观、豁达,这些借茶言事的茶歌朴实、清新,渗透着土家人的历史、社会风情习俗,形式上又多是自由对答和往来,男女感情直接交流,充满着男欢女悦之情,具有浓郁的生活气息和地方色彩。

触景生情,善用起兴。土家民歌传承了中国古代民歌的"起兴"艺术手法,"借物言情,以此引彼",托物言志,咏唱自由,旋律轻快、活泼。

土家民歌最擅长借物言志,如传统的五句子民歌"姐在房里做花鞋,屋上掉下蜘蛛来。情哥派它来牵丝,根根情丝出肚怀,魂魄来了人没来。""一把扇子二面黄,上面画的姐和郎,郎在那边望着姐,姐在这边望着郎,姻缘只隔纸一张。"这些经典的五句子民歌,大抵由七言五句构成,多用生活中实事、实物、实话、实情来比兴,内容多反映男女之间的恋情,用词朴实无华,通俗晓畅,且委婉含蓄,缠绵悱恻,让人从实写中去体味无穷的虚意。

土家族茶歌也具备这些民歌的特点,常用起兴。土家先民最早认识到劳动知识和劳动技能之于民族生存繁衍的重要性,所以许多古老的歌谣都是以一年四季的农时节气起兴,从正月的元宵唱到腊月。最为典型的是《采茶十二月》。

还有《倒采茶》,主要内容是唱古二十四孝故事人物,如王祥卧冰、董永卖身葬父、目莲寻母、木兰替父从军、刘秀打虎救父等。《十杯茶》是劝诫歌,劝郎不好吃懒做贪色贪财、不赌不偷不好烟酒、不吹毛求疵扯皮拉筋等。这些歌教人修行尽孝,具有教化功能。

沿袭土家民歌韵律,依曲成词。土家人"能歌善舞,极其乐观""会说话的人就会唱歌,会走路的人就会跳舞"。土家民间歌手集创作者、歌唱、演奏、表演、欣赏、批评于一体,他们在独特的地理环境、生产方式与民风民俗中,将土家音乐艺术风格得以发扬和传承。他们能够根据现有的曲牌,看什么唱什么,即兴而作,张口就唱。

土家民歌的歌词多为韵文体,常用句式为七言四句(一、二、四句押韵)、七言五句(一、二、四、五句押韵)、七言六句(一、二、四、六句押韵)、连八句(二、四、六、八句押韵)及三七七十杂言体。在各种组合格式中,七言句占绝大多数,这一特征与古代巴乡竹枝歌十分相近。因此节奏舒缓明快,旋律婉转悠扬。如擅作竹枝词的清代著名土家文人彭秋潭就有"轻阴微雨好重阳,缸面家家有酒尝。爱他采茶歌句好,重阳作酒菊花香。"诗歌生动展现了当时土家族地区风土人情的画面。

竹枝词往往一段曲子反复吟唱,曲调变化不大却回环往复韵味悠长。因此土家茶歌旋律起伏较大,单域较宽,节奏较自由舒缓,腔调高亢婉转,有很强的抒情性,感染力强。其中,七言四句的民歌最多,七言五句的民歌最经典。"石榴没得橘子圆,郎口没得姐口甜,去年六月亲个嘴,今年六月还在甜,好似蜂糖调炒面。""姐儿门前一树槐,手把槐树望郎来。娘问姐儿望什么,我望槐花几时开,不是奴家巧口辩,险乎儿说出望郎来。"很多茶歌就是依据民歌的押韵规律即兴编词而成。如"清早起来到姐家,姐儿筛杯白水茶,别人碗里有茶叶,我今碗里透底清,你把真心对别人。"一杯白水茶,唱出了郎有情妾无意的爱情尴尬。

土家族民间歌曲从体裁形式大致上可分为劳动号子、山歌、小调、薅草锣鼓四种。目前搜集整理的茶歌,体制纷繁复杂,涉及到击鼓溜子、牛贩子调、揉茶调、牛声调、地花鼓调、南腔、古怪号子、单穿号子、满穿号子、传茶号子、喜鹊号子、幺断号子、梳头号子、露水号子、洗脸号子、长声号子、独脚、穿号子、五句子、赶号子、杂号子、游号子、散号子、对声子、衣四声、倒退莲、花名号子、催工号子、东方亮、洗脸腔、回声子、散五句子、抬四声、筒歌子、三声子、阳雀调等多种曲牌形式。

如:"茶壶四根系,提茶到坡里,不吃幺姑茶,难为多谢你。新打茶壶四根系,幺姑提茶到田里,太阳大了晒红脸,垡子大了挺破鞋,不为情哥我不来。"(穿号子)

"太阳升,唱得茶山一片青,姐妹双双进茶林,山歌唱不停,采茶为革命。"(赶声子、反声子)

"屋后一园麻,知了往上爬,一时爬上,一时爬下,知了一声喊,口干要喝茶。"(抬四声)

"日头一出万丈高,泡茶煮饭莫心焦。半天云里鹦哥叫,叫声姑姑快些薅。乱草起了节,一锄挖断腰,姑姑又要扯,嫂嫂又要薅,姑姑莫心焦,带扯又带薅,锅里要米煮,灶里要柴烧,叫声情姐姐,泡茶煮饭莫心焦。"(击鼓溜子)

"时间过了午时中,二姐送茶到田中,打破莲花碗,打坏细茶盅。纺你线来做你鞋,哪个要你送茶来?我一不来,二不来,是婆婆要我送饭来。"(午时中)

"高山岭上一树茶,年年摘哒年年发,头道摘了斤四两,二道摘了八两八,(斤四两,八两八),把给幺妹儿做打发。"(五句子)

修辞手法运用巧妙生动。土家茶歌善于巧用各种修辞手法,如押韵、白描(直陈)、摹状、双关、谐音、拈连;比喻(明喻、隐喻、借喻、排比)、对偶、比拟(拟人、拟物)、夸张、重叠、引用、顶针、问答、反衬等多种表现手法。

如"送什么恭喜拜什么年,二人相交这多年,人也好来水也甜;人也好来水也甜,岩头当得锅巴盐,青菜当得叶子烟"顶针格的运用;又如"你在家中欠(想)到我,我在茶山不乐意,二人的心肝倒掉起"中的夸张;"书生本姓张,行坐在书房,想起翠女与小郎,鹦哥对凤凰"中的比喻;"新打船儿乘江划,岸上幺姑喊吃茶,船儿不弯回头水,小郎不吃二姐茶,蜜蜂不采半阳花"中的比喻与隐晦的运用;"茶山一座连一座,茶林一坡接一坡,茶园一层叠一层,茶树一棵挨一棵"的排比与描摹;"一只飞到

第五章 三峡土家族茶习俗

前丫上,嘎的嘎的喊;一只飞到后丫上,喊的喊的嘎"运用了摹声;"六月采茶热茫茫,少栽桑树多栽杨。多栽桑树无人理,多栽杨树歇荫凉"的拈连,等等。这些修辞手法的运用,既体现出了土家茶歌朴实、直白的特点,又显示出独特的民歌特点,使歌谣具有特别的音韵美、内涵美、诗意美,别具风味,异彩纷呈。

土家山歌常常引用一些谚语、惯用语、地方掌故,以及在本地通行的一些格言、警句、成语、古诗文、民间戏文唱词等,种类繁杂,因而使得土家山歌风趣诙谐、抒情优美。

土家山歌多用衬词(和声)。如"哎呀佐""嗬也嗬""哎哟也""喂衣哟""吵也儿嗬""啰""哪""嘛""哦""啊""哇""唉""罗姐儿""呀""吱""噻""舍"等。

现在,土家诗人和词作家们从传统茶民歌中汲取营养,继承、弘扬、发展,创作了很多脍炙人口、旋律优美的新民歌,广为传唱。比如由土家词作家方一方先生创作的《茶山小幺妹》:

"小幺妹,快筛茶哟,外面客来哒哟!白云深处有人家,茶山的幺妹好潇洒。
茶乡里生来茶林里长哎,就像洁白的山茶花哟。
哎!幺妹进茶林哟!追得那春光满园跑,采得那春色背回家。
人见人爱的小幺妹,人喝人醉的五峰茶。
羞得那白灵闭嘴巴,喜得那阳雀撒尾巴。
待到幺妹落婆家,抬座茶山作陪嫁。
小幺妹,快筛茶哟,外面客来哒哟!"

《打我土家茶山过》:
"采花台上彩蝶多,撒花溪中撒茶歌,打我土家茶山过,小心茶歌缠住脚。
茶山一座连一座,茶林一坡接一坡,茶园一层叠一层,茶树一棵挨一棵。
茶妹采茶快如梭,茶叶片片装满箩,茶哥做茶功夫好,茶机声声雀尕合。
茶花一开满山坡,茶香千里醉心窝,茶籽是那开心果,茶农个个乐呵呵。"

《醉了茶乡》:
"醉了茶乡,茶乡醉了。醉得年年春来早,醉得清明迟了到。
醉得朝霞红似火,醉得露珠花中跳,醉得山歌云中飘,醉得唢呐任逍遥。
醉了茶乡,茶乡醉了。
醉得柳枝笑弯了腰,醉得金秋荡悠悠,醉得光景步步高。
醉了,醉了,醉了,醉得茶农乐陶陶。"

这些都是新时代的茶歌精品。

总之,善于以茶入饮、以茶入礼、以茶入歌的土家人创造的土家茶歌,古朴而纯洁,形式丰富多彩,内容生动活泼,充满浓郁的乡土气息,好似香高味醇的"宜红"茶,滋润着一代又一代的土家儿女,是历代茶农留给人们的精神财富,也是研究土家地区经济文化史的重要资料。

第六章 三峡民间建筑与居住习俗

依山傍水、鳞次栉比、层叠而上的吊脚楼是三峡区域土家族、苗族特有的古老建筑形式,楼上住人,楼下架空,被现代建筑学家认为是最佳的生态建筑形式。通过本章的学习,掌握建筑与居住民俗的含义、形成、类型和文化内涵,了解汉族与土家族的建房民俗、居住习俗及其风水信仰。

第一节 汉族的建筑与居住习俗

一、建筑与居住民俗概述

建筑与居住民俗是指一个国家、民族或地域的广大民众在建筑居住活动中所创造、享用和传承的属于本群体的独特的民俗习惯模式。如新建住所时的一系列入住仪式和习俗,居所内部物品的摆设,以及住房之间的相互协调,等等。

(一)建筑与居住民俗的形成

自从地球上产生了人类以来,就出现了他们赖以休养生息的居住处所,但由于当时人类改造自然的能力限制以及外界的恶劣条件,原始初民的居住方式只能是利用各种天然空间,如穴居、巢居等。随着生产力的逐步提高,出现了人工住所的营建,在世界各地因自然条件的不同,又产生了迥然不同的居住方式,而居住民俗的形成是随着居住方式这个物质基础而逐步演进的。根据人类居住方式的变化,可以将居住民俗分为三个时期,如表6-1所示。

1. 创始期

首先是实行原始的群居,大家共处一室,共同抵御外界的侵害。其次是生死的分居,如北京周口店的山顶洞遗址中,上层洞穴是活人居所,而下层则作为死者的葬地。再次是住所的不稳定性,以采集渔猎为主的流动性经济生活迫使他们不得不经常进行迁徙,导致了住所的经常变更。

表6-1　居住民俗的形成

分期	居住方式	特点
创始期	穴居 巢居	原始群居、生死分居 不稳定
过渡期	风篱 原始帐篷	住所固定化趋势 出现火塘
发展期	帐篷、窑洞 干栏式、庭院式等	体现了深厚的文化内涵 居住民俗的多样化

2. 过渡期

风篱也许是人类最古老的建筑形式之一。风篱是一种容易建造的古老居住形式,结构简单,用树干或树枝插入土中,构成一面坡式的墙,其上覆盖树皮、树枝、茅草之类,用来遮风挡雨。在我国最为典型的是四川左所的摩梭人的风篱。比原始的风篱更进一步的是古老的帐篷,它与风篱一样具有容易建造和便于移动的特点。如我国东北地区的赫哲、鄂伦春、鄂温克等民族的"仙人柱""撮罗子"。风篱与原始帐篷是巢居与后来各种居所的一种过渡形式。其特征表现为:一是住所不稳定。简单易建的风篱与古老帐篷适应了人们不断迁徙的需要,但同时又有向固定住所转化的趋势。二是出现了火塘。由于风篱与原始帐篷不能构造出宽广的室内空间,因此原始群居已经被家庭单居所代替,而火塘则是突出家庭居住氛围的重要象征。

3. 发展期

随着社会的发展,特别是农业生产的分工,人们逐渐改变了漂泊迁徙的经济生活,定居方式开始产生。一是这一时期的民居体现了浓厚的文化内涵:北方四合院的出现,既是与自然环境相适应的产物,又是中国传统文化的深刻印证。二是居住类型的多样化,导致居住民俗的多样化:中西并存,古今并存,意味着一个国家、一个民族甚至一个地区中都渗透着各种不同的居住习俗。

(二)建筑类型

由于受自然环境因素和人文社会环境因素的影响和制约,出现了各种各样的房屋建筑式样:其中既有固定式的,也有移动型的;有圆顶的,也有平顶的;有长方形的,也有围院型的,丰富多彩,异质纷呈。根据民居景观的式样可以分类如下。

1. 洞穴式建筑

这是一种比较原始的居住方式,今天在许多地方仍有较多的遗存。洞穴式建筑最典型例子还要算我国黄土高原的窑洞。根据地形地势的不同，又分别建有靠崖窑、地坑窑、锢窑等几种亚类型。当然这种洞穴建筑与原始的穴居有着巨大的差别：一是纯利用和全改造的差别；二是内部设备上的差异；三是群体居住和家庭居住的不同。

2. 干栏式建筑

干栏式建筑主要流行于我国中南和西南的少数民族中，以及东南亚和大洋洲一带。这种建筑样式的出现和当地的气候、环境、建筑材料有着直接关系。在气候炎热、雨量充沛、虫蛇众多的条件下，使居室脱离地面，人居其上，畜养其下，十分安全。干栏有全竹、全木、竹木结合以及土木结合四种形式。全竹结构以西双版纳傣族的竹楼最为典型。全木结构则以侗族为代表。竹木结合的代表如泰国克木人的高脚屋，这种屋以硬木作柱子，而墙壁和地板则用竹编或以竹子铺排。土木结合的如贵州一带布依族的住所，其依靠自然山势，把山坡削成一块"厂"字形土台，土台以下用木柱支撑，铺上楼板作为房屋的前厅，下面圈养牲畜。然后起房架屋，使台上、台下连成整体，屋顶呈"人"字形，屋墙用木板装修，有的用土块砌墙，室内宽敞明亮。

3. 移动式建筑

帐篷是世界上历史悠久且移动方便的建筑形式，既适合长期性居住，更方便临时性居住，极易拆迁与组合。帐篷非常适合牧区的游牧生活，当今牧区最主要的居住方式仍是帐篷或毡房。丰富多彩、类型繁杂的帐篷根据其几何形体，可以划分为圆锥形、圆拱形、方形、不规则形等数种。帐篷的篷布由于所处地域的不同以及季节的变化，都有相应的变化，有桦皮的、鹿皮的、布匹的或者是山羊毛和骆驼毛编成的等。最为典型的帐篷是蒙古人的蒙古包，为圆柱形，包顶呈馒头状，外观不大，但实际居住面积却很大。

4. 群居式建筑

世界上不少民族都有聚族而居的习俗，为适应聚居的需要，就要建造规模庞大而又互相衔接的建筑，于是就形成了"长屋"和"大房子"两种古典民居。这种居住形式的特点是：长屋按其建筑形状，可分为直线形和环形两种。直线形是每间房屋的首尾相接，排成一条直线，往往百余间房屋共有一个屋檐、屋顶和屋脊。长屋一般长数十米，甚至上百米。环形为首尾相接，合围成一个大圆周，在地基中心圈出一块宽敞的圆形空地，这块空地就是全族人议事集会的场所。群居式建筑代表有客家人的围楼，同族聚居，家庭单住，又共处一个屋檐下。

5. 庭院式建筑

庭院住宅是世界上分布最广、应用最基本的居住形式，这种居住建筑最主要的特点是"宅"与"院"的分离与整合,"宅"与"院"既相互区别,又一同构成了整个住所空间,"宅"是基础,"院"是"宅"的空间拓展。但是由于地域及文化的差异,各地又有不同类型的庭院式样。在中国汉民族中,北方有四合院、三合院、东北大院;南方则有天井院、"一颗印"以及纳西族的"三房一照壁"、新疆的"阿以旺"等。

(三)建筑与居住民俗的文化内涵

1. 功能实用性

民居是一种为人们生活所迫切需要的人工产物,又是人类最基本的一种文化,也是一种历史进化的产物。它的作用是住人,是为人们生活的安全、舒适服务的。因此,它是一种最实用的文化产物,这也是居所的主要功能之一,任何人都不能缺少。在世界各地,只要有人的足迹存在,就必然会有这种文化产物,尽管它的形态是那么复杂多样。

2. 装饰艺术性

民居既是一种实用文化产物,更是一种艺术的文化产物。民居周围环境的和谐、形体线条结构、材料的选择、色彩的搭配、各种装饰点缀等方面,都会体现建造者和居住者对美的追求,遵循传统美学的法则。例如,在大草原上和蓝天下的蒙古包,它那四周圆形和穹形的屋顶,给观者一种恬美和谐的享受;我国著名的皖南古村落、晋中大院,它们的装饰繁复精美,寓意深刻,给人极高的审美感受。

3. 居住伦理性

一般民居,除了体现它的有用和美观性外,还体现着一种社会伦理的性质。尤其是深受儒家思想影响的汉族。一是住房的分配。民居一般分为几个房屋,如正房、偏房、前房、后房。谁住正房,谁住偏方,谁住后房,大都有一定讲究,不能随意。二是人神有别。每家都有专供神灵"居住"的地方,任何人是不能触动的,以求保家祈福。三是人畜分居。一般在屋旁或屋后修建畜圈、仓库等,在干栏型建筑中,上住人,下圈养牲畜。

4. 信仰宗教性

传统民居体现艺术性、伦理性的同时,也体现着民间宗教信仰的性质。在过去汉族的建筑物中,不但有供奉祖先牌位的,还有供奉其他神灵如灶神、财神,乃至天、地、君、亲、师的综合神位的。家居中,这种被认为神灵所在的地方是神圣的,是不容许家人和外人亵渎的。南方许多少数民族大都在主要房间设有火塘,它不仅是取暖、煮物的处所,或会客、留客的房室,同时也是一个神圣所在,严禁人们对它有任何触犯行为。总之,民居是人的住所,同时又是人们所信奉的神灵的住所。如果用现代有些宗教学者的术语和概念来形容,我们传统的居住方式,兼有两种相反

(其实也是相成)的性质,那就是:它既是"世俗的",又是"神圣的"。

二、汉族建筑民俗

汉族人数众多,分布地域广泛,虽然共属同一民族,具有相同的文化底蕴,但是受各自所处的特殊地域环境的限制,因此又呈现出不同的居住民俗式样。北方以北京的四合院为最主要代表;黄土高原上则有错落有致的各具特色的窑洞;南方由于潮湿多雨而以天井式瓦房占多数;闽、赣、粤三角地带居住的客家人则以大围楼而称冠世界建筑史林。汉族受中国传统文化影响极深,因此体现着深厚独特文化内涵的居住习俗也就更加繁复与绚丽。

(一)建房民俗

三峡地区民间建房的礼仪,一般分为择地、开工、上梁、立门、落成五个步骤。

1. 择地

在农业定居时代,居住点的选择具有非常重要的意义。因为对于从事农业生产的人们来说,居住点一旦确定,很可能终生不移,而宅基的优劣将会决定主家以后的兴衰安危,所以自古以来,人们非常重视宅基地的选择。根据地理、气候等自然环境,选择避风向阳而且有水的地势,使住宅在自然和周围建筑中取得和谐。理想的选择应是坐北朝南、背山面水,这样的"风水宝地"才利于人们采光、汲水、取暖、交通等生活起居。同时,其形状应为正方形或是南北长、东西窄的长方形,忌讳缺角或三角形,最忌簸箕形。之后再确定主房、配房、院门、厕所等的位置和高度。

2. 开工

先选择黄道吉日,破土动工要举行开工仪式,燃放鞭炮,以便敬土和辟邪。

3. 上梁

民间多认为上梁顺利与否与建宅后的生活密切相关。所以一般要选吉日上梁,常以"月圆""涨潮"为吉利时辰,取合家团圆,钱财如水涨进之意。也要燃放鞭炮,以辟邪。一般由主持建房的师傅手提酒壶,洒酒绕梁,口咏吉祥辞令,赞扬新屋,祝贺主人。在鞭炮声中,梁木步步上升到屋脊,将梁木安放在中间两扇中柱顶端的衔口内。屋主以红布披梁木,谓之"披红",并对工匠赠红包等。红色是辟邪及喜庆之意。

4. 立门

立门有很多象征意义,区域特征明显。湖南等地的汉族民居建到立门阶段时要举行祈祷仪式,俗称"安朝门"。河西走廊地区的汉族在立大门时,于门楼下挂筷子一双、古书一卷、内装五谷的红布袋一个,寓意招财进宝和文运兴旺。

5. 落成

住宅落成后,各地都有设酒招待工匠和乡亲、帮工的传统习俗。

(二)居住民俗

乔迁之喜有一系列的惯例相沿而成民俗。主要包括择日入住、祖宗神位的入屋及进屋入住时的一系列庆祝和安置仪式。

(1)择日入住。同开工、上梁一样也需要择黄道吉日。

(2)火的重要性。火塘的置放以及锅灶的设置等都必须对应当地传统的风水吉位。

(3)祖宗神位。这是入住的重要事情。主人要手捧祖宗牌位进入新居安置停当后,再去应付其他入住事务。

(4)庆祝。主人置办"进屋酒",客人也要送上一些礼物表示祝贺,称为"贺房"。

第二节 土家族的建筑与居住习俗

土家族民居建筑是由古代原始人类穴居、巢居方式长期演化而成的土木建筑与悬空平台相结合的干栏式建筑。土家族的传统民居主要有茅草屋、木架板壁屋、吊脚楼三种类型,除此之外还有石板屋和岩洞。最具土家族特色的民居是吊脚楼,是劳动人民在恶劣自然环境和社会生活中的一种自觉创造。经过长期发展演变,形成目前的挑廊式和干栏式两种主要建筑形式。土家吊脚楼以其浓郁的民俗文化美和独特的建筑造型美而体现出它独特的民居民俗人文价值。

一、土家族的建房习俗

建屋造房是土家人生活中的一件大事。从一家一户乃至全村都极为重视,从宅基选择直到新房落成都极为讲究。

(一)前期准备

1. 择日

土家族建筑活动与其他活动一样,很注重日期的选择。破土动工、伐梁、上梁、立房、乔迁、开财门等都要选择黄道吉日。由风水先生根据各建筑活动的内容而分别择定吉日,不仅严格按时辰举行,同时还备有刀头、酒水、香、蜡、纸钱等物品隆重祭祀祖先神灵,以求平安吉祥。

2. 择地

土家人受道教文化影响,尤其看重风水,择宅基要请风水先生看"龙、穴、砂、水"。再根据房主生辰八字定朝向,或坐北向南,或坐西向东,或坐东向西,也有坐南向北,所谓"居址向为贵"。其关乎迎风向阳,宅基稳固,进出通达,柴水便捷,是有其科学性的合理宜居元素的。

3. 备齐木料(伐青山)

主人请木匠掌墨师傅上山选中梁、檐柱、檩子、檐角、挑梁等。其中,选梁木最为讲究,一般要选椿木或紫木树,因谐音"春""子"而吉祥,意为春常在,子孙旺。同时选椿木或紫木树要选筅处发满小树,树枝上有雀鸟做窝的树,据说这样的树做梁木能大发子孙。或是杉木、柏杨、泡桐等多枝丫的挺直树木,寓意"家大业大,子孙兴旺"。

(二)建造房屋

1. 造屋场

吉日吉地择定后,接着就是破土动工造屋场的开工仪式。在隆重祭祀天地神灵后,由家族中一位德高望重的长者或房主本人率先挖一锄土。有的甚至用一头大牯牛,牛角上系上红绸,驾犁破土,从东到西犁三铧,犁地时是不能用树枝打牛的,掌犁者边犁边颂祝词,寓意地生瑞气,家业兴盛。

2. 立屋竖柱

立屋竖柱是建筑仪式中最重要的程序,主人选黄道吉日,请众乡亲帮忙。主人要杀猪、磨豆腐、打糍粑等,规矩繁琐,仪式庄重,气氛热烈。

(1)画梁。将梁木去皮刨制后,开始画梁。画梁非常考究。须请画匠画上"八卦太极图",并搭上红绸,杀鸡祭梁。掌墨师将鸡血涂于梁木两端和正中,边涂鸡血边念念有词。有的则用红布将一本万年历书、两支毛笔、两锭墨用四枚铜钱或硬币包钉在梁木的正中央,寓意"子孙万代有文昌"。

(2)祭梁。上梁前由掌墨师烧香敬酒,祭品有雄鸡、刀头、香、蜡、纸钱等。要用雄鸡冠上的血在梁木上画字徽,寓意"栋梁一正压百邪",敬拜天地神灵,恭请鲁班祖师爷降临相助。

(3)开梁。祭梁后,由掌墨师指定两名弟子或赶场匠师用凿子在梁木两端榫头处开一口子。选择开梁口的匠师是有要求的,要么弟子多,要么子孙多。开梁口要说福事,木屑由房主儿子跪着用衣兜接住,用红布包好放于中堂中柱碗口中的梁木下面,寓意为"进财"。

(4)上梁。土家族吊脚楼的梁是家庭兴衰的象征,是土家人极为重视的建筑材料和民俗文化。梁木中央要盖上主妇娘家送贺礼的搭梁红布,并燃放鞭炮,并由架子上的工匠把梁木小心翼翼地拉上去,放入中柱的梁口中安装好。

3. 装饰

立屋竖柱之后是钉檐角、盖瓦、装板壁，楼上还装饰有飞檐翘角，雕龙栏杆，有花格的窗门，有金瓜竹节的楼梯柱、有宝塔葫芦的楼屋，且皆以猪血和桐油熬成的光油加以油漆，红光闪亮，防蛀防虫。

4. 入住

(1) 安香火。搬进新居后，请道士、端公或行家在堂屋的吉向吉位上安放"天地君亲师"的神位。供奉神灵以保佑家庭平安、兴旺发达。

(2) 开财门。请德高望重、能言善辩的人或礼官，装扮为天上的紫微星、文曲星、南极星、送子星、财帛星等踩财门，让"众星"带着"金银财宝"进屋享用丰盛宴席。进屋时，吹唢呐、敲锣打鼓，燃放鞭炮，气氛十分热烈。热烈的入住气氛寓意家和万事兴。

(3) 栽花种树。土家人还在房前屋后栽花种树。但是，前不栽桑，后不种桃，因为谐音"丧""逃"都不吉利。

二、土家族的居住习俗

(一) 聚族而居

土家族的山区村寨，建房都是一村村、一寨寨的，很少单家独户。往往几家、几十家住在一起，一般是一个姓氏住在一个村寨，房屋多依山而建，呈虎座形，屋后有山，屋前有楼，整个楼房的前半部是用粗大的木柱撑在斜坡上，铺以木板，再在上面建造住宅。村落一般贴山近坝傍水。土家族的大姓兄弟间往往分家不分房，形成诸如三进十房、二天井，五进十一房、二天井，七进十五房、五天井，以及六间二进、十天井的中坪大型民居建筑楼群，体现出一种很强的民族宗族思想以及封建社会"四世同堂""合家欢"的大家族观念。

随着民族内外联系的扩大和渗透，这些相对独立的寨子逐渐从封闭走向开放，成为今天多民族交错杂居的村寨。村落布局也从"聚族而居"的院落中分离出来，形成了单家独院，自立门户，同时延续着部族传统的聚居院落。

(二) 人神共居

土家人重礼教、尊祖先，有祭祀的传统习俗。在土家吊脚楼的堂屋正面墙壁上，均设有神龛。就连鱼木寨的穴居岩屋里，人们也在入堂屋那凹凸不平的洞壁上，竖上木桩，安装上木板，并供奉"天地君亲师"的神位。由于土家族多从湘西、江西、西南迁徙而来，各村寨自行祭祀的神有所不同。书香世家多供"天地君亲师"神位，有的供有"至圣先师"牌位。随着时代的变迁，人们所尊崇信仰的神又有变化。走进现代村寨的民居里，我们可以看见堂屋正面墙壁上挂着醒目的毛主席画像，下设神龛并有燃香的痕迹,说明村民们仍旧把毛主席当作带给他们今天幸福生活的神来供奉。他们认为房屋既是后代的栖身之地,又是祖先和神灵盘踞之所,只有保持"吃水不忘挖井人"的优良传统,侍奉好祖先和神灵,他们的在天之灵才会保佑家族世代福禄安康。

另一种"人神共居"现象是土家人传统民居中均设有火塘。土家有新房迁火仪式,火塘之火象征着"家庭生计不灭之火"以及"种族香火绵延不断",是土家族宗教神灵文化的心理体现。

(三)人畜半混居

土家族村寨中无论哪种类型的民居,基本上是人畜半混居。这种干栏式建筑一般分为上、中、下三层,中层住人,底层饲养牲畜或堆放农具等杂物,顶层堆放粮食。这种"人居其正,畜养其偏;人居其上,畜处其下"的空间居住格局主次关系十分明确,房间的使用按功能严格分区。楼层架空能够隔离地气,利于通风驱湿以及防虫蛇、避野兽,巧妙利用自然环境,适合山区自然地理环境和潮湿的区域小气候特点。但是,人畜混杂很不利于清洁卫生和人体健康,也不便于安装现代化设备。近些年,随着农村现代化的整体推进,也有不少将牛圈、猪圈移至离人居较远的地段,试图将人畜分开,但有的村民仍然感觉饲养不太方便而回归半混居模式状态。

(四)天人合一

"天人合一"思想是中华民族五千来的思想核心与精神实质,指出了人与自然的辩证统一关系,体现了中华民族的世界观、价值观的思维模式的全面性和自信性。土家族信奉万物有灵,崇拜自然,形成了类似儒道两教的"天人合一""万物齐一"的物我同一的居住观和生活观。

吊脚楼的建造不破坏地质地貌,分阶筑台,临坎吊脚,宜山宜水宜平地,顺坡顺地顺其自然,既充分利用了有限的土地,又达到了与周边环境的和谐统一,又节省土地、人力、物力,并在通风、消暑、祛湿、防洪方面有特殊功效;既经济、实用、美观,又安全、卫生,又符合土家族傍山而居的习惯。土家族吊脚楼择险而居,顺山而筑,依山走势,临水造形,远观好像悬空一般,显得雄伟险峻,颇具美感。这种"朴中出智、拙中藏巧"的建筑风格与自然高度和谐,故有巴楚建筑文化的"活化石"之称。吊脚楼是自然景观、建筑风貌和人文观念的高度和谐与统一。这种依山傍水、聚族而居,"山水桥木无一缺,千楼吊脚自有别,人屋景致自和谐"的民居风格,正是土家族民居所体现的"天人合一"的人文特点,体现出人与自然相得益彰,是我国少数民族民居建筑中具有鲜明地域特色的生态建筑。作为土家族村寨地域文化的载体和代表,展现了土家人建筑发展的历史足迹,凝聚着土家人的生活智慧和创造才能,浓缩出土家族悠久的历史文化。

第七章 三峡民间交通出行习俗

"一方水土养一方人"。本章主要介绍三峡地区独特的地理交通环境、聪明勤劳的峡江人民因地制宜发明创造的一些适宜三峡地理环境的独特的交通工具、三峡人家的诸多行走禁忌习俗等。如今，不管是原始而古老的交通工具，还是传承下来的出行禁忌习俗都已成为了现代三峡地区永远的一道人文风景线，吸引着八方游客去体验与回味。

第一节 民间的交通工具

一、三峡地理交通环境概述

由于多年的地质变化和水流的冲刷切削，整个三峡地区大部分是山地和丘陵，因此这一地区山高谷深，滩险水急。三峡地区自古以来在中国都处于一个特殊的地理环境。三峡地区是以长江三峡为中心，包括重庆、湖北的恩施和宜昌等在内的广大地区。据地质学理论的推断，大约在7 000万年前的中生代前后，四川盆地还是由大海变成的内陆湖，三峡地区在当时处于这个湖泊的边缘。巨大的造山运动使三峡地段平整的岩层被挤压和扭曲，地质结构发生了巨大的变化：有的凸起，有的凹陷。其中比较明显凸起的地方有三处，地理学家将其分别称为瞿塘峡背斜、巫山背斜和黄陵庙背斜，这三处凸起的部分奠定了今天三峡的基础。到了4 000万至3 000万年前期间，喜马拉雅山的造山运动波及到三峡地区，凸起的部分出现了许多的裂缝，又经过多年的地质变化和水流的冲刷切削，长江三峡就形成了。三峡地区的主要山脉是巫山山脉，是我国青藏高原向长江中下游平原的过渡地带，也是第二和第三阶梯的分界线。在巫山山脉及其以西是重庆所辖范围，巫山山脉以东属于湖北宜昌地区。

整个三峡地区的地理特征是大部分为山地和丘陵，约占90%，平坝不足10%。

长江干流从西南至东北再折向东南贯穿三峡全境。地域内江河纵横,水网密布。仅在重庆辖区内,除主要支流嘉陵江、乌江以外,还有流域面积3 000平方千米以上的河流10余条,流域面积在30～50平方千米以上的河流436条。河流的数量之多,流域面积之小,表明三峡地区山高谷深,河流因落差大而湍急。由瞿塘峡、巫峡与西陵峡所构成的长江三峡,是世界河流中罕见的奇观。雄奇秀丽的三峡风光,自古以来就令人神往,多少墨客骚人为之倾倒。然而,峡江河道中的凶石和险滩密集,巨大的水流挤入狭窄的河道形成的急流、泡漩让人望而生畏。古人曾有"天下之险,莫险于峡江"的说法。水流的侵蚀和重力作用,把河床切成了深陷的谷潭,逐渐雕琢出万仞绝壁,形成了"自三峡七百里中,两岸连山,略无阙处。重岩叠嶂,隐天蔽日,自非亭午夜分,不见曦月。"的壮丽景观。长江在三峡段众多支流的共同特点是河床浅、落差大、河面窄、险滩多、水流急、水情变化大。千百年来,三峡的交通在这种较为独特的条件下艰难地发展起来。

(一)以舟楫为主的水上交通

由于三峡独特的交通地理条件,早在原始社会后期以舟捕鱼和以舟涉水就成为三峡先民生活的主要内容。当时自然环境极其艰难,三峡先民——巴人在部落酋长廪君的带领下,乘着陶舟,逆水行舟200多千米,立足于三峡地区,成为三峡地区最古老的先民。同时也开辟了三峡最早也是最原始的交通路线,发展了交通工具。以舟楫为主的水上交通成为三峡最主要的也是最重要的交通方式,三峡地区也成为自古以来的水上交通要道和战略要地。

古代长江三峡的水上交通航线主要形成于春秋战国时期,这些在长江中上游干支流开拓出来的新航路大多是在巴楚及秦楚战争中开拓出来的。三峡地区与华中地区这时有两条主要的航路往来。一条为大江(亦称北路),即今重庆以下江段;另一条是大溪清江航路(亦称南路),即从奉节以下经大溪入清江至今湖北宜都入长江。而作为三峡地区南北走向的重要河道——乌江河道也在战国后期开通。随着历史的发展,黄河流域的先进文化及经济逐渐向长江流域转移,三峡航道除具有政治军事功能外,更体现出其经济功能。从古至今,经三峡运输的征战将士、军用物资和各种丰富的土特产无以计数。可以说,三峡的漕运支撑了各封建王朝的统治。

(二)以栈道为主的陆上交通

虽然古代三峡地区的运输方式以水上运输为主,但三峡的河道毕竟受到自然条件的限制,滩险流急,船翻舟沉的现象屡见不鲜。据《水经注》记载,当时的峡江航道较为险恶。见诸典籍的险滩有奉节境内的羊肠虎臂滩、博望滩、东阳滩、落牛滩、滟滪堆及巫山江段的新崩滩和宜昌以上的流头滩、黄牛滩等。其中最危险的是瞿塘峡口的滟滪堆、巫峡中的新崩滩和西陵峡中的流头滩。江流急，滩多而险，故下水行船神速，上水则万分艰难。"自蜀至此(指流头滩)五千余里，下水五日，上水百日也。"在峡江航行，顺水行舟快速如飞，常常会随水流失控而触滩船沉；上水船搏逆西进，又往往纤断舟覆。特别是滟滪堆一带，水势极乱，漩涡满江，船撞石即沉。唐代诗人孟郊路过三峡时亲见两岸枯棺白骨。随着社会的进步，人们经济、政治往来逐渐频繁，修建能通行人和马的通道，以补河道之不足，满足政治统治和经济交往的需要，陆上交通自然而然就成为不可或缺的手段。

旧时由于受到生产工具和经济水平的限制，在崇山峻岭中开凿宽阔的道路是难以实现的，在自然条件较差的三峡地区就更是如此了。于是随山势起伏，占地不大的各种栈道就应运而生。栈道的修建，使三峡地区的交通初步形成水陆交通网络。春秋战国时期，巴楚战争不断，为控制峡路，相继设有江关、扞关、阳关等重要关口。三峡地区的长江支流多数为南北走向，主要的支流几乎都修有沿江栈道。如大宁河的沿河栈道就向北一直延伸至陕南。南北走向的长江支流及栈道与东西走向的长江干道初步形成了三峡的交通网。

二、三峡民间交通运输工具

交通运输工具的产生，与人们所从事的经济活动及居住地区的自然地理条件关系密切，不同的自然地域特点及相应地域人们所从事的各种各样的生产活动的特点，会产生独特而多样的交通工具和运输方式。古代三峡地区也是如此，除了有与其他地区相同的车、马等交通工具外，三峡地区山高水深的特点还造就了不同于其他地域的特殊交通工具。下面就介绍几种三峡地区特有的交通工具。

(一) 独特的水上交通工具

发明舟楫是人类进化史上一场伟大的革命。旧时的长江流域三峡段有上百条大小支流，船成为三峡人主要的交通工具。部落酋长廪君也是因为发明了土船(即陶制舟楫，其依据的原理与独木舟一样，但工艺要求更复杂)并驾船航行，完成了部落的迁徙，从而成为了巴人的首领。由于这里的河流落差大而河道狭窄，河床较浅，大多数河流只能通行独木舟或小型船只，而且一般只能在涨水时期才可通行。即便是可以通行的河道，船只在上行时还得借助纤夫在河岸的拉力。独木舟和小型船只就成为三峡地区有效的交通及生活工具，并反映在古代三峡人的墓葬上。如大宁河两岸的千仞绝壁上的船形悬棺葬和古代巴人的船棺葬。这说明船在当时是他们赖以生存的不可或缺的工具。他们习惯了顺水而生、择水而死，将自己的棺木做成船形，里面摆放着陶器、剑戈、木梳，希望像活着时一样生活和劳作，足以表明古代三峡人对船的生死相依。

三峡地区的小型船只形状各异，驾船的工具也不完全相同，但它们都十分古老,据说可以追溯到渔猎时代。最著名的就要算一种叫"豌豆角船"(又叫"神驳子"或"柳叶船")的小木船了。

这种木船是巴东神农溪的"特产",因其形状似豌豆角和柳叶,所以被称为"豌豆角船"和"柳叶船",又因传说系神农发明,所以又被称为"神驳子"。船由全木材制成,最早的只是独木舟,后来的船底板用椆木或花梨木,船椋子用清一色的椿树做成。除用这几种特殊木材外,打造这种木船不漏水的关键还在于所用的石灰、桐油和麻瓢子。制作麻瓢子的竹子与编织纤缆的竹子是同一类。把丛竹用窄刀刮成丝线状,揉到一起就成了麻瓢子。船身里外要涂上数遍桐油,凡是接缝和有孔的地方都要用经过石灰搅拌的麻瓢子塞满,使其滴水不漏。

船上用品的计量单位是最古老的捭、丈、尺、寸(1捭≈1.7米,1丈≈3.3米,1尺≈0.3米,1寸≈0.03米,下同)。船长四丈二尺,宽度不等,最宽处底板四尺一寸半,最窄处只有一尺二寸半,船深二尺八寸半。艄长三丈二尺,橹一丈八尺五,桡一丈三尺,都是用杉木做成的。纤缆(纤绳)54窝,谐音"无事喔"。即长54捭(盘起来一圈为一窝,一窝为一捭),一捭为大人两臂伸直分开与肩平后的长度,约为1.7米。拉纤时看场子(地方)的长短,有的河段只需要出二十多捭,而有些河段需要把纤缆出完。纤绳是用均匀的16片老丛竹篾编织成的。纤缆要用石灰水浸泡后放在滚开的水里煮几开后,才会变得柔软而具有韧性。纤缆为什么要用篾做?不仅因为篾的离水性强,还因为篾纤缆硬中有柔,粗中有细。硬可以撩、摆;柔可以收、盘,粗可以连接"别子"(将搭脖子连在纤缆上的一种特殊木制品);细不伤皮肤,今天仍然没有其他材料能够取代它。纤绳通过麻编拴在维板肚上,再经过矮位子上的丫口拉上岸。纤夫们将搭脖子拴在纤缆上拉纤。

船上有12道肚,从前往后依次为猫儿肚、装香肚、矮肚、打脚肚、维板肚、大肚、中子肚、扯扯肚、脚窝肚、假肚、坐肚、千斤肚,矮位子插在维板肚上,纤缆拴在扯扯肚上。船有8个仓,从头到尾依次为:尖仓,用于洗澡;渔仓,用于做饭;火仓,纤夫站在仓里打篙竿;头官仓、二官仓、三官仓用来装货;团仓子,用来放纤缆;脚肚仓,驾长在上面拖橹。现在的船在过去的基础上有所改进,比过去轻便、灵活得多。

早期神农溪一只船上安排5个船工,后来逐渐发展为6个船工,他们的称呼从大到小依次为:一驾长、二驾长、三驾长和莽子。他们的称呼不同,技术娴熟度不同,各自的职责也不同。一驾长,上水时,挑艄,在船后面,用的是橹;下水时,放船,在前面,用的是艄。二驾长,上水时抓头,在船头拿篙竿撑船,在水中抓住船头或拉或推,或抓住缘绳在岸上扯船(如果一驾长水平高,二驾长也上岸拉纤,下水时,二驾长在后面拖橹)。三驾长,上水时拉头纤,下水时拖纤缆上坡或打篙竿。水手两名,也称莽子(学徒)。莽子在行船时拉纤、打篙竿。船到码头时做饭、刮水(因船漏进来的水或拉纤时带进船的水)。当然,并非专门等船到码头后再刮水,其实在拉纤"改渡"的空隙他们就捡起屏斗刮水。船从左岸摆到右岸或从右岸摆到左岸叫改渡,遇到在深滩改渡,纤夫无法从水中过河时,就会收起纤缆坐船过河。这个时候就是莽子刮水的时候。

在长江纤夫里,除驾长外,主要有两种分工,即号子工兼监工和普通纤夫。号子工兼监工专门用来领头喊号子以协调大家的气力。此人要求精通峡江滩情和峡江号子的喊法,且要声如洪钟,气壮如牛,他们的位置一般在船头,纤夫岸上走,哥哥坐船头,煞是威风。在神农溪纤夫里,没有专门的号子工,拉头纤的三驾长领头喊号子。

豌豆角船的船身不大,一次最多能容纳 6 名乘客。平水时只需用桡划行,下水飙急滩得用纤绳拽船倒牵,而上水则全靠船工拉纤。所以峡江两岸的山崖和溪流两旁高低不平的羊肠小道无不无声地述说着曾经经历的人与大自然的殊死搏斗的历程以及洒脱勇猛的峡江汉子的动人故事。如今豌豆角船已经成为神农溪漂流的特色旅游工具和文化载体。

(二) 特有的民间陆上运输工具

1. 鸡公车

鸡公车,古称"鹿车",是一种历史非常悠久的独轮车,在四川成都汉墓的画像上,四川渠县燕家村、蒲家湾汉代石阙等处都出现有独轮车的形象。也就是说有史可考的时间是在西汉末、东汉初就已经有了这种运输工具。有关它的发明者众说纷纭:有人说这是一位名叫葛由的道士发明的;有人说这是根据诸葛亮发明的木牛流马改制成的;还有一种说法,认为是三国时期的蒲元为支持诸葛亮北伐而创造的。

有关鸡公车的得名也有两种说法。一种是因其在运转时,木轱辘发出"叽咕叽咕"的声音,所以被人们称为"叽咕车","叽咕"与"鸡公"谐音,渐渐地就被后人叫成了"鸡公车"。还有一种说法是因为车的形状有点像鸡公:一只硕大的轮子高高耸起,远望酷似公鸡昂扬的鸡冠;两翼是结实的木架,可以堆放货物;后面两只木柄,被推车人提起置于胯旁,自然像张扬的鸡尾,所以人们也就形象地称之为"鸡公车"。

鸡公车主要由车身、车轮组成。车身是由坚硬、质韧的木材如楸、橡、椴、槠、樟等树木劈凿刨制成的,长约 1.3 米。车杠粗壮,长 2 米,前窄后稍宽,前半部分即安装车轮处约 60 厘米和手推部分约 70 厘米,胶轮安装在中间稍前一点部位,车轮上高出部分穿凿有车架,两边用硬木穿凿耸起,避免摩擦到车轮及所运货物。运输时,推车的人把两头套在车把手上的帆布带套在肩上,双手均衡用力。

这种运输工具需要付出的体力相当大,特别是上坡时,甚至需另一个人帮着

第七章 三峡民间交通出行习俗

推。但较之其他运输工具更简单、便捷,尤其是其小巧的设计,能在崎岖山路或宽不过一尺的田埂和小路上畅行无阻、游刃有余。而且鸡公车虽然车子小巧,但是能载二三百斤货物,擅长驾驭者甚至能载上七八百斤,载人载物均可。鸡公车在历史的发展中经历了几次变革。第一次变革是在宋代,变一人推为前后两人把架、两旁两人扶拐,前用驴拉,称"串车"。第二次变革是在明代,在"串车"的基础上加拱形席作顶,用来拉客,称为"双缱独轮车"。第三次变革是在清代,增加了风帆,巧妙地利用风力。后来鸡公车跨江越淮,传到中原大地。这是一种胜过人力担挑和畜力驮载的既经济又实用的交通运输工具,是人类交通史上一项重要发明。当代日本学者在研究自行车的发展史时,认为鸡公车是自行车的始祖。

正是由于鸡公车的这些特点,使得它成为了三峡山区人民运送生产、生活资料的重要运输工具。一个木轮,两支扶手,一节套肩的绳索,支撑起三峡人民漫长的岁月,也载动着三峡人民沉重的生活。

2. 滑竿

滑竿的前身是轿子,古时叫"肩舆",也是山区特有的一种供人乘坐的传统交通工具。据说是有人从扎担架得到启发,把担架稍加改进,就成了滑竿。因为全用滑溜溜的竹竿绑扎,所以就称为滑竿。清朝时,重庆的官僚、地主外出,用得最多的就是轿子和滑竿。

滑竿制作简便,两根 3 米多长的斑竹竿绑扎成担架,两头尺把长的短杠作抬肩,中间架以竹片编成的躺椅或用绳索结成的坐兜,前系脚踏,冷天垫毛毯,热天撑凉篷,乘坐时,人坐在椅中或兜中,可半坐半卧,由两轿夫前后肩抬而行。滑竿在上坡时,人坐得最稳;下坡时,也丝毫没有因倾斜而产生恐惧感;尤其走平路时,因竹竿有弹性,行走时上下颤动,更能给人以充分的享受,而且可以减轻乘坐者的疲劳。滑竿相对于轿子而言更轻便快速。三峡地区,特别是重庆山区面积广大,因此滑竿较为盛行。尤其是竹椅滑竿,流传了几千年。

现在滑竿的意义已不局限于交通工具,更是当地民间习俗的一种体现。轿夫花钱买了抬轿权利叫"正轮子",没有花钱买的叫"副轮子"。一轿三人抬叫"丁拐",两人抬叫"对班"。无论轿子或滑竿,后面轿夫的视线被轿壳或软扎挡住,须前面轿夫传话告诉路上的情况,这叫报点子或报路号子。如,前面路很平直,前呼:"大路一条线",后应:"跑得马来射得箭"。要上桥了,前呼:"人走桥上过",后应:"水往东海流"。前面的路弯拐多,前喊:"弯弯拐拐龙灯路",后应:"细摇细摆走几步"。路上有牛粪,前呼:"天上一枝花",后应:"地下牛屎巴"。路上有个奶娃,前呼:"地下娃娃叫",后应:"喊他妈来抱"。见啥说啥,振奋精神,鼓舞劳动干劲,其生动风趣与船夫号子有异曲同工之妙。在巴渝的许多风景点,都有滑竿可供游人乘坐。

3. 背篓

古时候的三峡腹地重峦叠嶂,山路九盘十八弯,交通十分不便。聪明的三峡人民发明了一种易于在山地运输的工具,那就是背篓。在外地人眼里,背篓只不过是一个背在背上的竹篓篓而已,但在山里人看来,背篓一如沙漠中的骆驼,江河上的船舟,是人们必不可少的生产和生活用具。无论在吊脚楼前,还是在逼仄的土路,无论在陡峭的山崖,还是在破败的老街,都可以见到背着背篓的土家人。可以毫不夸张地说,这里是背篓的世界,也是背篓背出来的世界。

土家人的背篓品种繁多,款式各异,主要有以下几种类型。

(1)花背篓。这是背篓家族中最小巧、最精美的一个成员。其工艺要求很高,不是一般的篾匠能编织的。用材也极讲究,须用稀有的金竹为材料,最细的篾几乎只有缝衣线那样粗细。在背篓腰部大约20厘米高的范围内,用深色的篾织有数百个呈六边形的网眼,其孔径大约5~6毫米。在整个背篓金黄色的衬托下,这一片花眼眼图案便显得十分俏丽,这样的背篓应属工艺品了。花背篓是专供姑娘、小媳妇用的,不能背重物,实际上只是青年女子的一种随身饰品,犹如都市女子的皮包一样,并不盛多少东西。姑娘作陪嫁用的"洗衣背篓"即属于这一类型的背篓。男人如背花背篓,就显得有些不伦不类,会让人笑话的。

(2)儿背篓。女儿生孩子,娘家要送一个"娘背篓"(又叫"儿背篓")。背篓呈长筒形,做工也十分精细,腰小口大,专门用来背孩子。

(3)米背篓。也可叫作密背篓,比花背篓稍大一些,用材多为水竹或烟竹,工艺要求也是较高的,篾要刮得很光滑,细如纳鞋底的麻绳一样。但腰部没有花网眼,而是密实的、波纹式水平状的图案。这种背篓的用途比花背篓多一些,且男女都可使用,但也不能背很重的东西。米背篓常用于赶集或走亲访友。

(4)盐背篓。其大小、形状及工艺要求,在背篓系列中均处于中间水平。所用材料常为烟竹、楠竹,篾破得较厚、较粗,但刮得光滑,外形虽不及花背篓、米背篓漂亮,却光洁大方、扎实牢固,既可用于一定的农活,也可用于赶集或走亲访友,男女老少都可使用,因而这种背篓是使用率最高的。其名称来源可能与背盐有关。解放前直到很久远的年代,这一地区的盐比油贵,必须到靠近四川的地方去贩运外形似沙石的岩盐。因路途遥远,又是翻山越岭的羊肠小道,不便挑担,只好用背篓背着走,于是这种既结实,可以承受百十斤重物,外形也还美观大方的中等背篓,便有了盐背篓这个名称。

(5)柴背篓。顾名思义,是专供打柴等做粗重农活时用的。用材常为桂竹,工艺粗糙,但结实耐用,可负百斤以上而不变形。古代有首写柴背篓的《竹枝词》:"丁丁伐木向高岭,担荷斜阳下茂林;好共负篓城市去,卖钱买米度光阴。"在农户中,凡是劳动力的成员,是每人必备一个的。这种背篓不适于农活以外的事,假如你背着柴背篓去参加朋友聚会或婚礼、丧事，别人口里不说，心里定会有些不悦。

(6)撑篓。一种专供男人挑玉米棒、粟谷穗、高粱穗、木炭等的背篓,它由一根扁担将两只高3尺、径长1尺2的篾篓串联起来,许多零散的东西插得紧扎扎的,挑在肩上便于下陡坡。另有一种木制背篓,几根木棒穿成一个能置物体的空架,用篾丝系着,是背原木、送肥猪的好工具。有的为歇息时不释肩,用一"丁"字木棒将篓底撑住,人作半卧势,叫"打杵"。有古人作《竹枝词》唱道："砍竹新编背篓,百斤重负力难休；好教两臂归圈套,一杵斜阳过岭头。"

(7)高背篓。这是背篓系列中较大的成员。实际上就是把柴背篓向上延伸了一倍左右,呈喇叭形,人背上它,篓口超过人的头顶四五十厘米。它口径特大(直径达两尺多),腰细,底部呈方形,高过头顶,像倒立的葫芦。一般在摘苞谷、粟谷时用它。

(8)水背篓。这是一种最为特殊的背篓。背篓腰长口小,用皮篾编织,内外刷桐油。大山缺水,土家人一般从峡谷取水,再背上白云深处的木楼。

背篓不仅是三峡山民的主要运输工具,也是土家人身上的一件饰物。它是山区人民适应特有地理环境的产物,是岁月的积淀、智慧的结晶,也是一幅民俗风情画。它承载着山的重量,承载着家园的全部,承载着三峡山区人民的辛酸与苦楚、欢乐与丰收以及无穷无尽的生命内涵。

第二节 民间的出行禁忌习俗

禁忌是关于社会行为、信仰活动的某种约束的总称。禁忌在其产生之时,就具有一定的权威性和约束力,其内容一部分成了阶级社会产生后制定成文法的来源,另一部分成了人们的社会习惯。出行禁忌也就是人们在出行时的一些社会习惯性做法。三峡地区地势崎岖险恶,出门远行困难多多,最忌遇上灾难祸事,所以在民间出行时有许多禁忌习俗。一般来说,三峡出行的禁忌习俗主要有以下几个方面。

一、出门前注意选择吉日

择吉日而行的习俗自古有之。在挖掘出土的商代甲骨文中就有以占卜择吉出行的记载。古代帝王出巡、郊游打猎、外出办事、将军远征等都要先占卜以测吉凶,如卜问结果并非吉兆,则暂缓出行,另择吉日。"在家千日好,出门一时难"在三峡地区体现得尤为明显,正是由于出行不易、行路艰难,所以这种出门前选择吉日的做法在三峡民间也广为流传。

三峡土家人对出门前日子的挑选相当讲究,有俗语称"七不出门八不归,逢九出门惹是非"。即逢"七"、"九"的日子不离家,逢"八"的日子忌归家。土家人还认为,农历一月、四月、七月、十月的蛇日,冬月的鸡日,三月、六月、九月的牛日,均为"红煞日",忌出远门。有"出门遇红煞,一去不归家"之说。

汉族人同样既有利于出行的日子,也有不利于出行的日子。关于出行的民间俗语也很多。如"要出走,三六九;要回家,二五八""初五不出门,初六好兆头""三六九往外走"等。汉族人择日一般要带"六",因为"六"是汉族文化中的一个吉利数字,有"顺"的意思,所以很多人会选择诸如初六、十六、二十六等这样的日子出门,以图出行顺利,路途平安。而"四"、"七"和"十三"因为音同于"死"、"凄、戚"和"失散",意味着不吉利、不顺利,特别是丧事中还有"做七"的习俗,所以带有这几个数字的日期均被视为不吉祥的日子,人们会尽量避免选择带有这些数字的日子出门。而"初四"因为音同"出事",也被大多数人所忌讳。此外,即使已经选定好出行的日子,但在出行时如果有不好的预兆出现,如小孩摔跤、大哭不止,或碗碟打破、猫头鹰夜啼、家犬夜哭等,就要推迟出行日期至少一天,否则不吉利。

二、出门行走时要规避的禁忌

三峡地区的人们不单是在出门前注意选择良辰吉日,在路途中行走时也有诸多禁忌需要遵守。

土家人出门走亲访友或办事的时候,最忌讳的是路上遇到的第一个人是妇女,若是遇见,则会放弃当天出门,要等到第二天再出门。若第一个遇见的是男性,第二个是女性,则不忌。另外,土家人还忌讳早上出远门办事碰上空水桶、空背篓和不洁净的东西。一旦遇上需要马上返回家去,改日再走或再办。苗家人外出行走忌讳的则是从相对而行的两个人中间穿过去,认为这是"穿狗洞",很晦气。而在夜间有未成年的孩童跟随时,忌让孩子走最前面和最后面,据说这样容易招鬼。

汉族人出门在外时也有许多禁忌。在山路上行走,特别是在夜间的山路上行走时,若突然有人在叫自己的名字,不能随声答应,也不能回头。因为民间认为人名是人身体的一部分,而背后的叫声,很有可能是鬼魔在试探,如果答应了,魂魄就会被鬼魔勾走,人将遭遇不测。而在路上碰到的迎面而来的旋风,也被认为是鬼魔。这时要往地上吐几口唾沫,民间认为鬼怕唾沫,唾之则避,吐唾沫可以辟邪。在山里,还很忌讳遇见瘴气。远看着山头有烟或者是雾似的东西弥漫,就知道是瘴气。民间认为抽叶子烟是一个避瘴气的法子,还有其他有强烈气味的东西,也可避瘴气。

外出行路,汉族人还怕在路上遇到送葬的,认为这不吉利,如不幸遇上,则要将帽子或衣服脱下扑打扑打,以解晦气。与土家族类似,"与女人同行"也是旧时汉族出行的忌讳,这与当时男尊女卑的思想观念分不开。而与几个人同行时要遵循"夜不前行,昼不后行"的说法。人们认为夜晚在后面走,可以躲避前面可能出现的危险;白天在前面走,可能在路上会捡到别人遗失的钱财。

此外,出门在外还应注意不要轻易与陌生人攀谈,不能贪图他人便宜,随便吃喝陌生人的东西,男子则要忌拈花惹草,寻花问柳,以免上当受骗;还要日出出行,黄昏投宿,以免遇上贼人,遭遇不测;休息时睡觉忌风,吃饭忌冷,以免路上生病;出门在外一定要注意忍让,以免招惹是非;更要注意不要将自己的钱财外露或者夸口张扬,以免失财,即所谓的"出门不露白,露白会失财"。

当然,因为三峡地区汉、苗、土家族是混合杂居,生活习俗趋于融合,有一些出行禁忌习俗也就有了相同或相似的地方。

第八章

三峡农耕习俗与传统劳动职业

三峡人民多将村寨建于溪河平坝之上,依山傍水,舍前田园阡陌,寨后青山绿水。他们以家庭为单位从事农业生产,开荒犁田、耕地播种是男人的责任,除草收割、饲养牲畜则由女子承担。三峡地区95％以上的人口为农民,属典型的山地农业型经济。三峡人民过着集体行动、独立生产,有着共同语言、地域和农耕经济的生活,逐渐形成了鲜明的个性特征和独特的劳动习俗。本章主要介绍三峡民间典型的劳动习俗、劳动职业及传统手工工匠。

第一节 三峡农耕习俗

一、八把交椅

三峡民间尤其是水稻产区农耕活动过程中的八个主要环节,俗称"八把交椅"。八把交椅分别为耕田、赶耙、修边、铲坎、栽秧、割谷、堆摞、扬锨。其中耕田、赶耙、修边、铲坎、堆摞、扬锨体力消耗较大,一般由男人来做;栽秧、割谷讲究操作技能,一般由女人来做。

二、打闹草

这是三峡地区广为流行的一种劳动习俗。因常在集体薅二道苞谷草时动用,因此叫"打薅草锣鼓",俗称"薅打闹草"或干脆叫"打闹"。过去凡是种地多的农户,一般要组织三十个人薅几天的草,就要薅打闹草,其好处是:一是能够把多天做完的活一天做完,起到催工作用;二是调节气氛,减轻疲劳感,一般打一天闹能节省七八个工作日。薅打闹草时,青年男女要穿上好衣服,戴上新草帽,由两个闹手带队,薅草人一字排开,伴随着锣鼓点子,争先向前。闹手在阵前巡视,边唱边击鼓,所唱歌曲称作"号子"。其内容根据人们当时在劳动中的情绪变化而作相应的更换,有催人奋进的紧号,有幽默诙谐让人舒展的砣号。另外,闹手在很多时候还充当着生产调度和质量监督的角色。当他发现有人薅草不顾质量时,便会即兴唱道:

> 好生薅来好生薅,
> 不要薅个狗刨骚,
> 三刨两爪刨下子,
> 伸起一个懒黄腰。

当他发现有人薅草不合规范时,又会唱道:

> 薅草不薅坐兜形,
> 坐兜里面还有人,
> 扯根葛藤来套起,
> 坐兜不是一展平。

薅草锣鼓已是国家级非物质文化遗产,本书第十四章第一节还将专门讲述。

三、打锣鼓

打锣鼓是盛行于三峡地区土家族聚居区的一种劳动习俗。土家人世居深山,以耕作旱地为主,在挖地、播种、薅草薅秧等生产劳动中,常有打锣鼓的习俗。据当地人讲,打锣鼓实际是民间换工帮工时借以提高工效的一种集体生产方式。使用锣鼓的数目因人数多少而异,一般十五六人一面锣、一面鼓,俗称"对子鼓";百人以上锣鼓更多,号称"百人锣鼓"。打锣鼓其实也是一种生产竞赛形式,参赛者是具有较好生产技能的青壮年,还有专门的歌师。劳动时,参赛者在地头一字排开,由歌师挑选技术、体力兼优的生产能手"打边",然后"起鼓"。打锣鼓有成套的唱腔,通常是九腔十八板,歌词内容多为当地民歌,也有歌唱历史人物、民间传说的长篇唱本。起鼓之后便唱"下田号子""连声号子"等。休息时间到,先打"哑鼓",暗示参赛者面前的活必须马上做完,否则"住鼓"一响,人们提着工具大步离开地头,若你还在那里干活,便被视作手脚不快而遭奚落,被称作"腌菜碟子""挖金蛤蟆"。休息后上场则唱"打烟号子""月歌子"等。歌师如发现参赛者松懈下来,便紧催锣鼓,叫做"照场",此时,"打边"者便大显身手,将距离拉开,其他人紧追不舍,如此一来,干劲自然就上去了。

四、薅秧歌

薅秧歌又叫"薅秧号子",在三峡地区农村十分流行。薅秧,就是要除去杂草,松动田泥,做法是用双脚将秧蔸四周的杂草拱翻压揉。稻田薅秧大多是早间集体劳作。待到晨露快干时,薅秧号子也就开始了。一人领,众人和,领唱者歌喉美妙,高音悠悠袅袅,低音婉转回肠,帮腔的合上弦整齐划一,气势磅礴,整个田间气氛热

烈欢快,劳作的辛苦一抛脑后,进度自然而然加快了。领唱者:

下田薅秧不唱歌,
喉咙起了蜘蛛窝,
屙泡热尿冲下去,
看你唱歌不唱歌。

接着众人一齐和声,薅秧歌的歌词内容大多表达淳朴农民对幸福生活的追求和向往以及对丰收的企盼。

五、栽秧酒

在三峡农村地区,农民普遍有转工换活的习惯。农忙时节,为了及时抢收抢种,农民们常自发组织换工。这种活动不靠行政命令,不靠金钱利益驱使,既能保证不误农时,也体现出人与人之间互助的情分。这些活动中,都要用酒席待人。栽秧酒除了腊肉、豆花、白干酒等传统待客菜肴和酒水外,还特别讲究形式,主餐先要摆腰、心、舌、肚、咸鸭蛋等十二个"干盘子"(凉菜),然后有或蒸或炒或炖的几样荤菜,以及四季豆等赶鲜的蔬菜。主餐之外,早晨要吃汤圆之类的甜食"过早",上午歇气时要吃糍粑、馒头之类食物"过午"。农民插秧,除请栽秧的换工农友喝酒吃肉外,还要请先生(老师)、朋友吃栽秧酒。

栽秧酒之所以被重视,一是由于稻米为三峡人的主食,水稻的栽插当然得郑重其事;二是由于对插秧的技术要求高,栽秧的人被称作"栽秧师傅",行距、窝距插得均匀的更被尊称为"杆子手",故要认真款待。

六、割谷饭

同栽秧酒一样,割谷饭也是农人们在稻谷收割季节请人帮工时的一种待客方式。三峡人十分重视稻谷的收获,在抢收稻谷的时节,能请到上好的帮工,那说明这家主人人缘好。通常,割谷饭分早、中、晚三餐,三餐又各有讲究,早餐常吃甜食,如糍粑、汤圆之类;中餐是主餐,主人必以猪肉、豆腐、白干酒、烟茶相待,还要摆腰、心、舌、肚、咸鸭蛋等"干盘子";而晚餐常以鸡蛋挂面为主。割谷饭也兴"过午",和栽秧酒不同的是,割谷时节天气较炎热,因此过午常是食用醪糟酒。主人家多用清冽甘甜的上好泉水,兑上醪糟饮用,既解渴,又提神。

七、送旱魃

在重庆的涪陵、垫江、丰都等县,旧时普遍流行一种"送旱魃"的习俗。"旱魃"是迷信说法中一种人为造成的鬼怪,据说这种鬼怪鼻孔朝天,一旦兴妖作怪时,能张开鼻孔将老天降下的雨水全部接住,造成旱灾。因此,每遇久旱不雨,乡民们便自发组织搞一个"送旱魃"(有的也叫"打旱魃")的活动。具体做法是,在乡里选一无牵无挂、无职业的游手闲人(当地习称"干人"),将其打扮成模样古怪的旱魃,并用各种颜色的纸糊成花花绿绿的纸旱魃备用。届时,由干人装扮的旱魃没命地向野外山坡跑去,乡民们便手执铁链、木棒呼隆一下漫山遍野追赶,追赶打闹到一定时候,人们便将那累得再也跑不动的"旱魃"用铁链套回,然后由主持人宣布罪状:"天干三载,饿死黎民无数,该当何罪?"众人齐声高呼:"该当处死。"云云,于是在众人呼喝簇拥下押送"旱魃"至一深水边,将其推入水中,同时将那些纸糊的花花绿绿的旱魃就地焚烧,宣告旱魃已经送走,大雨不日将至。而那装扮旱魃的干人也从水里爬起,领上赏钱自个儿乐呵呵去了。送旱魃无疑具有浓厚的迷信色彩,但长期演化的结果,却使它成了一种乡土娱乐形式。

八、开镰

在三峡地区,农人们在收割稻谷之前,普遍要向"土地佬"和谷神烧纸焚香,感谢"土地佬"赐予丰收,也祈求收割时有好天气,以保谷物顺利归仓。这样的仪式通常在第一天割谷的凌晨四五点钟进行。那时,启明星还挂在天空,割谷的农人们便准备好香烛纸钱,携带上收割工具,在田头摆上酒菜之类的食物,点燃香烛纸钱,肃然而立,口中念叨着祈求上苍保佑之类的话语。仪式完毕,由年长者割下第一把稻谷,宣告这一季稻谷收割正式开始。整个过程被称作"开镰"。

在三峡广大农村流传着是狗用尾巴卷起一棵稻谷,从异域漂洋过海,带到中国大地,人们才开始了稻谷种植的故事。故一些地方的"开镰"就是以狗尾巴草扎的草狗为祭祀的对象。旧时的开镰带有浓厚的迷信色彩,如今则是农民们收割前的一种心理准备。

九、封镰

一季稻谷收割完毕后,农人们要举行"封镰"的活动仪式。这种活动表面上看是对镰刀的收藏,而实质上是一种丰收庆典和对神灵的祭祀活动。这一活动通常在稻谷收割完毕后的半个月之内举行,主要以家庭为单位,由男主人来主持完成。"封镰"一般在中午进行,届时男主人会将使用了一季、被磨得锃亮锃亮的镰刀用红布包裹好,恭恭敬敬地放在堂屋神龛前的几案上,然后在旁边摆上一碗热气腾腾的新米饭,倒上一杯酒,再焚上一炷香,此时的男主人会异常虔诚地对着神龛叩上三个头,等着一炷香燃尽后,再把用红布裹着的镰刀高高地悬挂在堂屋的梁上。整个仪式表现了农人对农具的敬重与爱护。"封镰"并不仅仅是收藏镰刀,还包括犁头、耙子、戽水笕等,农人们都要把它们清洗得干干净净,或挂于墙壁,或悬于梁上。做完这些事,"封镰"才算结束。

十、放跑

"放跑"是三峡地区较为特殊的一种劳动方法和习俗,它主要存在于一些高山峡谷地区。

因为山高路陡,用肩挑背扛的劳动方式搬运货物给这里的人们带来了极大不便。所以,人们创造了"放跑"这一运输方式。它的具体做法是:在某处山岩口建造一个绞盘,在山下设立一个固定滑轮,用两根粗绳将这两处连接起来,其中一根为承载绳,一根为牵引绳,在承载绳上利用挂钩吊上要运的货物。这样,绞盘操作者就可以绞动牵引绳,将货物运上送下了。放跑的跑道长几百米乃至近千米。

虽然不能认定放跑就是现代化索道的前身,但这种劳动创造的智慧却是值得称道的。放跑场面十分壮观,即使是本地居民,也感到非常兴奋刺激,往往围观者众多,大包的山货,几百斤重的肥猪牛羊凌空而降,大量的外来货品从山脚飞升而至,这紧张而欢乐的场面让人经久难忘。

随着科学技术的发达,政府从关心人民生命财产安全着眼,把放跑的人工绞盘换成了电动机,缆绳已由棕绳、麻绳换成了钢缆。放跑的安全性得到了切实的保障。在享有"中华第一洞"的芙蓉洞边,管理者在吸取本地"放跑"经验的基础上,已经成功地开发了被誉为亚洲第一长度的速滑旅游项目,把古老的放跑变成了真正的娱乐。旅游者只要游历乌江,就一定能亲自观赏到放跑的壮观,体会到速滑的刺激。

十一、忌戊(忌铁)

在三峡地区的一些农村,有一种历史悠久的习俗,有的地方叫"忌戊",有的地方叫"忌铁"。按古代天干地支计时法,每逢戊日,农民就忌用农具,不能动土稼穑。同时,当地以凑份子的方式筹集资金,组织祈祷活动,中午举办一次村民午宴。在移风易俗的推动下,部分农村虽然保留了这一传统习俗,但其中的封建迷信成分已经消失。不过,这一类似星期天予民休养生息的习俗仍然被广大农民认可,被看作是祖先留给子孙的"星期天"。

第二节 三峡传统劳动职业

一、挑夫(棒棒)

挑夫俗称脚夫、挑脚担子,又名"棒棒"。旧时,峡区老百姓所需日常用品和自产土特产品都要运经长江及其支流的水路码头,从山里到码头就有了挑夫这一劳动群体。挑夫们的主要劳动工具是扁担、木棒加绳索或箩筐,通常几人为伴或十几人为伍,多则几十人。在长期的共同劳动中,他们会自发挑选出挑夫头儿,当头儿的必须身强力壮,见多识广,处事公道,负责联系活路(活计)以及与东家议定力钱。旧时挑夫生活极为艰辛,他们不论春夏秋冬,晴天一身汗,雨天一身泥,风里来,雨里去,饿了啃一口随身带的粑粑饼饼,渴了就在路边喝一肚凉水。尽管他们干的是体力活,却也豁达乐观,他们走乡下县,见多识广,张口便能讲来一串新鲜事。

解放后,山区的交通条件得到改善,公路、铁路四通八达,因此这种长途挑夫也随之逐渐消失。演进至现在,活跃在重庆—宜昌沿江城市的挑夫又被称为"棒棒",他们成为了三峡地区沿江城市的一道独特风景线。棒棒们逗留于码头、车站、街头巷尾,乃至一些购物商场。一根竹棒或扁担,外带一圈绳子,货主或旅客、市民们可随喊随到,将你的行李物品送到你需要去的地方。这些棒棒爬坡上坎,登楼上房,服务周到,方便了旅客,也方便了市民。

二、背脚子

在高山地区崎岖陡峭的山路上,无法挑运货物,只能用背篓背,用背架子驮。因此,在三峡巫山、巫溪、巴东、秭归、长阳、兴山等高山地区逐渐形成以背运货物为生的劳动群体,俗称"背脚子"。背脚子的主要劳动工具是背架子以及一根"丁"字形的打杵。背柴、背水、背粮、背肥、背石、背木,背日常用品进山,背土特产品出山,还有的背人赶场下街,这时的背脚子又成了高山地区的交通工具了。背货物时,下窄上宽,下轻上重,有时装的货物超过头顶,要使背架子不倒不翻,全靠肩背控制得法,腿脚稳当(俗称"桩子稳")。走动时,以打杵做拐杖;停下时,用打杵支撑背架子,使肩背放松。

三、九佬十八匠

旧时,为了养家糊口,三峡民间老百姓有学一门手艺谋生的习惯,这些手艺也可叫职业,民间将这些主要手艺(职业)称为"九佬十八匠"。

(一)九佬

1. 剃头佬

剃头佬就是给人理发的师傅,有的叫剃头匠,也可以叫剃头师傅,这些都是以前的叫法,现在叫理发师。以前的剃头匠一般都用一副挑担挑着理发工具走村串户,在城镇则是走街串巷揽活,遇到需要理发的人就歇(放)下挑担就地给人理发,也有的在人流比较集中的地方,露天摆一张椅子,身旁放着挑担,嘴里吆喝着招徕生意。

而现在的理发师则告别了传统的经营模式,都有固定的门面或场所,经营形式多样,行业分工也越来越细。剃头佬这一古老的职业,不仅看不到它消失的迹象,而且还越来越兴旺,这也是九佬十八匠中为数不多的不仅能够生存下去而且会被发扬光大的职业之一。

2. 剔脚佬

剔脚佬就是专门给人修剪指甲(主要是脚趾甲)、去除脚上死皮的行当。由于他们常常要用专用工具剔除陷进肉里的指甲,所以人们就叫他们为剔脚佬。从前的剔脚佬和剃头匠一样,也是一副挑担四处走村串户。

随着人们生活水平的不断提高,剔脚佬这一古老的职业不仅没有被淘汰,反而越来越走红。只不过现在的剔脚佬早已经不叫剔脚佬了,而叫修脚师,不仅有学校培养这方面的人才,而且有专门的教材,并且有专业的技术职称,一般分为高级、中级、初级三个级别。他们也不再到处流动,而是在各种保健场所出现,如现在的洗脚城、桑拿浴室等。他们同剃头佬一样也是九佬十八匠中为数不多的几个被传承并发扬光大的职业之一。

3. 结猪佬

结猪,即为了方便圈养和育肥而破坏猪的生殖器官,使其丧失生殖功能。破坏的生殖器官主要是性腺,即睾丸或卵巢。结猪佬,也称阉猪佬,是三峡农村对从事阉割牲畜这一行业的人的通称。结猪佬随身携带着阉割刀具,腰间斜挂一支牛角号,走村串户,上门服务。为招揽生意,他们一路将牛角号吹得山响,那号角发出"咕噜——咕噜——"的叫声,极似"割猪——割猪——"。若是逢场日,他们则在猪市坝一角摆上地摊,等候顾客主动上门。结猪佬来了,家里有小猪的要做好准备。等结猪佬到门口时,要递烟点火,还要倒好结猪需用的一盆热水。只见结猪佬走进猪栏,一把抓住小猪提出来,手起刀落,猪崽阵阵嘶嚎。结猪佬手脚干净利落,扔猪崽回猪栏。此时的小猪只能趴在地上,再放少量猪食以备其饿,并不让小猪乱跑,以免撕裂痛处。割出来的东西,结猪佬会经过处理扔上屋顶或采用其他的处理方法。结猪佬收好工钱,吹着号角再走向其他地方。现在民间这种职业还存在。

4. 补锅佬

补锅佬是指专门修补各种锅具的手艺人。"补锅佬的扁担,两头翘"这句话是形容以前肩挑木箱,沿街叫喊"补锅啰"的补锅匠。记忆中的他们,一根木扁担,两头各固定着一个多层抽屉的木制箱子,每个抽屉里分别装着各种工具。

他们肩挑木箱,沿街叫喊"补花碗,钉洋碟,补锅啰!"以前的锅全是由生铁打造,不耐用,加上柴火熊熊,很容易穿孔、漏水,于是补锅佬开始走街串巷,很受欢迎。补锅的方法有两种，裂孔轻微的，就用一只补锅钉穿过，扭曲钉尾，用泥抹匀即可。如果裂孔比较大，则用铁粉修补。首先把铁粉煮熔，烧成铁水，然后浇在锅内的穿孔处。在穿孔的下面，平铺一块湿布，冷却浇下来的铁水，将裂孔填补。补好后，再把锅烧红，用锤子敲打，使其平整。补锅需要很高的手艺，手工好的，修补处不容易被察觉出来。一般的补锅佬都是走村过户地揽生意，走到哪就吆喝到哪，遇到有人要补锅，才停下来就地作业。现如今这一行当也像九佬十八匠中的大多数行当一样渐行渐远，正在慢慢地从我们的视线里消失。

5. 洗磨佬

洗磨佬是指专门对农家石磨提供维修和保养服务的手艺人。旧时，三峡农家几乎家家户户拥有一副石磨，主要用于磨面，包括米面、麦面、豆浆等。逢年过节，红白喜事，一般要推糍浆、打豆腐，这都得用上石磨。石磨使用时间一长，便磨损严重，磨齿不利或被磨平，这样就得请洗磨佬给打钻并清洗一下，以保持和维护其性能。洗磨佬一般会根据石磨的不同类型和大小来收取洗磨的工钱。随着现代加工业的发展，石磨加工已基本被淘汰，洗磨佬这门手艺也随之消失。

6. 渡船佬

渡船佬俗称摆渡的。三峡地区有长江及其众多支流，过去水上交通极为不便，摆渡过河成了人们必须而无奈的选择。摆渡佬很辛苦，日夜守在船上，风里雨里，一天也不能歇。不仅一年上头以船为家，还得随时防范和承担自然灾害带来的风险。

7. 杀猪佬

杀猪佬是指专门宰杀生猪的人。他们身背一副刀具，肩扛一支挺杆，登门为村民们杀猪。宰杀前，先烧上一大锅沸水备用。杀猪佬掏出尖刀，对准猪的颈子下面，用力将尖刀插进去，一直要插到底，越深越好，然后再将刀扭转90°，这样，猪血因为猪体内的压力，喷射出来。猪断气后，再在后脚蹄附近用尖刀划一个小口子，然后将挺杆插进这个小口子，再慢慢由小腿往大腿插，再伸向肚子位置，一直插到颈的部位。杀猪佬再以嘴对着那猪蹄口子，鼓起腮帮子一口一口灌气，再取根专用的绳子，将小口子扎紧，这样，猪皮表面的褶皱因为中间充气的缘故，已经"平化"了，然后把猪抬进沸水腰盆里稍许浸泡，并泼上一瓢瓢沸水，再用刨子将一身猪毛刨干打净，即大功告成。

三峡农家人大都有杀年猪过春节的习俗，因此，每到腊月，杀猪佬们便显得格外忙碌，走了东家走西家，除收杀猪钱外，若主人家大方，还可得到一块上好肥肉。杀年猪时，一般还有请左邻右舍、亲朋好友吃"刨汤肉""血花"的习俗，所谓"刨汤肉"，也叫"下水肉"，实际上就是肠肝、肚肺等猪下水加上几大筐萝卜乱煮上一大锅,用来招待客人,既好吃又热闹,是乡亲们相互联络感情的好时机。

除上述七佬之外,还包括打鱼佬和打铳佬,共称"九佬"。

(二) 十八匠

1. 金匠

金匠就是做金器皿、金首饰及其他金制品的手艺人。

2. 银匠

银匠就是制作银器的工匠。

3. 铜匠

铜匠是指用铜板或黄铜板手工操作和修理各种铜器的人。铜匠并不炼铜,只是以铜板或铜片为原材料,用锤子之类的工具敲打出诸如铜壶、铜锅、铜瓢、铜铲、铜锣、铜茶盘、铜锁之类的器皿,与冶炼浇注之类的工艺无关。

4. 铁匠

铁匠也是一门古老的职业,他们以铁为原料,只凭手中的铁锤就能打造出各式各样的生产工具和生活用品。铁匠一般都有一个自己的铁匠铺,有一座用来煅烧铁坯的火炉,火炉所用的燃料有木炭和煤炭。对木炭和煤炭的要求比较高,一百公斤煤炭中大约只有十来公斤煤可以用来打铁,能够打铁的炭叫铁炭。一个铁匠一般会带一到两个学徒,学徒的主要工作是用一把比自己师傅大出五六倍的大铁锤,帮助师傅把用来制作工具的被炉火烧熟了的铁毛坯打成所需的形状,在最后工具成形阶段就没有学徒的活了。

铁匠用来打铁的工具有小铁锤、大铁锤、铁夹(用来夹烧熟了的铁坯)、砧子(铁匠打铁的平台)等。

5. 锡匠

锡匠是指制造锡器皿或容器的工匠。一般在冬闲的时候走村串户,揽活做工。

6. 石匠

石匠是指采集石料或宝石原料,并可以将石料加工成产品的工匠。现今,石匠的工作主要是提供房屋装饰和建筑材料,同时,石匠所采掘的宝石是首饰的重要原料。虽然目前石料加工和石料采掘并未开放,但是石匠这个职业一样具有相当大的吸引力。

7. 木匠

木匠是一种古老的行业。木匠以木头为材料,伸展绳墨,划线,后拿刨子刨平,再用量具测量,制作各种各样的家具和工艺品。由于木匠的需求市场广阔,手艺得以传承至今。现代木匠多使用电动工具。木匠从事的行业也很广泛,他们不仅可以制作各种家具,建筑、装饰、广告行业等也都离不开他们。

除上述匠人之外,还有雕匠、画匠、皮匠、弹匠、染匠、酒匠、瓦匠、窑匠、榨匠、篾匠、箍匠。三峡民间有一段顺口溜:"金银铜铁锡,石木雕画皮,弹花酒榨漆,瓦篾窑箍泥"便是对"十八匠"的总括。

四、吆脚猪的

三峡人把那种专用于配种的公猪叫"脚猪"。把专门饲养脚猪,为养猪人家配种的人称为"吆脚猪的"。他们常将脚猪随身牵在身边,吆喝着走村串户,上门配种。这时,养有母猪的人家必对"吆脚猪的"招待周全,递烟上茶,还请"过午"。脚猪更要享受特别待遇,主人家常要赏给一大盆上等糠食,里面还要搅和几个生鸡蛋,为的是能得到"好种"。不然的话,脚猪会"消极怠工"的。

三峡民间交际礼仪习俗

交际礼仪是人们在社会交往过程中形成的应共同遵守的行为规范和准则,具体表现为礼节、礼貌、仪式、仪表等。本章主要介绍三峡民间致敬礼节、馈赠礼俗以及富有特色的三峡茶史、茶俗、茶礼。

第一节 致敬礼节

一、叩头

民间俗称磕头、磕头作揖。行礼时先作一揖,然后双膝跪地、叩头,屈一次为一叩。一般为一叩、三叩、四叩,大礼为三拜九叩,其行礼方式是一揖,跪下,三叩,起立;再一揖,跪下,再三叩,起立;复一揖,跪下,复又三叩。跪拜礼通行于清代,用于百姓见官、祭神、祭祖、庆吊等场合。辛亥革命后跪拜礼在官方已废止,但民间在年节、庆吊、祭祀中仍被沿用。跪拜礼在求情求饶等场合也常出现,口称"我给跪下了",实行跪拜,俗称"下跪",特殊的更有"磕头如捣蒜","磕响头""五体投地""磕头至出血"等情形。

二、作揖、抱拳、万福

合掌前举弯腰下拜为作揖,又称打躬作揖。清末,亲友相见时,先作一揖,然后叙话;分别时,亦作揖为礼。男子熟人相见,抱拳拱手致意,在武林中尤其流行。妇女见官,双手合拢或双手五指指尖相对置左侧腰间,腰膝微屈三次,称之为"拜""万福""福"。

三、鞠躬

辛亥革命后渐行鞠躬礼。见长辈、师长一鞠躬,正式礼仪场合往往三鞠躬。鞠躬必先脱帽,不脱帽被认为礼数不周。有一种是见人连连点头,微微鞠躬,俗称点头哈腰,往往被认为非庄重之举。

四、握手、招手

辛亥革命后握手礼广泛流行,是表示友好的礼节,见面、分别都适用。握手之后又加一手,则表示十分亲密和敬重。戴手套时与人握手要先摘下手套。招手多用于迎送,迎接时表示互相已见面,挥手告别表示依依不舍。

五、举手礼

穿军服、戴军帽的人,右手五指并拢平举在帽檐前侧行礼,同时伴以双腿并拢,民间称之为"打立正"。

六、其他礼节

民间有互相问候的礼节,见面问"吃饭啦?""上哪去?""忙啦?"等。骑自行车的人见熟人要下车,戴口罩见人打招呼要摘下口罩,正忙于某项工作或活计,见人打招呼要先停下工作,再打招呼。客人到家要敬烟、敬茶,客人告别要送出大门外。走亲戚见面要问好,并代长辈问好,俗称"捎好"。

第二节 馈赠礼俗

一、节日馈赠

节日馈赠,俗称"送节令"。旧时男女订婚后,每逢节日,男家备礼送女家,名为"追节",女家的答礼多是女儿亲手所做的女红。

节日馈赠的礼品世代相传有规定:

立春日,以前有分赠土牛的习俗。

寒食节,往往以馓子、麻花为馈赠品。

端午节,最普通的赠品为粽子,其次还有香荷包、艾虎兜等。

七夕(七月七),赠品为巧果。

中秋节,馈赠礼品为月饼和瓜果。

重阳节,典型的馈赠礼品是菊花糕。

二、人生礼仪场合馈赠

贺生育的礼品多为鸡蛋,鸡蛋十个为"一把",一般送双数,如"两把""四把"等。回赠礼品为染红的鸡蛋,俗称"红蛋"。婚事上送礼为"行贺礼",贺礼中的钱名为"喜礼";有送物的,20世纪50—70年代朋友、同事送礼多采取凑钱买纪念品的方式,纪念品(如大镜子、镜画等)上写"××与××新婚志喜,××、××敬贺"等字样,但贺婚礼品忌送钟表,因"送钟"与"送终"谐音,又忌送梨,因"梨"与"离"谐音。寿礼馈赠,有寿帐、寿画、寿桃等,乡间又多送面条,俗称"长寿面"。祝寿与贺诞要以木盒、瓷碗盛礼品,忌用条编器物。丧礼馈赠,有以钱资助的,名为"赙",俗称"人情",民间称"上大礼"。贺礼馈赠忌单从双,丧礼馈赠则忌双从单。

三、其他馈赠

乡间求人办事不收费俗称"欠人情",逢年过节以礼品相报,名为"答人情""还人情"。出嫁的女儿每年春节前、麦收后、中秋节前给娘家送礼。春节前送礼,名为"行年礼",礼品一般为猪肉(俗称"礼")和粉条,讲究的还有鱼、鸡、酒、糕点等,分二色、四色、六色、八色礼。新婚当年行年礼偏重,娘家回礼一般有花糕,取意"步步登高"。如送礼的礼品中有粉丝,回礼也必有粉丝,俗称"拉扯不断"。如用鸡作礼品,必须是两只红公鸡,回礼时也要有一只红公鸡,俗谓之"来回喘气"。麦收时送礼,名为"行麦礼",俗谚"麦上场,妮看娘",礼品一般为"礼"(猪肉)和其他食品。中秋送礼名为"中秋节礼",礼品是月饼和水果。年礼、节礼都在节期前几日送,年节当日不可再送。

遇有农历闰月年,已嫁女子要送娘家父母"面鱼",用发面做鱼形,两个鸡蛋做鱼眼,再用两个鸡蛋做"尿泡",用粉丝做鱼肠,俗传老人一顿吃下可延年益寿。旧时,麦收前、中秋节前学生给老师送礼,手工匠人徒弟给师傅送礼。

第十章 三峡民间商业习俗

三峡地区的商业风俗,与盐文化紧密相关,从三峡库区考古和三星堆文化中发现了大量必须通过商业交换才有的东西,证明巴蜀民族是世界上最早的商业民族。古史学者研究,巴文化是一条以盐为经的文化脉络,巴王国因盐而兴,得盐而盛,失盐即衰。本章主要介绍三峡地区以盐业为代表的传统商业贸易习俗以及丰富多彩的三峡土特产品。

第一节 三峡盐文化

食盐作为一种自然资源,其利用和开发不仅为三峡地区古代经济社会得以形成和发展提供了物质基础,更为三峡文化的萌生和发育提供了必要的环境条件。三峡地区盐业的发祥地在今天的巫溪大宁厂,这里也是古代"巫载(咸)文化"的起源。三峡文化存在的基础就是食盐,三峡文化的核心就是盐文化。

一、巫盐的起源及特点

三峡地区蕴藏着巨厚丰富的盐资源,无论从有关的古籍文献资料记载,抑或是当今地质钻探、考古发掘成果,皆能有力地说明这一点。

深埋在地下的盐矿资源经地下水溶解后,多从河畔山麓岩隙渗涌而出,其取卤之方便,远胜蜀中其他地区,故该地区古代先民对天然盐泉的开采利用较之秦初李冰"识察水脉、穿广都盐井"时更早。

最负盛名的渝东盐泉,当数位于今巫溪县宁厂古镇的宝源山白鹿盐泉,此处自洪荒远古至今,天然盐泉一直涌流不绝。若要追述该处盐泉的初始开发史,我们最迟可向前推至距今4 100年的新石器时代晚期。据《山海经·大荒南经》(第十五)记载,虞舜时代,在三峡腹心——大巫山地区,已存在一个名叫"巫"的方国(即今巫山、巫溪二县所在地域,秦汉时期皆属古巫县统辖)。虞舜非常重视这片地区,就派他的儿子无淫前去治理。巫民"盼"姓,食谷。不绩不经,服也;不稼不穑,食也。爰有歌舞之鸟,鸾鸟自歌,凤鸟自舞;爰有百兽,相群爰处。百谷所聚。为什么在生产能力十分低下的远古时期会于沟壑深切、土地贫瘠的三峡腹心地带出现这么一片乐土?正是由于巫先民掌握了宝山盐泉,再加上便利的水运条件,食盐方成为巫民众同四方部族换取布帛谷物进行原始商业贸易活动的雄厚资本,因而才如此的兴盛繁荣。

二、垄断巫盐

盐对巴民族的形成至关重要,著名学者任乃强认为:巫盐外销初期,也可以称为巴民族前身——巫戴(咸)民族形成期。

巫盐出峡,是巴人的极盛时期,通过夔峡畅销于四川盆地,销到大巴山的庸、濮等部族中。循江下行,供给荆楚人民,又促进了楚国的文化发展。巴人垄断了巫盐的生产、销售和运输,周围几百千米之地皆仰给于巴国之盐。

在春秋初年楚国还是听命于巴的。近世考古学家就地下发掘材料证明,巴、楚两国文化有其共同特点。这恰是先有巫戴文化,再衍为巴楚文化这一历史发展过程的明证。

巴人沿水而居,以船为家,捕鱼为生。由于取盐方便和长期对盐腌制肉食的经验,将鱼肉腌制,使他们有足够商品与周边部落进行原始商业活动。三峡库区的考古发现有大量的鱼骨、鱼牙和鱼鳃骨,甚至有刻画在鱼骨上的卜卦。

在三峡库区考古多年的孙智彬教授介绍:用鱼随葬的现象,在中国新石器文化中实属罕见。在大溪遗址的 210 座墓葬中,不少墓用鱼随葬,有的将鱼尾衔在嘴中,把鱼放在身上,将两条大鱼放垫在两臂之下。

巴人能成为中国最早的商业民族,除了盐、丹砂、鱼、蜜、漆等大宗商品外,还有酒、丝、帛、茶等商品。

巴人经商的影踪,早在距今 5300 年的大溪遗址中可以寻见。海螺、象牙、蚌珠等在大溪文化遗址地层中出现,就是最好的原始商业贸易活动明证。

"东西"一词早于"商人"一词出现,在商王朝鼎盛时期就有了。结合最新的三峡考古资料,华中科技大学的张良皋教授考证:甲骨文中未见到盐卤的"卤"字,但金文的"卤"字与甲骨文中的"西"字的形象几乎一样。这表明古人是用盐罐代表西方的。而"东"字为米袋形象,意为大量粮食从盛产稻米的东部载来,交换食盐。古代汉江以东广大地区都不产盐,所需食盐全由巴地供给。甲骨文始创时代橐粮东来,橐盐东去,"橐"与"东"字形影不离,方能明确指事。

巴人的先祖巫咸为"巧于制盐的工匠",因此直至现代川渝一带的"巴人"仍呼盐为咸。早在考古发现盐业生产基地前,著名学者任乃强就认为,巴地重庆巫盐发现更早:"在五千年前,约与中原的黄帝相当。"这个论断终在重庆忠县中坝遗址找到。

巫地之盐产量极大,自远古到现代都一直不曾停产过。不仅近年的考古发掘出商周时期的大规模的生产基地,而且从史册中也可找到大量证据,仅巫溪宝源山泉盐产量,《中国历代食货典·盐法》中载:北宋熙宁(1068—1077年)中,岁产盐400万斤。又据《大宁县志》载:雍正八年(1730年)产量3 512万斤(1斤=0.5千克)。

从聚族设灶煮盐,到运盐、贩盐,巴人成为中国最早的商人就是这样开始的。

随着交易商品发展,巴人还铸有一种桥形的金属铸币,其形似古代的石磬,也称为磬币,在重庆九龙坡区冬笋坝和四川广元市昭化等巴人墓中被批量发掘出来。

因为有繁荣的商业支撑,西汉时成都的城市规模就仅次于首都长安。据史载,当时长安有民80 800户,而成都就有76 256户。

有盐与丹砂这两样大宗宝物,巴人才能交换粮食和布帛。大约在西周前后的六百年间,巴人不耕而食,不织而衣,成了富庶之地。

巴人善于经商的习俗,直至峡江地区经济较为落后的唐宋时期也仍然保存。杜甫在《最能行》诗中写道:"峡中丈夫绝轻死,少在公门多在水。富豪有钱驾大舸,贫穷取给行舴子。小儿学问止论语,大儿结束随商旅……""筋力登危集市门,死生射利兼盐井"(杜甫《负薪行》),巴人善于利用舟船之利经商营生的习俗,在感人的诗篇中栩栩如生地形容出来。

三、巫盐与栈道

唐代大诗人李白叹息的巴人故地"蜀道难,难于上青天",一是感叹巴蜀道路修建艰难,二是感叹巴蜀与外界交流行路难。但是,巴蜀早在战国时代,就"栈道千里,无所不通"。而且,巴人依托的是当时古代的高速公路——长江水路。

大宁河,古称盐水、巫溪水、昌江,自宋代置大宁监后始称大宁河,是长江三峡北岸的一条支流。大宁河发源于巫溪县境内,由东、西二溪汇合为大宁河,转向南流,经巫溪城出庙峡,进入巫山境内,过水口、大昌,穿滴翠峡、巴雾峡、龙门峡后汇入长江。从源头至河口,大宁河全长202千米。

在大宁河沿岸的峭石绝壁上,遗留着古代开凿的栈道石孔,数量多,规模大。《巫溪县志》记载:"南下段从宁厂起,沿大宁河右岸南下,至巫山龙门峡口,全程旧称270里,岩壁上现存架木石孔6 800余个。"又据《巫山县志》记载:"自龙门峡起沿大宁河西岸绝壁北上,均匀排列石方孔,一般距水面20米左右……至大宁盐场共有6 888个。"

古栈道的起点就在千年盐场——大宁盐场。宁厂古镇位于巫溪县城北15千米处的大宁河支流后溪河下游,距大宁河不到 2 千米,白鹿盐井就在北岸的宝源山麓。古栈道起点第一孔就在白鹿盐井附近,第一孔的下游方向,有上下左右一大片石孔,这是分送卤水的地方,在此将卤水分送至厂区及厂外各地。起点在大宁盐场,说明古栈道与宁场运盐和引卤有关。

栈道以大宁盐场为源头,从宁厂古镇起,至后溪河口转而进大宁河后,分别沿大宁河南下、北上,分成南北两段。南、北两段明显不同,南下段由宁厂古镇至巫山县的龙门峡口,栈道石孔排列十分整齐,石孔的形状和大小也非常统一。北上段从宁厂古镇沿大宁河北上,转西溪河及主要支流东溪河而西进,至湖北竹溪县羊角洞、陕西镇平县大河乡母猪洞和小榆河一带,栈道连接山路,纵横交错,不下千里,形成了一个庞大的栈道网。

北上段两河栈道与各条山路实际上连成了网络,形成了四通八达的山地交通格局。这样,就可将宁厂古镇所产食盐以及其他日用生活所需物资运到后溪河以北、大宁河上游各地及周边各省、县销区,又可从这些地区贩运回当地所产物资。北上段的栈道主要是为贩运食盐等物资的通道。

栈道南下段则与引卤直接相关。南下段栈道孔排列的位置是在一条直线上,像是用水平仪测量过的一般,它按一定的坡度逐渐下降。宁厂镇栈道石孔起点位置的海拔高度为 237 米,末端龙门峡口石孔位置的海拔高度为 140 米,全程 80 千米,自然落差 97 米,降幅为 1.21‰。栈道石孔的间距在 1.46 米至 2.14 米之间,平均在 1.8 米左右。石孔中先纳入木楔,以木楔为基,架上管道便可输送卤水了。

过去用作输卤管道的是枧竹,枧竹一般长 8 米以上,先将竹子的内节打通,外用篾箍加固,以防竹子破裂而漏水,然后用牝牡相衔的方法,将竹子一根一根地连接密封起来,就成了输卤的枧竹管道。

这条栈道不是供人行走的交通路线,而是用作输送宁厂宝源山麓的天然盐泉。源源不断的卤水,由巫溪经过近 100 千米的行程,通畅地输送到了巫山。

秦汉时巫山称巫县,属南郡,西汉时巫县置有盐官。到了东汉初年,今巫山大昌坝和巫山县城郊等地,开始用宁厂宝源山引来的天然盐泉煎煮食盐。巫山是巫溪盐走出宁河峡谷,运往长江流域各地的必经通道,巫山虽不产卤,但地理优势不可取代,加之巫溪道路艰险,卤水自流到巫山要比从巫溪运盐出来方便、经济得多。生产者要千方百计把它运出来,所以就造出了这条栈道。把卤水从宁厂通过枧竹栈道输出来,在巫山煮制成盐,然后再运销出去。

光绪《大宁县志》引《舆地广记·图经》说"汉永平七年,尝引此泉于巫山,以铁牢盆盛之"。如此说来,这输卤的栈道在汉代时就在小三峡建成了。

第二节　三峡丹矿

"丹砂,巴(巴郡)与南越(今广东、广西一带)之红色矿石"(许慎《说文解字》)。两晋时期,巴蜀地区在道教之风盛行的背景下,"涪陵郡出名丹""梓潼郡出丹、石丹"等(《华阳国志》),巴蜀的矿产资源得以继续开发。丰富的丹矿资源促进了三峡地区商业文化的繁荣与发展。

一、巫术与丹砂

丹砂,即为硫化汞,水银之化合物。既可作装饰性颜料,又可当药物。古老的药物学《神农本草经》称丹砂为药之上品,贵比黄金,葛洪《抱朴子·仙药》曰:"仙根之上者丹砂,次则黄金,次则白银",诸巫称之为"天帝神仙不死药"。

《史记·货殖列传》中有载,巴寡妇清一家,因擅丹穴之利数世,积聚了数不清的资财。到她掌管经营家业后,更至"僮仆千人"。她曾凭借财力而保一方平安,并对国家修筑万里长城给予过资助,秦始皇十分看重她,尊其为"贞妇"。

精通巫术,早于道家炼丹的巴人祖先巫师们,是从事医疗治病、采药炼丹的始祖。以巫术著称中国历史的巴人拥有这一独特的商品,更加刺激了巴人的商业发展。

二、三峡丹矿商业文化

朱砂在当时用处非常广泛,既可用来制作朱色颜料,又可用作镇静剂,外科还可用来治疗疥癣等皮肤病。如此广阔的市场成就了三峡地区商业文化的繁荣。从先秦到南北朝时期,开发巴蜀地区资源的人物不计其数,巴寡妇清是开发古代巴蜀地区矿产资源的一个代表,从她身上我们可以管窥那个时段巴蜀地区矿产资源开发的盛况。

第三节　三峡土特产

三峡区域资源非常丰富,既有众多的江、河、溪、泉、山、矿、石等地质资源,又有原始森林、奇花异草、古树名木、珍稀动植物及大量的绿色食用植物和药用植物等生物资源,还有楚人遗址、巴人遗风、三国遗迹、革命圣地、名人故里、现代工程等文化资源,以及浓郁的土苗等少数民族风情资源,这使得三峡区域在土特产品开发方面具有良好的基础。目前,三峡区域地方风味十足的土特产品已经成为三峡旅游商品的主力军。这些土特产品涉及酒、茶叶、水果、花卉、调味品、中药材、水产品、肉制品以及其他加工食品等多个领域,以食品居多。如苞谷酒、宜昌稻花香、枝江大曲、清江银鱼、三峡苕酥、香菌木耳、远安冲菜、五峰名茶、柑橘,还有干土豆、干鱼、鲊广椒、腊味香肠、巴东豆腐干、关口葡萄、恩施莼菜、富硒茶、小村红衣米花生、宣恩火腿、神农架绞股蓝茶、灵芝草、重庆合川桃片、老四川灯影牛肉、白市驿板鸭、梁平柚、冰糖麻饼、怪味胡豆等。

一、土特产的概念

土产,指某地出产的具有地方色彩的农副业产品和手工业产品。语出《元史·世祖纪九》:"江南四省应办军需,宜量民力,勿强以土产所无。"特产,指某地特有的或特别著名的产品。广义的特产,不仅包含着农林特产,而且也将矿物产品、纺织品、工艺品等包括进去,一般而言,特产是指来源于特定区域、品质优异的农林产品或加工产品,特产可以是直接采收的原料,也可以是经过特殊工艺加工的制品,一定要有历史,最好有文化内涵。特产必须具备两个特点:一是地域性特点,这是形成特产的一个先决条件。其次是品质,无论是原料还是制品,其品质与同类产品相比,应该是特优的或有特色的。

特产的"特"字,应该包含如下四层意思:一是特殊的生态环境;二是特优的品种;三是特殊的种养方式或特殊的加工方式;四是特高的经济效益。

另外,对大部分特产而言,还具有特殊的功用价值。从上述意义出发,比较容易将特产与土产相区别,土产泛指一般的农产品,树上结的、地里长的、家里养的都可以称作土产,是一般意义上的农业初级产品,即便是加工品,也是常规的加工方式。特产根植于土产,土产中的一些精品可以上升为特产。至于"土特产"的说法,可以理解为"土产中的特产",也可以理解为"土产和特产",是一般意义上的特产。

二、地理标志产品

地理标志产品,是指产自特定地域,所具有的质量、声誉或其他特性本质上取决于该产地的自然因素和人文因素,经审核批准以地理名称进行命名的产品。地理标志产品包括:一是来自本地区的种植、养殖产品;二是原材料全部来自本地区或部分来自其他地区,并在本地区按照特定工艺生产和加工的产品。

自1999年实施地理标志产品保护制度以来,我国已对1 170个产品实施了地理标志保护。其中,国内产品1 168件,国外2件。截至2011年12月31日,中国已注册和初步审定地理标志产品有1 381个。2000年1月31日,绍兴酒成为中国第一个受到保护的地理标志产品。据统计,我国地理标志保护产品的经济效益平均提高20％以上。

中国10种农产品在欧盟成功注册地理标志保护：平谷大桃、盐城龙虾、镇江香醋、东山白芦笋、金乡大蒜、龙井茶、琯溪蜜柚、陕西苹果、蠡县麻山药和龙口粉丝。

欧盟10种农产品在中国享受地理标志保护：洛克福奶酪、阿让李子干、帕加诺奶酪、帕尔玛火腿、科多瓦橄榄油、马吉娜橄榄油、孔蒂奶酪、斯提尔顿奶酪、苏格兰农家三文鱼和农舍奶酪。

三峡区域列入地理标志保护产品名单的有来凤金丝桐油、咸丰白术、板桥党参、来凤漆筷、利川山药、窑湾蜜橘、巴东豆干、来凤凤头姜、利川莼菜、利川黄连、恩施玉露、邓村绿茶及重庆涪陵榨菜、合川桃片、酉阳青蒿、江津花椒、南川方竹笋、金佛山方竹笋、奉节脐橙、城口老腊肉等。

三、农产品地理标志

农产品地理标志，是指标示农产品来源于特定地域，产品品质和相关特征主要取决于自然生态环境和历史人文因素，并以地域名称冠名的特有农产品标志。根据《农产品地理标志管理办法》规定，农业部负责全国农产品地理标志的登记工作，农业部农产品质量安全中心负责农产品地理标志登记的审查和专家评审工作。省级人民政府农业行政主管部门负责本行政区域内农产品地理标志登记申请的受理和初审工作。农业部设立的农产品地理标志登记专家评审委员会，负责专家评审。

四、三峡区域土特产类型及代表

三峡区域属亚热带季风和季风性湿润气候，特点是冬少严寒，夏无酷暑，雾多寡照，终年湿润，降水充沛，雨热同期。因地形错综复杂，地势高低悬殊，又呈现出极其明显的气候垂直地域差异。这样使得三峡区域土特产类型多样，产品丰富。

主要包括以下几个类型。

（一）酒类

三峡区域各县市区都有本地产的白酒，并且打造了一批名酒品牌，如稻花香、枝江大曲、楚园春等。稻花香、枝江大曲、关公坊、清样、特妙等品牌先后被国家工商总局认定为"中国驰名商标"，稻花香、枝江大曲被国家商务部认定为"中华老字号"，稻花香连续十一年蝉联"中国500最具价值品牌"，品牌价值达332.66亿元。稻花香入选中国新八大名酒，稻花香集团连续四年荣登中国民营企业500强，连续五年进入"湖北企业百强"，稳居湖北白酒行业榜首。楚园春"楚派"黄酒以其"酒体醇香浑厚，入口细腻圆润，回味甘甜净爽"的风格成为华中地区黄酒的代表之作。宜昌长阳出品"冬和虫草酒"，常饮能保肺益肾、护肝养颜、扶正固本，提高机体免疫力。

(二)茶叶

川东鄂西种茶历史悠久,茶资源丰富、品质优异。陆羽《茶经》和陈宗懋等著作的《中国茶经》认为川东鄂西是茶树的起源地之一,朱自振在《中国茶经》中界定"巴蜀是茶业文化的摇篮"。

1. 邓村绿茶

邓村绿茶为地理标志保护产品,是建国后邓村乡生产的绿茶的统称,并收入《中国茶经》等名茶典籍。邓村绿茶属针形芽茶,品质优异,形美壮实,色润绿亮,栗香持久,味浓鲜爽,深受消费者喜爱。其核心产地邓村乡,在 2008 年首届中国名茶之乡评比中,获得"中国名茶之乡"称号。

2. 屈乡丝绵茶

屈乡丝绵茶为农产品地理标志产品。据史学考证,自唐至清代,秭归茶叶一直被列入贡品,元代贡茶"清口茶"、清代贡茶"丝绵茶"都产于秭归。秭归茶叶清香馥郁,滋味鲜爽,回味绵长,为绿茶之上品。南宋诗人陆游曾到秭归茶叶产区——茅坪镇兰陵溪村作过停留,写下《暮辞秭归》等不朽诗篇,并在《五律·北岩采新茶用忘怀录中法煎饮欣然忘病之未去也》盛赞秭归茶叶"携篮苔径远,落爪雪芽长。细啜襟灵爽,微吟齿颊香。"清光绪二十七年书《归州志·物产》载:"烹储碗中,经夜色不变。"

3. 五峰茶

五峰是中国名茶之乡。据《茶经》记载:"峡州山南出好茶",即指今天的五峰土家族自治县。这里气候温和,雨量充沛,光照充足,空气湿度大,昼夜温差大,具有明显的长江河谷气候特征,土壤富含锌、硒等多种对人体有益的微量元素,十分适宜茶树生长。有道是"高山云雾出好茶,低山丘陵出早茶"。产自五峰的茶叶,以其香清、汤碧、味醇、汁浓及强身健体而著称,涌现了"采花毛尖""峡州碧峰""泗洋茗茶"等一批精品名牌,"采花毛尖"被评为湖北省"十大名茶"之首、中国驰名商标,荣膺"钓鱼台国宾馆特供茶"。

4. 恩施富硒茶

恩施富硒茶以恩施玉露最为著名。产于著名的鄂西南武陵山茶区,绿林翠峰、伍家台绿针、恩施玉露、雾洞贡羽、极叶高山野茶是恩施富硒茶的佼佼者。湖北恩施硒矿储量位居世界第一,是世界硒都,土壤中富含硒元素,恩施茶为天赐的富硒茶,深受茶人喜爱,日本人尤其钟爱。恩施土家族自治州山清水秀,空气清新。所产茶叶无污染,平均含硒量 1.068×10^{-6}。长期饮用富硒茶,是人体补充有机硒的最佳途径,具有抗癌防癌、降血压、延缓衰老的功效。

5. 宜昌红茶

宜昌红茶称宜红，又称宜昌工夫茶。宜红早在公元1800年就大量出口俄、英等国，因当时出口需由宜昌集中转运，故取名"宜昌红茶"，"宜红"因此而得名。一百多年来，宜红以其条紧细、色乌润、香鲜爽、味鲜甜、叶红匀的独特风格畅销海外、享誉国际，与安徽祁红、云南滇红并称为"中国三大红茶"。

6. 鹿苑茶

鹿苑茶是黄茶中的佳品，其品质独具风格，芬芳馥郁，滋味醇厚，备受全国茶客青睐，被誉为湖北茶中之佳品，是我国茶叶百花园中的一枝奇葩，多次被评为全国名茶。鹿苑茶以产地远安县鹿苑寺而得名，已有七百余年历史。

7. 三峡黑茶

黑茶属我国六大茶类之一，是利用菌发酵的方式制成的一种后发酵茶叶。由于黑茶是以成熟的鲜叶为原料，制造过程中往往要堆积发酵较长时间，所以毛茶的色泽逐渐由绿变黑，成品茶的色泽为黑褐色，茶汤为红褐色，并形成了其茶品的独特风味，因此被人们称为"黑茶"。作为长江三峡后发酵茶的代表，与云南普洱茶、赤壁羊楼洞的青砖茶、湖南安化黑茶齐名。它采用海拔600米左右的三峡高山茶叶，经过多道工艺后发酵，风干形成秘制御饼，最后由三峡国画大师雕模压制而成，充分展示三峡旅游文化，具有生津解渴、清热解毒、健胃去脂、延年益寿等功效，"三峡黑茶"专为现代人养生所制，对酸性体质人群有平衡体内酸碱之功效，是为成功人士打造现代生活的健康饮品。

（三）水产品

鲜活水产品，分为鱼、虾、蟹、贝四大类，三峡区域特色水产品以长江肥鱼、清江鱼、鲟鱼为代表。长江肥鱼是典型的长江洄游性鱼类，俗称长江鮰鱼、江团、肥头、长吻鮠。宜昌长江三峡段是长吻鮠的主要产卵场，大自然赐给宜昌独特的自然条件，使宜昌长江三峡江段成为我国长吻鮠的原产地，长江肥鱼与刀鱼、鲥鱼、河豚并称为长江四大名鱼。宜昌长江肥鱼肉质细嫩、无肌间刺、肉滑如玉、入口即化、味淡雅甘醇；尤其所炖鱼汤，白若琼浆、润泽爽口、甘如玉液；其鳔肥厚，自古以来为食中珍品。清江鱼是泛指在湖北省宜昌市清江库区中养殖生活的各种经济鱼类的总称。具有肉质细嫩，鲜美可口，无泥腥味等特点，因而在国内享有盛名。目前加工生产的"清江豆豉鱼""清江烤鱼"等无公害食品，市场销售也较好。鲟鱼全身都是宝，鲟鱼籽酱为世界三大珍味之首。宜昌市依托湖北天峡鲟业有限公司，大力发展鲟鱼养殖及加工产业，特别是鱼皮的加工、鱼子酱的生产和生物制药等，其发展潜力和市场前景相当可观。

(四)保健食品及中草药材

保健食品指具有特定保健功能或者以补充维生素、矿物质为目的的食品,即适宜于特定人群食用,具有调节机体功能,不以治疗疾病为目的,并且对人体不产生任何急性、亚急性或者慢性危害的食品。作为食品的一个种类,保健食品具有一般食品的共性,既可以是普通食品的形态,也可以使用片剂、胶囊等特殊剂型。保健食品在欧美各国被称为"健康食品",在日本被称为"功能食品"。

药食两用的中药名单共有 87 种,这些中药既可以作为食品食用,也可以作为药品用,是进行食品或保健食品开发的重要原料。三峡区域是中药材宝库,为开发保健食品提供了丰富的资源。如一直以来,灵芝作为我国的传统保健食品广为流传。黄金菇为名贵的食用菌,又称金顶蘑、榆黄蘑,历来有"真菌之花"的美称。其味道鲜美,营养丰富,含蛋白质、维生素和矿物质等多种营养成分,其中氨基酸含量尤为丰富,且人体必需氨基酸含量高。属高营养、低热量食品,长期食用,有降低血压、降低胆固醇含量的功能,是老年人心血管疾病患者和肥胖症患者的理想保健食品。也可入药,治虚弱萎症(肌萎)和痢疾等症。

魔芋又称蒟蒻,日本人称 konnyaku,俗称魔芋、雷公枪,莨蒟,中国古代又称妖芋,自古以来魔芋就有"去肠砂"之称。魔芋用途广泛,全世界大约有 130 种,我国就有三十多种。魔芋是目前发现的、唯一能大量提供葡甘露聚糖的经济作物,其主要成分是球茎中所含的葡甘聚糖,它不仅含有人体所需的十多种氨基酸和多种微量元素,更具有低蛋白质、低脂肪高纤维、吸水性强、膨胀率高等特性,具有降血脂、降血糖、降血压、减肥、美容、保健、通便等多种疗效。中国的魔芋资源占世界魔芋总量的 70%,湖北魔芋原料的产量又占全国的 47.3%。宜昌长阳魔芋种植的历史悠久,是日本专家在中国挑选的第一个魔芋之乡。

(五)蜂产品

蜂产品按其来源和形成的不同可分为三大类:蜜蜂的采制物,如蜂蜜、蜂花粉、蜂胶等;蜜蜂的分泌物,如蜂王浆、蜂毒、蜂蜡等;蜜蜂自身生长发育各虫态的躯体,如蜜蜂幼虫、蜜蜂蛹等。

(六)水果

1. 秭归脐橙

秭归地处长江西陵峡畔,位于三峡工程坝上库首,农特产资源丰富多样,盛产柑橘、茶叶、板栗、烤烟、药材等经济作物,尤以柑橘独享盛名。其中脐橙、锦橙、夏橙、桃叶橙被誉为"峡橙四秀"。秭归培育柑橘历史悠久,早在两千多年前,伟大爱国诗人屈原就写下了《橘颂》名篇,而今秭归因盛产脐橙于 1995 年 4 月被命名为"中国脐橙之乡"。秭归脐橙品质优良,风味独特,具有皮薄色鲜、肉脆汁多、香味浓郁、酸甜可口等特点。

2. 百里洲砂梨

百里洲砂梨是宜昌市下属枝江市百里洲镇特产,其果实个大、肉脆、汁多、味甜。1997年被评为"中国十大名牌水果",是枝江市首件地理标志证明商标。百里洲砂梨含有丰富的果糖、葡萄糖、苹果酸和有机酸,并含脂肪、蛋白质、钙、磷、铁,还有维生素、胡萝卜素、烟酸等营养物质。砂梨大若拳、色若金、甘如蜜、脆如菱,另有解暑降温、生津止渴、清热解毒、润脾健胃等独特功效。产品"绿色"天然,每只单果重400克以上,素称"三峡一绝"。

3. 秭归桃叶橙

秭归桃叶橙,为地理标志保护产品及农产品地理标志产品。桃叶橙是秭归县于1956年在新滩镇(现为屈原镇)龙马溪村从甜橙实生老树中选育出的地方良种,是我国三大地方良种之一。桃叶橙树形高大、树势旺盛、树冠开张,呈自然圆头形;枝梢粗壮,有短刺;因其末梢叶片狭长似桃叶,故名"桃叶橙"。果皮光滑,橙红有光泽,皮薄易剥离;果肉橙黄、香甜、汁多,成为当地农民致富的"宝贝"。

4. 梁平柚

梁平柚果实硕大,芳香浓郁,汁多味甜,营养丰富,被称为"天然水果罐头",与广西沙田柚、福建文旦柚并称为中国三大名柚。梁平柚栽培历史悠久。据《梁山县志》记载,梁平柚系清乾隆末期,由乾隆五十七年进士,时任福建省某县知县的梁山人刁思卓引进,植于梁平县梁山镇内。由于特有的自然条件,优变而成现在的品种。

5. 关口葡萄

关口葡萄,为农产品地理标志产品。恩施建始县特产,仅在花坪镇关口乡村坊村(小地名关口,位于景阳关附近)生长,故名。关口葡萄品质绝伦、肌容高贵,可与新疆吐鲁番葡萄媲美,堪称一绝。属白玫瑰变种,种植历史近百年,原始种源漂洋过海,颇富传奇。清朝末年,比利时的一位传教士来到景阳关传教,将他不远万里携来的葡萄苗送给了当地一刘姓人家。如今,在关口附近的村坊、长槽等地,葡萄种植已成为当地的一大支柱产业。特别是近年来,当地政府引导农民合理进行产业结构调整,科学、规范地耕种,村民们种植葡萄的热情日益高涨,从山头到山脚,从村里到村外,成块连片,形成了千亩葡萄生态长廊景观,葡萄种植也成了当地农民发家致富的主打产业。

(七)粮食油料

瓦仓大米

瓦仓大米,为农产品地理标志产品。是宜昌远安县传统特色产品,产于自然生态环境良好的地域,品质优良独特,含胶质多,胶稠度达 80 毫米以上,有丰富的直链淀粉和植物蛋白质。

(八)瓜果蔬菜

1. 五峰香葱

五峰香葱,为地理标志证明商标。以五峰香葱为原料生产的脱水冻干香葱调味品,色泽天然、香味纯正,深受消费者喜爱,产品不仅在国内众多大型超市销售,还远销欧盟市场。小香葱原产于德国,属百合科属两年生或多年生的宿根植物。我国于 1996 年引进,产品主要出口到东南亚和西方一些国家,是一个经济效益非常高的特菜品种,发展前景广阔。

2. 涪陵榨菜

涪陵榨菜,因产于重庆涪陵而得名。在涪陵满山遍野可见一种奇特的绿色或紫红色叶的蔬菜,当地人称之为"包包菜""疙瘩菜"或"青菜头"。因为它的茎部有膨大凸起的乳状组织,显得奇形怪状。有的像圆球,有的像羊角,有的更像是小胖儿童的脸,平滑光亮特别可爱。用青菜头作原料,配以辣椒和辅助香料等,经过特殊的加工工艺,所生产的涪陵榨菜具有脆、嫩、鲜、香的独特风味。

3. 昭君眉豆

昭君眉豆是昭君故里兴山县海拔 1 000 米以上高山特有的菜豆,因成熟时颜色鲜艳,白里透红,豆荚似弯弯的眉毛,故名昭君眉豆。是宜昌市蔬菜类第一个中国农产品地理标志保护产品。昭君眉豆产量极低,但因为好吃、营养价值高,被高山农民世代种植。

(九)加工食品

1. 巴东五香豆腐干

巴东五香豆腐干起源于清代后期,距今已有一百多年的历史。其生产工艺十分讲究,泡料、磨浆、下膏、包扎、成形、浓缩、上色等各道工序都独辟蹊径,卤制出来的豆腐干颜色深黄,质细坚韧,五味俱全,食之回味无穷,是长江三峡地区享有盛名的旅游食品之一。19 世纪中叶,巴东县城信陵镇已成为上四川、下湖广的水陆通道,故开办了四五家豆腐干作坊,尤以顾家质量为最优,顾家名声大噪,被誉为五香豆腐王,其销路大畅,顾家后代继承祖传工艺,并不断总结、改进、提高,使其质量越来越好,故经久不衰。人们不仅以食顾家五香豆腐干为快,而且常作为礼品馈赠亲友。

2. 三峡苕酥

相传嘉靖年间,章太后来三峡夷陵郡游玩,见当地盛产红苕,突发奇想,命夷陵、长阳、长乐（现五峰）所有食品作坊的师傅，三日之内做出一种"吃苕不见苕"的糕点，否则，不允许进餐。有一位土家师傅詹多，其妻见丈夫三日未归，便带自家煮熟的红苕，偷偷送来给丈夫充饥。夫妻俩相互推让，不小心弄破了红苕皮，掉入糍浆中，詹多灵机一动，悟出了配方，众师傅齐心合力，采用红苕、糯米、鸡蛋为原料，做出了有苕不见苕的糕点。太后尝后，赞不绝口。命记入宫中食谱，并命名为三峡苕丝糖。后来詹多将此配方传于三峡民间，流传至今。

3. 合川桃片

1895年，重庆合川一家糕点作坊小店，用特殊的配方制作出了一种神奇的桃片，这种桃片很快征服了所有合川人，并传播至全国。外地人把这种晶莹剔透、卷裹不断、香甜且补脑、健脾、润肺、利尿的神奇桃片赞称为"合川桃片"。合川桃片已开发研制出9个系列，32种规格的桃片专品，三次获得国家级名牌产品称号，被四川航空公司指定为专用航空食品。

4. 重庆怪味胡豆

重庆怪味胡豆风味独特，集麻、辣、甜、咸、鲜、酥为一体，堪称一绝。

(十) 轻工产品

相传嫘祖出生在远安县苟家垭雷家冲。"垭丝"因盛产于山清水秀的嫘祖故里而得名。"垭丝"因其色泽褶耀、柔软纯洁、条分好、拉力强而闻名。据明弘治九年刻本《夷陵洲志》载，早在公元1496年，远安的垭丝就已为皇家贡品，更有悠久的出口历史。"垭丝"服饰秉承悠久的历史传统，优选远安特产"垭丝"为原料，采用科学的工艺精工制作而成，其质地细腻、柔软滑爽、舒适透气。因其富含十八种氨基酸，长期穿着具有保健护肤的作用，深受人们的喜爱，更是馈赠之佳品。

(十一) 禽畜蛋

1. 白市驿板鸭

白市驿板鸭因产于巴县白市驿镇而得名，是具有悠久历史的地方名特食品，始于19世纪70年代，经过百年积淀，在传统的配方、加工工艺基础上，融入现代科技，开发出"白市驿板鸭"系列产品。产品选用天然优质放养鸭，用多种天然香料制成独特配方，经腌渍、烘烤等二十八道工序，精心制作而成，腊香可口，余味无穷，系高蛋白、低脂肪、饮酒佐餐之佳品。曾荣获中国商业部优质产品奖，"白市驿"商标被评为重庆市首批著名商标。

2. 宜昌白山羊

宜昌白山羊为地理标志证明商标、农产品地理标志产品。宜昌白山羊又名粉角羊、铁角羊、有角山羊，主要产于宜昌市各县市，是湖北省入选国家畜禽遗传资源保护名录的唯一山羊品种。宜昌白山羊享誉千年,驰名中外,畅销东南亚,入选《中国羊品种志》,堪称中国山羊中的"贵族"。宜昌白山羊全身都是宝:羊肉味美,蛋白质含量丰富,脂肪和胆固醇含量低,是人类重要的肉食品之一;羊奶的脂肪含量比牛奶低,容易消化吸收;羊皮是高档皮制品的重要原料。

3. 灯影牛肉

灯影牛肉是四川风味食品,已有一百多年的历史。因肉片薄而宽,可以透过灯影,有民间皮影戏之效果而得名。灯影牛肉薄如纸,色红亮,麻辣鲜香,深受人们喜爱。

4. 梁平张鸭子

梁平张鸭子以其祖传独特配方和精湛工艺在重庆的梁平县已有百年的生产历史,一直盛誉不衰,已由过去的传统作坊式生产,发展到现在的固定资产逾千万元,年加工能力逾百万只的生产经营规模。梁平张鸭子风味独特,色泽鲜美,味香不腻。

第十一章 三峡民间信仰习俗

民间信仰是指民众自发地对具有超自然力的精神体的信奉与崇拜,它是一个笼统的概念,是一种特殊的文化现象,它以传统历史文化为背景,并深深根植于民间。自古以来,三峡地段江水滔滔,山峰险峻,岩石奇形怪状,雾霭飘忽迷离,充满了神秘之感。三峡先民由于处在生产力极其低下的阶段,思维朦胧,认识简单,对这些奇幻景观无法理解,只能用莫可名状的感受予以抒怀。于是,三峡民间产生了各种信仰习俗。本章介绍的三峡民间信仰习俗主要有以天地日月等自然现象为代表的泛神崇拜,以虎、凤为代表的图腾崇拜、祖先崇拜、巫神崇拜等,这些民间信仰习俗极大地丰富了三峡民俗文化的内涵,成为三峡文化沃土中盛开的一朵朵奇葩。

第一节 汉族的民间信仰习俗

信仰是人类普遍存在的社会心理现象,它以对未知领域的敬畏为基础,是对某一崇拜物所产生的价值信念。民间信仰属于精神民俗范畴,是一种十分复杂的民俗现象。而民间祭祀活动,是展示信仰风俗的主要载体,是民俗文化的根基所在,也是探视普通民众的精神世界和民俗心理的重要窗口。因为三峡地区特殊的自然地理环境和人文环境,三峡地区民众并不完全信仰某个宗教,而是"见庙就烧香,逢神就磕头";同时,在十分普遍而复杂的三峡地区民间祭祀活动中,祭祀的宗教成分逐渐淡薄,传统信仰与各种宗教信仰及鬼神信仰融合在一起,构筑了一个十分庞杂的俗众信仰体系。

日月星辰、风雨雷电、山川大地、草木鸟兽、生老病死等自然现象,三峡先民感到熟悉而又陌生,认为必有鬼神主宰。大自然虽然赋予三峡人丰富的资源,但更多的却是困难与艰辛。当奋斗无法摆脱困境时,三峡先民只能借助神灵来暂时缓解困苦。虽然带有迷信色彩,却成为三峡人精神文化中不可或缺的一部分。

祭祀是民间信仰的表现方式之一,它是民众向民间神祇祈求福佑或驱避灾祸的一种行为惯例和相应的礼仪制度。从祭祀对象上看，三峡地区民间祭祀大致可分为两种类型。

一、祭祖

祭祖源于祖先崇拜，是原始崇拜的一种。随着历史发展，祖先崇拜与儒家倡导的孝道伦理结合，丰富了祭祖的内容和意义，对民族心理产生了重大影响。祭祖是三峡地区民间最重要、最普遍的祭祀活动，"元旦省墓，清明挂扫，中元荐新，冬至祭祖，必诚必敬，此至足以起人孝思者"。在农村，家家户户都在堂屋正对大门的墙壁正中间贴一张大大的中堂，中间竖写一行大字"天地君亲师位"，两边则是用小字体书写的"某氏堂上宗祖，九天东厨司命"，供桌上摆祭品、香炉和油灯。遇上大事及重要节日，都要在家里给祖先上香、点灯、供祭品、烧纸钱。特别是在过年期间，祭祖最为频繁。吃年饭时，当家人对祖先牌位行祭拜礼之后才能开席，正月初一吃水饺也要先端给祖先，摆在中堂前的神柜上。上坟也是祭祖的主要活动，清明节和过春节时上坟祭祖最为隆重。清明时节，每家都上坟祭祖，剪纸挂坟顶，插竹飘于冢，名曰"挂青"；同时培土扫墓，防止坟丘被雨水冲坏，让其保持一定的高度，民间认为祖坟的坟茔高大昭示着后代兴旺。民间就有"坟管人，门管财"的说法。没人祭扫的坟墓是很凄凉的，正如唐代诗人王建《寒食行》中所写："但春垄上无新土，此中白骨应无主。"七月十五中元节三峡地区各地祭祀祖先，"祀祖祢，烧纸钱、包袱，故鬼、新鬼咸具""各家洁舍宇，祭祖先，以纸封楮钱，以贴红签，分书祖宗姓名，供奉中堂，曰'供包袱'，设盛宴以享纸之。"到腊月底，三峡地区农村家家户户都要上坟祭祖，烧纸钱，点香烛，还要放鞭炮。忠县石宝一带的村民，祭坟时还在坟头上压放一张火纸，据说是留给祖先"赴宴"时做擦嘴纸巾用的。还有人祭坟后作背人状，虔诚地"请"祖先回家过年。人们还在道场（院坝）边或路口用草木灰画圈烧纸祭祖，或用白纸剪成衣服状焚烧，为亡亲和孤魂"送衣"御寒过冬。有些地方，长辈去世三年内，年节每餐都在上席空位摆上碗筷、酒杯给祖辈，由家长说一句请祖先回家过年之类的话，然后才开席。祭祖的意义在于让人不忘本，永远牢记和秉承祖先的功德，还在于激励后人奋进，以喜人的功绩回报祖先的养育之恩和殷切期望。

古代楚人也视日神和火神为其祖先。《白虎通·无行篇》中记载："炎帝也，太阳也。"太阳是炎帝的化身，天上有日，地上有火，太阳和火寓意光明和温暖，是人类赖以生存的基础，楚人逐渐形成拜日、崇火习俗，由此可见，对太阳和火的崇拜实际上就是楚国先民虔诚的祖先崇拜。在崇火、拜日的同时，楚先民还是尊凤的民族，《说文》："凤，神鸟也。"楚人视凤为祝融的化身，并将凤作为楚民族的象征而崇拜，以其为图腾，至今，湖北人仍以"九头鸟"（即火凤凰）作为湖北电视台的台徽，民间素有"天上九头鸟，地上湖北佬"的说法。

二、祭神

祭神即神祇崇拜,是原始的自然崇拜、灵魂崇拜、图腾崇拜的进一步发展。三峡地区民间祭神活动十分普遍,而且很庞杂。大体可分为天、地、人三类。

(一)天上神祇

在三峡地区,民间至今仍然留存有日月崇拜的遗迹,虽然没有典型的祭祀活动,但在农村太阳被称为"爷",晒太阳叫"晒爷",可见村民对太阳的敬畏。民间祭祀天神主要集中在对喜神、财神和灶神的祭祀上。大年初一的凌晨时分,家家户户都按照历书所载方位和时辰,在门前,对着某一方位摆好香案,供上瓜果、酒馔、汤圆等,烧香叩拜,大放鞭炮,隆重迎接喜神和财神。往往在这个时候村民会比拼放鞭炮。天大亮以后,人们在村里转悠,看哪一家门前落下的炮皮厚,炮皮厚说明放的鞭炮多,意味着日子好过、前景光明。有的村民还在中堂旁边贴有印制的喜神、财神画像,在平时祭祀时一并祭拜。祭祀灶神是原始的火崇拜发展起来的一种神祇崇拜。三峡地区民间把灶神称作灶火爷。对灶神的祭祀有较为固定的程式,一般是腊月二十三日"'送灶',谓灶君登天也;'除夕''接灶'谓返自天也"。民间传说灶神是由天帝派往各家的监察大员,负责监视一家大小善恶功过,定期上报天庭。

门神是家庭守护神,也受到三峡地区民众的普遍敬祀。一般在年三十早晨贴对联时一并贴门神像,晚上还在大门两边插上香,到正月初三"祀门神,焚楮锭于大门外,曰'烧门神纸'"。这是家家户户都要做的事。门神画像大多是披甲执兵、状貌威严的武士,承担的是驱鬼辟邪的职能。随着社会的发展和意识形态的变化,门神驱鬼辟邪的色彩逐渐减弱,祝福喜庆的含义逐渐增加,出现了福、禄、寿等喜庆形象,体现了民间信仰习俗由"迷信"向"俗信"的转化。

(二)地上神祇

地上神祇阵容浩大,因为地上之物几乎均有"神",但三峡地区民间祭祀的地上神祇主要集中在土地庙、娘娘庙、城隍庙和一些宗教性质的庙宇。在三峡地区,村村有土地庙,民众认为土地神是神系中最基层的小神,或在巨石之旁,或在崖边地头,在一些不显眼的地方搭建简陋的石房木屋,在初一、十五祭祀,焚香烧纸供祭品,燃放鞭炮,还常有"还愿"的信众为土地庙挂上红布,十分醒目,以示感谢在土地神的保佑下风调雨顺,家畜兴旺。娘娘庙也几乎村村都有,一般也在每月的初一、十五祭祀,有的是为了祈求神灵保佑子女健康平安,有的是为求神赐子,更多的则是为了表达对神灵的敬意。所以,每到大年初一的清晨,家庭主妇都要带上年幼的儿孙,到本村或者当地影响较大的娘娘庙祭拜,这已成为村民春节生活不可缺的内容。平日里,有的老年人也会在儿孙生病时到娘娘庙求神去病。

(三)人鬼神祇

随着灵魂崇拜的发展,有大量的人物死后被作为神祇崇拜。大部分的人鬼神祇,是以其在人间的本来人格转化为神格,如鲁班之为木匠神,孙思邈之为药王神,还有关公、岳飞等都成为全民的崇拜神。"五月十三日祀关帝。""三月二十八日,俗有'药王会',医家皆祀。"可是,按照中国人的传统思维,成了神就能一灵百灵,不管你生前如何,村民要求雨、求子、辟邪、攘灾、保佑等,都希望灵验,成为千神一面。人鬼神祇中还有一类是地方性的,即原本是当地的一位很有影响的人物,或因乐善好施,或因才能特异,或因德高望重,这种人死后被当地村民敬奉为神祇,如李冰、屈原、诸葛亮因受到三峡地区民众尊崇而普遍祭祀。

(四)自然崇拜

(1)山石崇拜。三峡地区绝大多数为低山和中高山,尤其是川鄂交界(现为重庆与湖北交界)一带群峰插云,可望而不可即,常被巫师渲染为上下于天的通道,特别是那些异态的山石,如神女峰、黄牛岩、灯影石以及蛤蟆石等,被先民们幻想成某个神灵的化身,而加以崇拜。

(2)河水崇拜。长江三峡传说有九滩十八峡七十二槽口,水流湍急汹涌,航道曲折回环,尤其是暗礁险滩,传说中"青滩泄滩不算滩,崆岭才是鬼门关""走遍天下路,难过乌江渡"。船只过峡大有"船从天上落,惊定贺重生"的感觉,在当时情况下人们只好将自己的安危寄托于神灵,认为河有河神,水有水神,对他们崇拜有加,焚香化纸,顶礼膜拜。船民们为了水上安全,每当开船之前,都虔诚地祭祀水神、龙王,乞求他们保佑平安。在每年六月初六"龙晒衣日",要举行"王爷会"来祭祀镇江王。"王爷会"由和尚主持,祭坛设在镇江寺,船民都要参加。如果船行外地,在这天人们也要就地准备鸡、肉、鱼"三牲"祭祀镇江王。船民认为要是得罪了镇江王,就会有覆船之祸。除镇江寺外,在三峡沿线、清江河畔,还建有各种庙宇和宝塔,常年香火不断,如张飞庙。该庙坐落在云阳县城对面的飞凤山麓,"汉末建,元顺帝敕建,清朝重建"。民间相传阴历八月二十八是张飞的生日。是日,各地前来瞻仰、祭祀的人群络绎不绝。川江行船多险,古代船家为了乞求一路顺风,集资在庙的东面修建了一座五角亭,取名为助风阁。

第二节 土家族的民间信仰习俗

历史上,土家族处于生产力极其低下的环境中,在灵魂不灭的观念支配下,对自然界和社会生活中的万事万物,都曾视为有神灵主宰(即"泛神"现象)。

第十一章 三峡民间信仰习俗

土家族先民经过了"万物有灵"、图腾崇拜和多神崇拜的漫长历史阶段,这个时期的原始宗教极为普遍。土家族从原始宗教信仰逐步演变为多神崇拜,其中包括鬼魂崇拜、祖先崇拜、自然崇拜等,形成了自身的宗教观念和宗教活动。

一、图腾崇拜

图腾崇拜是原始社会最早的宗教信仰。鄂西、重庆、川东及陕南一带,崇山峻岭,沟壑纵横,山林茂密,荆棘丛生,并且气候温和,雨量充沛,适合万物生长。《山海经·中山经》(第五)记载,以荆山为首的鄂西众多山脉,其野兽多虎豹。巴人生活在这样的环境中,农耕生产极不可能,唯一的生存手段就是狩猎和采集了。虎形体高大、威武,行动迅捷,一声怒吼,山林震撼,令人敬畏,巴人要想生存下去,只有借助虎的神威,于是崇虎的心态逐渐树立,巴人世代崇拜虎,以虎作为自己的保护神,最终形成崇拜虎的信仰意识。

最初巴人在特殊的生存环境中形成泛化自然神的原始宗教,并形成一定的崇拜仪式。随着崇虎意识的增强,氏族首领又兼宗教巫神,他们往往以己为虎的化身,以此来提高自己的威望和影响。《后汉书·南蛮西南夷传》记载:"廪君死,魂魄世为白虎。"这段文字虽不乏荒诞,却记载了有关巴人崇虎风尚的产生过程。在巴人未形成氏族集团之前,原始巴人"未有君长,俱事鬼神",其宗教信仰是自然崇拜,即万物皆是神。廪君是巴人的始祖,他死后,魂魄化为白虎,于是,祭祀廪君就成了祭祀白虎,世代相袭,白虎也就成了巴人的崇拜信仰。土家族每家的神龛上常年供奉一只木雕的白虎。结婚时铺虎毯,跳丧时唱"三唱白虎当堂坐,当堂坐的是家神"类祭祀歌。除了进行宗教式的虔诚敬祭,土家人的生活中也随处可见白虎的影子。古代土家族先民作战时所持的(錞)钅于、戈、剑上面,都铸镂有虎头形或镂刻有虎形花纹。如今小孩穿虎头鞋、戴虎头帽,盖"猫脚"花衾被;门顶雕白虎、门环铸虎头。其意用虎的雄健来驱恶镇邪,希冀得到平安幸福。

信仰崇拜具体表现在祭祀的仪式中。《归州志·风俗》中记载:"巴人好踏啼,歌白虎……故人号巴歌曰踏啼。"这种踏啼,以集体歌舞的方式来进行,边歌边舞。歌唱的内容围绕白虎,而舞蹈的动作也是模仿虎的动作。巴山舞的来源与这种仪式的表演就有联系。

大巴山、巫山一带的巴人,以蛇为图腾,这支巴人在早期可能最强大,巴人就是以他们的图腾命名的。

长江三峡奉节一带的巴人,以鱼凫(鱼鹰)为图腾,称为鱼凫巴人。

二、多神信仰

土家族的先民从"万物有灵"的图腾信仰,逐渐演变为多神崇拜。在多神崇的内涵中,既有土家族的内容,也有汉族的内容和苗族、侗族等少数民族的内容,对古物、古树、古井等的崇拜比比皆是,为"万物有灵"信仰的传承。

　　土家地区信奉的自然神有梅山神、猎神张五郎、阿密麻妈、傩神、太阳神、月亮神、火塘神、火烟神、火畲婆神、土地神、井水神、麻阳神、四官神、五谷神、舍巴神、毛娘神、灶神、门神、财神、山神、水神、风神、雷神、树神、蛇神、龙神、鹰神、瘟神、茶神、田神、牛神、高坡煞、婆送嘎(烟婆婆)等。土家祖先巴人祭祀田神以祈求丰年,祭典非常隆重,故宋代《太平寰宇记》说:"巴之俗,皆重田神。春到刻木虔祈,冬即用牲解赛,邪巫击鼓以为淫祀,男女皆唱竹枝歌。"以上神祇按内容分为人神、动物神、植物神、山神、水神、火神、风神等。按性质分为两大类:一是人们爱戴的尊神,二是人们畏惧的邪神。由于各民族文化交流的影响,有些原是汉族和其他民族的神祇,传入土家地区后,为土家人所信奉,并成为各民族共有的文化现象;有些则是土家族固有的,如梅山神、巴山婆婆、毛娘神等。

　　(1)猎神。土家先民以善射猎著称于史,系渔猎、食膻、信鬼巫之族。其秋冬出猎,称为"赶仗"。猎前事后均要祭祀"猎神"。多数土家人尊梅山为猎神。传说她是一位美丽勇敢而又善射猎的姑娘。梅山神位设置在堂屋内(意念神位)或室外(在僻静处砌石屋),祭祀时间多在出猎前一天晚上的夜深人静时刻。祭祀时必须衣冠整洁,而且不得出语粗俗,以免惹恼了这位猎神姑娘。人们祭猎神,目的是祈求她保佑猎人平安,保佑捕获到丰足的猎物。在长阳、五峰、鹤峰等县,人们敬奉的猎神叫张五郎。酉阳、黔江、秀山等地以山神为猎神。

　　(2)土地神。土家族地区有众多的土地庙,里面供奉着土家的土地神。土地神主管家禽家畜、虫害兽害等。土家人在每年农历二月初二,为土地神生日烧香烧纸、虔诚奉祭,祈求土地神赐予丰收、安泰。

　　(3)生育神。土家妇女生下孩子后,便剪一个打伞的菩萨——巴山婆婆,贴在碗柜或火坑屋的板壁上,产妇每日吃饭时,都得敬她。婴儿到三四个月后,逢年过节和每月初一、十五两日也得祭祀,祈求巴山婆婆保佑孩子健康。到孩子十二岁时人们把贴着的菩萨像撕下烧掉,祭祀并送归神位。此外,土家人还敬奉管五谷丰收的五谷神,管六畜兴旺的四官神等。

　　(4)猪神。三峡地区是农耕社会,养猪是男耕女织的农业家庭的主要副业,对一家的经济状况有重大影响,猪肉解决吃肉问题,猪粪解决农田的肥料问题,同时卖猪还可以解决一家日常开支问题,因此,都非常重视养猪。为了使猪平安长大、长肥,便幻化出了猪神菩萨,对其顶礼膜拜,崇拜有加,以便求得庇佑。

　　土家族认为山区农事的各方面均有神祇支配。许多地方有土地庙存在。各种土地神分管土地上的各种事物:"山神土地"管坡上的五谷,"家神土地"管家禽、家畜等,"梅山土地"管打猎和不让野兽进屋为害。二月初二是土地神生日,有的农户杀鸡,用酒肉、香烛、纸钱祭祀。冉姓土家人不在家里烧饭,带炊具、食物等去土地庙举炊奉祀,其他姓氏则可在家先祭祀再集餐。另外,部分村寨五月十五要敬五谷神,将犁、耙、锄等农具放在堂屋大门口中间,焚香、奉酒肉对其礼拜。有的到田间敬田神,有的到山上敬山神,以祈祷丰收,免遭饥苦。有的土家人以为"青苗神"是管庄稼好坏的,于六月初六尝新时,必须用新熟的苞谷、新鲜辣椒、米酒去酬劳。

三、祖先信仰

祖先崇拜是原始社会的一种宗教信仰,产生于氏族公社时期。祖先崇拜是土家宗教信仰最有特色的遗风之一。土家人认为,历代祖先是最亲近的人,他们去世后化为子孙的保护神拔普帕帕(祖先神),逢年过节或者重要集会必须敬之。土家人的祖先崇拜,包括对远祖廪君的崇拜、对土王的崇拜、对家族祖先的崇拜。

(一)廪君崇拜

清江流域及附近地区设有许多寺庙,其中大多是向王庙、相王庙、向王天子庙,里面供奉着廪君神像。船夫因为廪君开拓清江有功而怀念他、祭祀他,求他保佑。《后汉书·南蛮西南夷列传》载:"廪君死,魂魄化为白虎,巴氏以虎饮人血,遂以人祀焉。"明确说明了白虎巴人用人为祭的习俗。巴族的另一大支——龙蛇巴人也不例外,照样施行人祭。近年出土的一把战国铜壶上铸有一幅以人祀蛇的图像:图中蛇图腾被安置于祭台上,人牲跪于台前,不远处又有一台,台上站一武士,正张弓搭箭对准人牲,准备射杀人牲,用以祭祀蛇图腾。

(二)土王崇拜

土司制度在土家地区有较长的历史,土司统治时期,土王是土家地区生活的主宰,土司对土民具有生杀予夺的权利。人们认为,即使土王死亡,其灵魂照样会管民间的一切,因此便祈求土王灵魂保佑太平。土家村寨建立土王庙(又叫土王祠或摆手堂),如清《乾隆永顺县志》载:"土王祠,阖县皆有,以祭历代土司,俗称土王庙。每岁正旦后、元宵前,土司后裔或土民鸣锣击鼓,舞蹈长歌,名曰摆手。"每次过年之后,土家后裔鸣锣击鼓,举行隆重的集体祭祀和歌舞娱乐活动。在摆手舞开始之前要祭祖先、祭土王,摆手人员要先绕土王祠一周,举行祭祀仪式。也有一些土王在世时施政有方,使土家地区繁荣兴盛一时。人们为了缅怀他们而立庙祭祀。

(三)家族祖先崇拜

土家族祭家先神是清代"改土归流"后随着封建地主经济发展而产生的祖先崇拜的主要形式,是将历代去世的本家祖宗奉为神灵,并在各家堂屋专设祖先牌位(俗称家先神龛),供奉自己的祖先。神龛上置有香炉,以供香火。神龛上方横写"祖德流芳",中间竖写着祭祀牌位:"天地君亲师位"(往后又写"天地国亲师位"),

左侧是"九天司命太乙府君",右侧写上"××堂上历代祖先"。逢年过节,家中长者必在神堂上点灯烧纸,并用酒肉饭菜等祭品祭祖。土家族祭家先神的习俗保留至今。

氏族祖先神最著名的是八部大王。传说八部大王是土家八个部落酋长,他们为开拓湘西建有功业,故为土家子孙所祭,并在保靖县首八峒、永顺县老司城、龙山县马蹄寨等地曾建八部大王庙。明代《永顺宣慰司志》载:"古设庙以祀八部大神。每年正月初一日,巫祀试白水牛,以祀一年休祥。"保存至今的首八峒碑文为:"首八峒,历汉、晋、六朝、唐、五代、宋、元、明……故讳八部者,盖以威镇八峒,一峒为一部落。"每年正月初,土家人杀羊祭祀。祀后在八部大王庙前举行盛大祭礼和摆手歌舞活动,以猪牛羊狗血祭八部大王。其次,桑植县、永定区、慈利县、石门县等地供奉大二三神。《同治鹤峰州志》记载:大二三神为"田氏之家神"。民间传说大二三神是田姓氏族中三个顶天立地的英雄,后人按照他们的相貌用樟木雕塑红、黑、白三种脸谱的神像,立于庙内,世代供奉、敬香。再次,桑植县、永定区、武陵源区和慈利县等地至今保留了祭祀土家向王天子的习俗,天子山风景区及老木峪、龙尾巴建有五座向王天子庙,供奉向王天子夫妇神像。土家地区各大姓氏都将自己的氏族祖先作为尊神加以信仰,只不过名气有大小不同。名气大的氏族祖先有其传说和遗迹,名气小的其事迹消失。

四、鬼神巫术信仰

世代相守在鄂西南山寨的土家人始终坚持着自己的信仰。他们的民族图腾崇拜的是"虎",他们的历史文化信仰是"巫"。原始巫术是土家族初始文化的朦胧状态。它所走过的行程,几乎是与土家族的历史一样久远。

从我国众多的古籍考证,巫术的起源可追溯到廪君之先。据《山海经·海内经》载:"西南有大国,大昊生咸鸟,咸鸟生乘厘,乘厘生厚照,后照始为巴人。"因为土家族的老祖先、务相廪君则是巴人的子孙。据《世本》记载:"廪君之先,故出巫诞也。"由此得知,巴氏子、务相廪君,原是一个名叫"延"的巫师的后代。又据《说文·巫条》解释:"巫,祝也,能齐肃神明者,在男曰觋,在女曰巫。"这又使人们进一步知道,廪君不但是巫师的后代,而且还是一个母系部落女巫师的后代。秦汉三国时期,巴蜀地区仍盛行占卜。西汉晚期的著名学者严君平,便常卜筮于市,以此为生。当时流行的形式有:①龟卜。《异物志》说:涪陵多大龟,其甲可以卜,这是以龟壳占卜。当时还流行以活龟占卜,称其为"灵龟",以朐忍县盛产。土著选择城址、寨址、房址时,常用"灵龟"卜。②占书。纸签上书写占语,通过一定仪式后抽签卜凶吉,至迟在西汉末年已流行于蜀中。公孙述的最后一战,便因抽签得"虏死城下"语而出战,结果自己死于城下。灵叉,以一种大龟壳边缘做成的发钗,俗称"灵钗"。当时涪陵一带妇女多用此压发辟邪。土家人继承了巴人"重巫信鬼"的宗教习俗,其巫教文化也相对发达。宋代,土家地区多"喜巫鬼、多淫祀"。明清时代,这种巫术色彩更为浓厚,"巫之类不一,还愿皆名跳神,有破石、打胎、捞油锅、上刀竿、降童子等术,其徒自谓能治病、辨盗、驱鬼、禁怪,故惑之者众。""有忿争不白者,亦异神出,披黄纸钱,各立誓词,事白乃也。"(同治《来凤县志》)土家族许多民俗都打上了巫术的烙印。

三峡地区的巫山、巫溪一带是巫文化的重要发祥地。清光绪《巫山县志》中"沿革志"和"山川志"记载;"唐尧时,巫山以巫咸得名……巫咸以鸿术为帝尧医师,生为上公,死为贵神,封于是山,因以为名。""巫山……一名巫咸山。"此外,《巫溪县志》在考证巫溪县得名来历时,也得出巫溪是巫文化发源地的结论。

土家人旧时信仰鬼神。一般来说,他们以为神会保佑平安,鬼是带来灾祸的,因而他们对待鬼神的态度也不一样,对神敬祭,对鬼则用巫术驱赶、捉杀。从事祭神驱鬼巫术的人常是土老司,土家语称他叫"梯玛"。土家语"梯玛"意为敬神的人。梯玛是摆手舞的掌堂师,用土家语言唱"梯玛古歌",故被称为"歌师傅"。梯玛是不脱离劳动的职业宗教者,与土家人的日常生活有密切关系,很受人尊重,群众称之为人与神的沟通者、人神合一的统一体。"改土归流"前,梯玛权力较大,是基层政权和神权的操作者,他不仅主持民间宗教仪式,而且还管理土家村寨的婚丧、求儿女、治病、许愿、还愿、占卜、解结、赶鬼、赶白虎、解纠纷、娱乐等社会活动。"改土归流"后,其职能大大减少,活动范围仅限于替人赶鬼治病、求福消灾的祭祀活动。土家男女需经梯玛许可方能订婚。举行葬礼时,由梯玛"念经"。祭吊死者时,由梯玛椎牛祭神。梯玛没有正式经书,其唱词全凭记忆(有的保留手抄本),从其全部的宗教祭仪表演可以看出梯玛精通土家历史文化和风俗,不仅掌握土家族的史诗、典故,还能表演土家族各种舞蹈,包括摆手舞、铜铃舞等,故梯玛是土家文化传承人,为继承土家族传统文化作出了巨大贡献。

在古代文献中,常称三峡一带"信巫鬼,重人祠""夷事道,蛮事鬼""蛮蛋与巴人事鬼",直到明清,三峡地区的巫鬼信仰仍十分浓厚,人们在日常生活中仍离不开巫师鬼神的作用。如巴东县"俗尚祈祷淫祀,每病则请巫至家",宜都"信鬼尚巫",郧县"信鬼不信药",归州"事鬼纷纷相闻,浸以成俗",永顺"尚巫信鬼"。凡祭祀活动统称祭鬼,摆手堂称"鬼堂"。

第十二章

三峡岁时节日习俗

三峡的地域特征,赋予了三峡文化的多样性并由此而衍生出风情浓郁的岁时节令习俗。土家族、汉族都有自己的传统节日,受地缘文化关系的影响,许多传统的民间节日习俗逐渐融合变异。本章主要介绍三峡区域汉族及土家族诸如过春节、女儿会、端午节、月半节等重要岁时节日习俗,虽然不同民族岁时节日信仰、心理因素有别,但表现形式却大致趋同,且同中有异、五彩缤纷。

第一节 岁时节日习俗的由来和特点

从大的范围划分,三峡人的岁时节令大致有立春、清明、立夏、立秋、立冬、冬至等中国二十四节气,有春节、元宵、端午、七夕、中秋、重阳、腊八节、除夕等传统节日。因为地域的差异,在三峡区域内,对这些节日的"过法",也存在差异。有的节日在某些地区显得特别有规模,过得特别隆重,如宜昌城区、秭归的"过端阳",比"过年"时千家万户关门团聚更有声势,更能体现一种民众集体性参与精神。而宜昌东部平原水乡与西部山区在"过年"时显现的喜庆方式、规模又存在明显的差异。但这些差异并未形成三峡岁时节令习俗的冲突,反而还增添了不同的情趣,丰富了三峡人民的岁时节令习俗。

在三峡的岁时节令中,最为重要的是"春节"。在年三十的晚上,许多县市区都有给亡人送灯的习俗。"三十送灯",早年送的油灯,怕被风吹灭了,所以要用皮纸糊成灯笼。送灯人在天快黑时把灯送到坟头,边点亮油灯,边喃喃自语:"××大人,今儿是大年三十,孩儿们给您送灯来了,请您保佑我们百事顺遂。"点亮油灯后,静观几分钟,见一切正常,送灯人就会踏着夜色回家去守岁。讲究的人家初一早上还会把油灯取回来,晚上再送去,如是三天才告结束。今天人们不再送油灯,一般送蜡烛,有的送上电筒,在坟头摁亮开关即可。

"过端阳"(端午节)是三峡民俗中一个最为特别的节日。三峡人认定"端阳"因屈原而生,龙舟为屈原而划,粽子为屈原而做,艾蒿为屈原而悬,雄黄酒为屈原而饮,号子为屈原而长啸……民俗中渗入了民众最本质的情感,其生命力就显得最为旺盛。五月初五清晨,人们要做的第一件事是割艾蒿。割艾蒿要早起,而且要不说话,选最茂盛、最鲜嫩的艾蒿割回家后,一家人都围了上来,把一米以上的鲜艾蒿挑出来,整整齐齐地扎成茶盅粗的几小捆,外墙的每间门上左右各挂一小捆。捆艾蒿的东西有用红线的,也有用红绸红布的。讲究点的人家,在艾蒿中夹几叶菖蒲。余下的鲜艾蒿也分成若干捆,悬挂于楼梁或走廊上,干燥后的艾叶可灸刮痧之用,也可驱蚊除虫,还可煮水止痒除痱。

说到祭祖,最为隆重的是清明。这一习俗在三峡区域内无论东部平原还是西部山地,都十分一致。清明祭祀的物品,不同时期有不同的花样。早些年间,清明节有在竹竿上缠上彩纸的,也有讲究的扎成"灯"的形状,饰以流苏在风中招摇的;也有扎车马房屋的。后来流行绸布制作的彩旗,插于亡人坟头,在风中猎猎而舞,成为一道风景,而且可以持续很长时间。清明时节是给亡人培坟竖碑的好时节。

不难看出,流传于三峡民间的这些岁时节令习俗,无一不体现出社会生活中人们表情达意的需要。表达的情感越真挚,现在保存和使用得就越鲜活。比如清明祭祖、过端阳、回娘家、过年等,至今令人乐此不疲。有的习俗在沿袭的过程中得到强化,如赛龙舟现已成为一项国际性的赛事,是因为其竞技性更强,社会内容逐渐大于传统文化。另外一些习俗则逐渐淡出人们的记忆,比如过小年,过上九日,吃腊八粥等。我们今天温习这些节令习俗,目的是为了同大家一起记住,我们能走到今天,每一步都是有历史印迹的,每一个与人民大众生活情感息息相关的习俗,都是值得我们珍视的。

第二节 汉族的节日习俗

谈到岁时节令就不能不提到汉族的二十四节气,从整体上来看,峡江地区民众——特别是土家族,是"接受"多于"保留",可以较明显地看出巴楚地区岁时节令习俗中不同时代民族习俗成分的比重。

一、春节习俗

春节来临,家家户户要张灯结彩,在家门口贴上一副对联,表示喜庆,祈祷来年平安幸福,其中春联"爆竹一声除旧,桃符万象更新"最为人们乐见,横批是"春到人间"。还有一种特殊的楹联,即年前办过丧事的"孝家",楹联用蓝纸白水粉写成:"守我堂前三载服,不知门外四时春",横批是"春是邻家"。

大年初一，新的一年开始。一家人早早起来，换上新衣裳。首先由一家之主打开骑门缝贴有"开门大发"红纸帖的两扇大门，若是商家，备在门外、绕缠有红纸被称为"金块财"的柴棍倒进门来，表示"开门进财"。然后向堂屋神位点香燃烛，一家老小叩头祭拜后，到门外放一挂长鞭炮，表示"新年迈进门"。此时屋外蒙蒙亮，家人们在鞭炮声中走出户外观天，称为"出天星"或是"出天行"。回到屋里，晚辈向长辈拜年，接着"出行"，要找大吉大利朝向，由当家人带着半大男孩，先朝此方向而行，最终到庙寺去敬神拜佛。宜昌城区寺庙颇多，人们去得较多的是大南门关帝楼，踏石阶登楼，称为"步步高升"，在关帝楼向财神关公塑像敬香烧纸叩拜，尤其是生意人无比虔诚。

正月初一到初三，人们个个喜形于色、笑逐颜开，互相恭贺新年。三峡区域有"初一拜父母，初二拜丈母"之说。在家中下辈对上辈拜年，出了门亲戚朋友、左邻右舍互相拜年。随大人去拜年的小孩可得到"压岁钱"。这三天内妇女要守在自己家里，招待上门来拜年的客人。主人常用麻叶、米花和红枣冲泡一种甜茶，名叫"元宝茶"，麻叶色黄谓之"散金"，米花色白谓之"碎银"，此为"散金碎银得元宝"。

这三天里，话都要捡好的说，注意禁口，不说死哒、倒哒、泼哒、破哒、赔、亏、赊、背时等字眼。连"死"的谐音"史"也不能说。但小孩却忌讳不了，屋里墙上就有了写着"百无禁忌"和"童言无忌"等语的红纸帖。若有小孩打破瓷器，大人们用吉利话打圆场："瓷器落地、买田置地"；打碎碗碟，大人则连声说："岁岁（碎碎）平安""打发打发"。

三峡人过三天年，渣滓堆在屋内，称为"财宝堆积如山""关门守财""财喜盈门"；不向室外泼水，称为"财不外流"。初三中午至傍晚在屋内开始做清洁，把渣滓清扫出去，脏水倒出去，然后在大门前摆上香案，祭祀鸣鞭后，取下门前悬挂的柏枝"年宝"，当街烧掉。这个过程称为"送年"，表示年过完了。

腊月三十这一天，土家儿女要将家里供奉的财神菩萨请下来，洗得干干净净，放于大门外，晚上屋里大火熊熊，灯烛通明，人们通宵不眠，直到东方发白，便在门外设供桌，摆果碟，左右燃起熊熊火把，以示兴旺红火。

上九日（正月初九）传说是玉皇大帝的生日，所以又叫天诞节，在巴楚文化的东北部地区秭归、兴山等地，民间这天要点长香。

农历正月十五日，俗称元宵节。家家户户吃元宵。传统习俗这天家家户户要吃"元宵"，"元宵"即为平时吃的汤圆。

民谚"三十的火，十五的灯。"在宜昌，元宵灯会是一番热闹非凡的景象。晚上家家户户彩灯通明，在城区有灯展，大街小巷都挂有各式彩灯。商家制作出售的彩灯一年比一年丰富多彩。常见的图画除花鸟鱼虫、山川景色、官宦仕女外，还有令人驻足观赏的民间传说故事——哪吒闹海、大闹天空、八仙过海、嫦娥奔月等。在乡村有龙灯,各种蚌壳、鲤鱼、大虾之类的彩扎纸灯。还有舞狮子、采莲船、打连湘、蚌壳精、皮影戏或"踩高跷"队伍。热闹非常,丰富多彩。因此,也是青年男女择偶的好机会。这天,每家必备糯米汤圆、元宵团子,意为合家团圆,美满幸福。

旧时,乡村有在元宵节晚上"赶毛狗"的习俗。白天各家备好干柴、柏树枝、竹子等,在房侧高地搭起"毛狗棚",晚上放火烧棚,鞭炮齐放,众人大声吆喝,村村遥相呼应,此起彼落。"赶毛狗",意在驱逐一切灾祸,"毛狗"即"灾祸"。

民间在这天夜晚要上坟送灯,给祖先神灵照明,俗称"送灯"。

二、节气习俗

二十四节气不同的划分方式,体现了不同的物候观念。如立春、立夏、立秋、立冬、春分、秋分、夏至、冬至反映季节的变化;小暑、大暑、处暑、小寒、大寒体现气温的变化;雨水、谷雨、小雪、大雪反映降雨降雪的程度;惊蛰、清明、小满、芒种的划分源自季节和农作物的生长现象。它们的命名,在一定程度上表明了节气的由来。其中,许多节气如立春、清明、夏至、冬至等逐渐发展为民俗节日。

(一)立春

立春,位于二十四节气之首。在传统农耕时代,农业是立国之本,人们很早就通晓农业生产顺应天时、人类顺应自然的天人合一的规律,农时的掌握对进行农事具有特殊的意义,因此,举国上下对岁时节令非常重视。旧时立春,不仅仅是一个古老的祭拜节气,同时也是一个重大的节日,它不但包含劝诫春耕的重要内容,而且蕴藏着人们祈求五谷丰收、吉祥如意的美好愿望。

立春祭拜仪式周朝时就已出现,至汉代始固定下来。据《事物纪原》记载:"周公始制立春土牛,盖出土牛以示农耕早晚。"所谓春牛,即用土捏塑的牛。立春前一天,皇帝派人把春牛放于东郊祭坛(又称春场、东堂)。立春日,迎回春牛,并将其放至官署,派人手执春杖(即彩帛缠绕的柳枝),环绕春牛像四周,鞭打土牛至泥块碎裂,谓之"鞭春牛""打土牛",故立春又称"打春"。打碎的土块被人们拿回家,当作圣物加以保存,以保佑新的一年五谷丰登。各地官吏亦按秩序进行迎春和鞭春仪式。后来,历朝历代效仿,于立春举行鞭春牛仪式,规劝人们不误农时,勤于农耕。

春牛的制作特别讲究,这与节气文化密不可分。春牛身高一般为四尺,象征四时(季);长八尺,象征八节气(春秋时代最早出现的八个节气,即春分、秋分、冬至、夏至、立春、立夏、立秋、立冬);尾长一尺二寸,象征十二个月。泥塑春牛像的笼头缰索,以苎麻、丝线或草制作,长七尺二寸;其牛鼻中的环木以桑柘木制成。

南北朝以后,有些地方开始使用纸牛代替土牛,纸糊牛身,牛肚装五谷杂粮。鞭春牛时,把春牛打倒、把纸打破,形成五谷四散在地的场面,借此象征打出五谷丰登的好年景。

(二)惊蛰节

惊蛰节是一年二十四节气之一。一般在农历二月前后,因此也被称为"二月节",它是民间重要的传统节日,老百姓管它叫惊蛰节。这只是一种时令,过了这一天,万物开始复苏。在惊蛰节里,也没有什么禁忌和祭祀之意。可是在宜昌的有些山区,人们视它为果树的生日。这天,对屋前屋后的果树要款待一番,首先是放水灌汤,即用刀从下往上将树砍七刀,再将腊肉汤浇在刀口处,砍的时候还念一段话:"惊蛰节,惊蛰节,年年砍,年年结。虫砍死,风砍绝,花果满枝树不歇。"然后在树枝上挂一个破罐子和一条红布,有的把腊月三十烧的"火主"(大树兜)余下来的柴头子挂在果树上。外来人切不可随意将树枝上的破罐子、红布条或柴头扔掉,否则,东家会骂你"无家教",在东家的心灵上也会蒙上一层不吉利的阴影。

(三)龙抬头

又称"领龙节",俗称"龙抬头",时间为每年的农历二月初二日。这天凌晨,农家从井台到自家水缸旁用草木灰撒成一条弯曲的灰线,宛如青龙起舞,叫"领龙",意为龙能治水,领来了龙一年中便可"风调雨顺"。还要在庭院中撒成灰圈,俗称"灰囤",内撒五种粮谷,意为"五谷丰登"。男人多数在这天理发整容,谓之"剃龙头"。儿童身上佩带用五色布和苇秸穿成的长串,称"龙尾"。春节杀猪时留下的猪头要在这一天食用。

(四)清明节

既是农历节气,又是风俗节日。这一天是祭扫祖墓之日,家家要扫墓祭祖,上坟添土。

清明前十日至后十日,给亲人坟墓培土修葺,做"坟标"(两块相叠的圆台形土块)。宜昌人清明扫墓,亲友们在坟头聚齐后,除在墓碑前摆上供品,焚香、燃烛、烧纸、放鞭炮、拜祭这些常见的礼仪习俗外,"插清"一项必不可少。

"插清",就是在坟头插上纸扎的祭奠用品,以寄托家人对死者的哀思。"清"又分"大清"和"小清";大清又叫"清明吊",小清则是通常说的清明棍。

清明吊制作比较考究、别致。先准备三四尺长的一根竹竿,几支篾条和一束棉线,以及彩纸和金箔纸。在三四尺长的线绳的一端,用篾条扎个圆形、六角形或八卦形的支架,再糊上剪成各种图案的彩纸,就成了宝鼎式八卦形的"帽顶"。沿着帽顶往下,依次坠上各种绣球、金瓜等,看上去姹紫嫣红。一架上乘的清明吊,简直就是一件做工精湛、流光溢彩的工艺品。

清明棍的制作简单得多。备好两尺多长、筷子粗细的篾条和彩纸。先把彩纸裁成一寸多宽的纸条,再将纸条的一边剪成两三分宽的纸须,纸须从上到下竖着成螺旋形粘在篾条上,最后在顶端粘上一朵纸花。

清明吊、清明棍的插法也相沿成习。建国后,清明扫墓习俗犹存,清明节也成为各界群众追悼革命先烈的日子。宜昌城区居民则在清明前后,特别是双休日,到郊外游玩"踏青"。

三、节庆习俗

(一)端午节

又叫"端阳节"。端阳节是中华民族,特别是汉族的传统节日,起源于原始的"五"崇拜。"五"谐"舞",振兴之意,后成为纪念屈原的节日。

峡江地区的端午节,可谓是楚、巴习俗的重合。其中楚俗占有主要地位。巴楚文化北部三峡地区的秭归是屈原的故里,所以,作为楚地重要节令的端午节影响尤为深远。赛龙舟之习至今犹在,长盛不衰。

端午节是驱邪避瘟的重要日子,与此相应的做法也很多,如洗"百草澡",即用端午采来的百草煎汤洗浴。这一习俗为峡江地区所独有。

在宜昌有过三个端阳节的习俗,即农历五月初五为头端阳,五月十五为大端阳,五月二十五为末端阳。昔日每当头端阳到来之前,观里的道人会主动送来以黄表纸印刷的"符箓",叫做"端阳符"。上面印有"云龙布雨""白虎坐凳",有的印有蜈蚣、蛇、蝎、壁虎、蟾蜍等"五毒"的图案,意为以毒辟邪。还配有"五谷丰登,六畜兴旺"的字样,由道人贴于堂屋正中的墙壁上,随后由东主酬谢一升苞谷离去。在长阳清江两岸还有句俗语"送上门的端阳符"。端阳符一直贴到末端阳这天,各户自动取下,以香纸焚烧,所谓"化符呈祥"。

2009年,端午节被联合国教科文组织列入《人类非物质文化遗产代表作名录》,其中秭归县的"屈原故里端午习俗"榜上有名。

(二)月半节

汉族称的"中元节""盂兰盆会",在鄂西称为"月半节"或"七月半"。崇拜祖先、俱事鬼神的土家族对"月半节"极为看重,"年小月半大,姑娘回娘家",是较为流行的一条俗谚。认为"年"是活人的节、"月半"是死人(祖先)的节,祖先为大,故月半大。

在宜昌城区,滨江公园一带人们到晚上会齐聚江边,为亡者烧纸钱、点香火。在长阳土家族自治县,"月半节"尤为重要,从七月初一到七月十五,祭祀仪式不断:初一各庙里开始撞钟、以示召唤新亡人和孤魂野鬼;初五备酒礼、烧香纸,迎接新亡人;初七放河灯;初十迎接老亡人;十五送走新、老亡人。

过月半节时,已经嫁出去的姑娘必定回娘家省亲,带上较为丰厚的礼品;家庭困难的,至少也要带一只老母鸡、几斤红糖或者一筒芝麻饼子,以敬孝心。但有前提,即娘家必须派人来接,所谓"年是拜,节是接"即由此而来。如果娘家不派人来接,姑娘就会没有面子,在婆家的地位就会显得很低。"月半"又是"鬼节",所以姑娘们回到娘家除了拜见亲朋长辈外,一项重大使命就是祭祖。

从月半节来看,峡江地区的岁时节令基本上已被汉族节日所覆盖,值得庆幸的是,土家族地区还保留了大量较为古老的岁时节令习俗。

(三)中秋摸秋

"五八腊",即五月端阳、八月中秋、腊月三十,宜昌人都是看得很重的。在中秋节,除了城乡民众共同习俗吃月饼、赏明月、插桂枝以外,农村中还存留"摸秋"一俗,别有情趣。

这天晚上,年轻的小伙子、小孩子,三三两两,利用月色好,近者两三里、远者上十里不限,去"偷"别人田里的瓜果,去掏挖别人田里的红苕、花生。若是田主早有防备,便采取声东击西的方式,叫主人摸不着头脑、判断失误,自己得胜而归。杂七杂八、多多少少,"偷"的人总要"摸"一点,才表明有本事、有财运,但绝不是大肆偷盗。如摘个瓜果、挖几个红苕、掏一包花生等。若是空跑一场,不光自己失望,而且会落下笑话。当然,田主即使第二天发现自己田里有什么损失,也并不声张,绝不会伤和气。

若中秋之夜出现阴雨,就预示着今年的年景并不理想,也多少影响人们过节的心情。

(四)重阳节

农历九月初九,是我国传统的"重阳节"。在民间直呼为"九月九"。重阳之说,最早来自《易经》:九为阳数之极,九月九日两阳相重,故名:"重阳"。民间认为,九月九日是蛇进洞的日子,所以有"跑得脱三月三(蛇出洞),跑不脱九月九"的俗语。认为季节到了九月九,人们上山打柴,就不会有蛇咬了。同时,在宜昌有重阳登高赏菊的习俗。九月正是菊花盛开的季节,农村有喝菊花茶的习惯,还有用菊花做成枕头治病的做法。

(五)乱岁节

我国农历一年分二十四个节气,最后一个是"大寒",大寒到下一年的立春这段时间谓之"乱岁节"。按照习俗,在乱岁节中,兴工动土、迁坟立碑等均不用格期,可以随意举行。人们说,上一年的"岁神"已完成任务,他不管事了,而下年的"岁神"还没上马,他也不管事,所以乱岁节中是两不管的时期,正好浑水摸鱼。目前农村立碑,均选择在乱岁节中举行。"立春"节一到,新岁神就上任执政,就不可任意行事了,兴工动土、开业庆典都要选择一个黄道吉日或适合的日子举行。这种"乱岁节"中不用格期的习俗,仍在广泛流行。

(六)除夕夜

腊月的最后一晚,名叫"除夕",宜昌俗称"大年三十夜"。宜昌民俗:"三十的火,十五的灯"。除夕时,围绕过年有许多活动,如"接灶神回宫""祭祖""吃团年饭""辞年""守岁"等,都是阖家围着一盆火开始的。而这些除夕活动,最主要的莫过于"吃团年饭"了。

吃团年饭,实际上是一次合家团聚的晚宴。活动聚餐,自然不能忘记死去的列祖列宗。宜昌旧例团年饭摆好以后,必须先祭祀祖先,因为"慎终追远"是中国人自古便有的美德。祭祖时,全家无论大小,都得依次在祖宗牌位前顶礼膜拜。祭祖上供品,除了餐桌上的全部团年饭菜肴外,还要给祖先们供上用口大底小的茶杯扣置的三个饭团和一盏清酒。所有饭、酒、菜都是象征性的,祭祖后,满桌佳肴美味全家成员食用。但饭团和清酒直到次年"元宵"以后才可撤供。

宜昌祭祖的历史渊源,早在南北朝的《荆楚岁时记》中记载说:岁暮(古时称除夕为岁暮),家家具肴蔌(即各种蔬菜),诣宿岁(当指除夕,这里似指一位专管除夕的神祇)之位,以迎新年。相聚酣饮,留"宿岁饭"(即宜昌人的"团年饭");至新年十二日,则弃之街衢,以为去故纳新也。可见,早在一千多年前,荆楚大地就有这种习俗存在了。

宜昌人的团年饭,菜肴的多寡依家境而定。富裕人家多些山珍海味,贫困人家少不得也得摆出四盘八碗。特别是腊鱼和腊肉等地方特色菜,不论贫富人家都得准备。一般在桌面上,都要摆一盘炖钵炉子(今称火锅),下汤菜则是三圆(肉圆、鱼圆、藕圆或豆腐圆)俱全。三圆都叫"元宝";吃圆子就叫"得元宝"。在各种拼盘中,将红萝卜、白萝卜切成颗粒混炒,谓之金银豆;黄花菜和水笋丝凉拌,谓之金银丝;鲜笋条烩肉片,谓之节节高;腊鱼块撕片,谓之富贵有余。总之,几种家常菜,到了吃团年饭时,都和"吉祥""富贵""发财""如意"等沾上了边。

吃过团年饭,小辈们给长辈们团拜辞年,长辈们给小辈们打发压岁钱;然后全家围炉团坐,互至祝福,亲情在除夕之夜体现得格外融洽。守岁中的各种娱乐活动,也就在团年饭后的家常谈笑中展开。

第三节 土家族的节日习俗

从岁时节令的内容来看,土家族在过年等重大节日中保留自己的民族习俗较多,对其他不太重要的节日则采取接受的态度,以"填充"自己民族节日的"空缺"。

(一)土地会

"生凭地养,死凭土葬",这是流传于土家族的两句俗语。它告诉人们,人一生一世离不开土地。昔日人们认为经管土地的是土地神,并相传二月初二为土地神生日,又叫"社日"。以往人们在这一天,家家户户切腊肉丁子,掺进糯米和蒿菜,做成饭祭祀"土地神",名为"社饭"。一面以祭祀祈求"保一方清泰,佑五谷丰登",一面相互赠送,所谓"人和生财"。这天所有人不锄地,不耕田,以免冒犯土地神,还请道士设"天台",打"土地醮",即做土地会。祭祀土地神时唱土地赞子:

> 土发黄金宝,地生白玉珍。
> 栽培通仙道,未来早知道。
> 仰启祠堂土地神,山堂端庆王夫人。
> 说得大地随风转,访善察恶奏天庭。
> 混沌初开不计年,鸿蒙未判我居先。
> 南山采药无松柏,北海取水又无泉。
> 生我之时无月亮,我生之后有山川。
> 皇上问我多少岁,先有吾神后有天。

在土家族地区,正月初二这天,男男女女都要换上干净的衣服,三三两两去参加土地会,上功德,访亲友,相互祝愿丰收。人们还以这天是晴是雨来预测气候的变化和农作物的收成。当地有谚语"二月初二晴,树叶子发两层""土地佬流汗,一升荞麦收一石""土地佬打伞,荞麦一个光杆"。

(二)娘娘会

在长阳、五峰等土家族地区,土家先民为了子孙兴旺,维持民族的生存和发展,信奉媒神。传说农历三月初三是媒神的生日,每年这一天要做"娘娘会"。娘娘庙堂内供有三仙娘娘的牌位,三仙是"送子娘娘""催生娘娘"和"痘母娘娘"。做会时,请来道士打公醮,男女老幼去祭拜,烧香化财上供果。人们以为有了这三仙娘娘的保佑,不愁不孕,不愁难产,不愁小孩患麻疹等疾病,因此十分虔诚,男男女女女都要去参加娘娘会。

(三)牛王节

在峡江地区或土家族地区将农历四月初八定为牛王节。每当清明的时候,家家户户都将牛栏整修一新,或打扫干净,并设台祭祀,有的用糯米饭来喂牛,有的用煮熟的黄豆喂牛,有的用生鸡蛋和酒喂牛。总之,这一天要给牛吃好的,不派它耕作,让它好好休息一天。人们磕头跪拜,祭祀牛王,在牛角上搭红,给牛洗澡;以传说和歌谣来赞扬耕牛对人类的贡献;长者给小孩唱儿歌听,如"世人听我说根由,兽中最苦是耕牛。春夏秋冬出劳力,四时耕种求全收。"

(四)六月六

农历六月六是"龙晒衣"日,它是土家族地区流传许久而又普通的节日习俗。

这一天,家家户户都要将衣箱搬出门外,把衣被打开翻晒,名曰"龙晒衣",或叫"晒龙袍"。这里还流传着两句气象谚语:"你不赐我磨刀雨,我不赐你龙晒衣",就是说五月十三如不下雨,六月六就会是阴天或雨天。土家人对六月六这个节日尤为重视,这天除翻晒衣被外,还要备酒祭祀先祖和接出嫁的姑娘回来过节,特别是要接老姑妈回老屋过节,叫做"六月六,接姑姑"。六月六传说很多,其中一个传说是东海龙王每年这天要出水晒鳞,因此叫"龙晒衣"。人们也在这一天晒衣服,以求吉利。

(五)七夕节

农历七月初七为乞巧节,又叫少女节、女儿节等。这个节日源于牛郎织女在天河相会的神话故事。这天,妇女摆香案,设瓜果,穿针引线,乞求智巧。有的还穿七孔针比赛,先穿完的,称为得仙女的指点,聪明、灵巧。为什么又要叫少女节呢?是因为农历七月初七这天,在土家族地区会举行"慕仙盛会",少女们有的捣凤仙花染指甲,有的用绸带或布带缠腰,把腰缠得细细的,一个个把自己打扮得漂漂亮亮,让观看的人称赞:"这不是七仙女下凡了吗?"

(六)立夏

在二十四节气中,立夏系夏季开始。旧时,乡间用赤豆、黄豆、黑豆、青豆、绿豆五色豆拌和白粳米煮成"五色饭",后演变改为蚕豆肉煮糯米饭,菜有苋菜,称吃"立夏饭"。尚有以五色丝线为孩子系手绳,称"立夏绳"。是日,有少数民俗或地区习俗要吃"脚骨笋",用乌笋烧煮,每根三四寸长,不剖开,吃时要拣两根相同粗细的笋一口吃下,说吃了能"脚骨健"(身体康健)。再是吃软菜(君踏菜),说吃后夏天不会生痱子,皮肤会像软菜一样光滑。

(七)腊八节

宜昌的老人们大都记得"腊八节"(腊月初八)。腊八节是春节的前奏曲,大家都把它当作"过年"的起点。过了这一天,家庭主妇们就开始"忙年"了。宜昌有儿歌唱道:"年来了,是冤家。儿要帽子女要花,公公要米打年粑,婆婆要肉敬菩萨,小媳妇要件花袄袄,干干净净回娘家。"

腊月初八,各家各户大多自制腊八粥,全家聚食,并分赠左邻右舍,如此日久相沿成习,含有一种喜兆丰年的意愿。腊八粥的原料,除黏米、糯米外,要凑足其他六种杂粮。"八"含有"发达"之意,俗称"要得发,不离八"。宜昌人吃腊八粥讲究滋味,除了选用上述的主杂粮外,有的还加入红枣、莲子、绿豆、虾米、桂圆、芝麻等,采用先旺火后文火煮之,其味道鲜美,且有和胃、补脾、清肺、生津等功效。

(八)冬至

冬至,是我国农历中一个非常重要的节气,也是一个传统节日,至今仍有不少地方有过冬至节的习俗。冬至俗称"冬节""长至节""亚岁"等。早在两千五百多年前的春秋时代,我国已经用土圭观测太阳测定出冬至来了,它是二十四节气中最早制定出的一个。冬至是北半球全年中白天最短、黑夜最长的一天,过了冬至,白天就会一天天变长。古人对冬至的说法是:阴极之至,阳气始生,日南至,日短之至,日影长之至,故曰"冬至"。冬至过后,各地气候都进入一个最寒冷的阶段,也就是人们常说的"进九",我国民间有"冷在三九,热在三伏"的说法。

在北方地区有冬至宰羊,吃饺子、馄饨的习俗,南方地区在这一天则有吃冬至米团(丸)、冬至长线面的习惯。

(九)过小年

腊月二十三,又称"小年",是民间祭灶的日子。据说,每年腊月二十三,灶王爷都要上天向玉皇大帝禀报这家人的善恶,让玉皇大帝赏罚。因此送灶时,人们在灶王像前的桌案上供放糖果、清水、料豆、秣草,其中后三样是为灶王升天的坐骑备料。祭灶时,还要把糖用火融化,涂在灶王爷的嘴上,这样,他就不能在玉帝那里讲坏话了。民间有"男不拜月,女不祭灶"的习俗,因此祭灶王爷只限于男子。

(十)打扬尘

在山区,人们生火做饭均用柴火,特别是火垅屋里,四季烟火不断,扬尘满屋。通常把腊月二十四日定为"扫房日"。到了腊月,家家户户都准备过年了。扫尘为的是除旧迎新,拔除不祥。各家各户都要认真彻底地清扫,做到窗明几净。打扬尘之后,各店铺、居民家焕然一新,无不显示着喜气洋洋、欣欣向荣的节日景象。

第四节 节气、节日禁忌习俗

禁忌,或者说忌讳,是人类普遍具有的文化现象,指禁止同"神圣"的东西或"不洁"的人、事物等接近,否则会招致超自然力量的惩罚。禁忌的内容往往是约定成俗的,可以因民族、地域、社会分工的不同而有差异,但禁忌的内容却是涉及到各个方面、各种人等。

我国是世界上四大文明古国之一,历史悠久,作为文化现象之一的禁忌内容也就千奇百怪、无处不在了。从禁忌的内容来看,大概可以分为人体、性格、婚姻、生养、服饰、饮食、居住、行旅、语言、社交、行业、丧葬、宗教、动物、植物、物品、自然禁忌。凡此种种,难以尽说,仅就与节令相关的禁忌,大概说之。

在岁时节庆方面的禁忌是相当多的。在旧时的皇历上,举凡婚丧嫁娶、渔猎耕种、造屋动土、出行游乐、乃至剃头洗澡等,都有"宜""忌"之说,都要择吉日才行,否则就认为有遭厄运的可能。

一、节气禁忌

旧时民间有"冬不推,腊不捣,二月二不铡草"之说,即冬至不推磨,腊八不捣米,二月二不铡草,据说在这些日子里进行上述活动都会伤及到龙,是不吉利的。

(一)立春禁忌

民间以立春日为一年农事之始,故有在这一天占卜丰歉的习俗。俗以为立春宜晴不宜阴,晴则兆丰,阴则兆灾。有民谚云:"立春清明又和暖,农人鼓腹皆翘天;倘若风阴与昏暗,五谷不登人不安。"

立春时节,人们还通过装扮自己及家居宅院迎春。妇女们多制作或购买春幡、春胜之类饰物插于鬓前,寓意迎春。有的则还在头上簪饰小柳条、彩绒缠制的春杖装饰。孩童的帽子上往往挂饰春鸡,即用红布缝制一寸见方的鸡状饰物,内塞棉花或豆粒。"鸡"与"吉"音近,祈愿春吉之意。在建筑宅院上往往贴饰春帖,据《荆楚岁时记》载,春帖为在红纸上书写或雕刻"宜春""春""立新春""大吉大利"等字样,张贴于门楣、门首,取意吉祥,表达迎春之意。因为立春时节,暖春未至,百花尚未开放,所以人们还扎制各种彩花、彩树欢庆春的到来。

(二)惊蛰禁忌

这天要举行仪式祭祀雷公,因为雷公是天界专门负责打雷的神仙。对他进行祭祀,焚烧大量纸钱。俗话说"春雷响,万物长"。春天里,庄稼生长需要更多的水分,但春天降雨很少,易出现旱情,因此人们借惊蛰之日祭祀雷公,祈求今年雨水充足。

惊蛰日和惊蛰后打雷都是正常的,主年景好、风调雨顺、五谷丰登。农谚云:"雷打惊蛰谷米贱""惊蛰闻雷米如泥"。但忌讳惊蛰前听到雷声,有些地方农谚云:"未蛰先蛰,人吃狗食。"即惊蛰前闻雷声兆凶年。

(三)春分禁忌

根据春分晴雨预示天气及年景的有:"春分有雨到清明,清明下雨无路行""春分无雨到清明""春分雨不歇,清明前后有好天"等。

春分日禁忌挑粪、到河里洗衣服、晒衣服。

(四)清明禁忌

清明忌讳天阴、下雨、刮风,农谚云:"麦子不怕四季水,只怕清明一夜雨。"还忌讳不戴柳、不插柳,俗谚云:"清明不戴柳,死了变成狗。"

(五)立夏禁忌

立夏节在立夏日。古代有"立夏之日,迎夏于南郊,祭赤帝祝融"的仪式。近代民间,有尝新和称人之习。这天人们把即将成熟的小麦、大麦穗放在火上烤熟了吃,以享新麦之鲜;或用秤称人之轻重以祈福。立夏节民间严禁家人坐在门槛上。人们还习惯以立夏日的阴晴测一年的丰歉,认为立夏时下场雨最好,不然便会"立夏不下,旱到麦罢""立夏不下雨,犁耙高挂起""立夏无雨,碓头无米"。各家烧炒蚕豆而食,认为可兆丰年。

(六)夏至禁忌

夏至忌雷、雨,农谚云:"夏至有雷六月旱,夏至逢雨三伏热"。夏至禁诅咒、戒剃头。

(七)立秋禁忌

立秋日忌刮风、打雷、下雨,农谚云:"秋打雷,晚禾折半收""秋前北风秋后雨,秋后北风干透底"。

(八)处暑禁忌

忌处暑日不雨,农谚云:"处暑若还不下雨,纵然结实也无收"。

(九)白露禁忌

白露忌风雨,农谚云:"白露日东北风,十个铃子(棉桃)九个脓;白露日西北风,十个铃子九个空"。

(十)霜降禁忌

霜降是反映天气现象和气候变化的节气。《二十四节气解》中说:"气肃而霜降,阴始凝也。"可见霜降表示天气逐渐变冷,开始降霜。民间常有"霜降无霜,主来岁饥荒",在我国少数民族聚居地云南更有"霜降无霜,碓头无糠"的说法。从中我们不难看出,人们在长期的劳动实践中总结了气候对生活的影响,以及人们在不同的季节又该如何使自身这一有机的整体适应自然界的变化,从而使人与自然界之间保持着一种动态平衡。

(十一)立冬禁忌

立冬意味着冬天的到来,因而民间忌讳立冬日吃生冷食物,否则会损伤身体。立冬忌无雨,农谚云:"重阳无雨,立冬晴,立冬无雨一冬晴"。

(十二)冬至禁忌

冬至忌无雨,有农谚云:"立冬无雨看冬至,冬至无雨一冬晴"。

二、节日禁忌

(一)正月禁忌

正月为一年之始,故民间尤为重视,禁忌也特别多。如:忌打碎器物;忌遇殡葬；忌丧家来拜年；忌吵架、骂人；忌请医生；忌迁居；忌穿坏衣；忌剃头，谚云："正月不剃头，剃头死己舅。"

初一忌洒水、扫地、倒垃圾，谓之"聚财"，因为水、土为"财气"，垃圾、粪便为"肥水"，故而不能把"财"扫走倒掉，不能使"肥水"外流；忌动刀弄杖、动刀剪针线，忌借火种，忌讨债，忌杀生，忌死人，忌说不吉利话，忌吃稀饭，忌吃药，等等。假如正月初一打碎了碗盏，这是犯忌的，人们就用语言来解释，马上说："碎碎（岁岁）平安""越打越发"，用吉利话冲抵了不祥之兆。

（二）二月初二禁忌

这一天为"龙抬头"的日子，民间忌动刀动剪动针线，免得伤着"龙目"；有的地方忌当天媳妇回娘家，俗语曰："二月二踩了娘家的仓，不死公参就死婆婆娘。"为了纳吉，二月初二这天的食物也与"龙"相关，面条不叫"面条"，称作"龙须面"；水饺称作"龙耳""龙角"；米饭称作"龙子"；煎饼烙成龙鳞状，称作"龙鳞饼"；面条、馄饨一块煮叫做"龙拿珠"；吃猪头称作"食龙头"；吃葱饼叫做"撕龙皮"。一切均取与龙有关的象征与寓意。

（三）四月禁忌

四月八，禁屠杀。

（四）六月禁忌

逢卯日忌吃鸡、食苦菜；六月六忌阴雨；六月二十四为"雷神诞"，忌荤。

（五）七月禁忌

七月为"鬼月"，忌晚上出门；七月七日忌天阴；中元节（农历七月十五）忌乱走，更忌出远门。

（六）八月禁忌

中秋节忌阴雨，农谚云："八月十五云遮月，正月十五雪打灯。"

（七）十二月禁忌

即农历腊月。进入腊月后，忌恶声骂语和哭闹，忌打破碗盏，忌动针线。

除了以上的节令禁忌外，关于祭祀方面的禁忌也很多。因为我国民间的祭祀对象是非常广泛的，从天地日月星辰到风雨雷电水火，从山石土地到家门灶厕，从动植物图腾到宗族祖先以及大大小小的神怪鬼灵等，几乎是无所不包。需要祭祀的对象多，祭祀的节日自然就非常多。

第十三章

三峡民间文学

长江三峡地区是我国历代文学艺术的聚宝盆。它既是文化名人大家荟萃之域,也是民间艺术之花烂漫之地。这里不仅产生过诸如屈原、宋玉、李白、杜甫、白居易、陆游、毛泽东、刘白羽等众多文学巨人们的传世之作,同时也孕育过在民间广为流传、经久不衰、优美动人、影响深远的民间文学。三峡地区是我国民间文学沃土中不可多得的高产区、丰产地,其民间文学内容之丰富、色彩之斑斓、仪态之万千、乡情之浓郁、特色之鲜明在我国堪称一枝独秀。本章主要介绍三峡地区的神话传说、民间故事、青林寺谜语、寇准的故事等三峡民间文学代表。

第一节 三峡民间文学概述

民间文学资源普查的资料表明,三峡地区拥有数以万计的在民间广为流传的神话、传说、故事,并拥有数以十万计的在民间广为传颂的民歌、民谣和谚语。其内容丰富、种类齐全、特色鲜明、乡土气息浓厚,具有独特的艺术魅力。这些原生态的乡土艺术作品,不仅蕴含着丰富的人生哲理,也是历史社会的折射。它们丰富、改善了三峡地区各族人民的精神生活。

一、三峡民间文学的主要内容

三峡民间文学按体裁分类,可分为神话、传说、故事、歌谣和谚语五大部分。

(一)神话

所谓神话,是指原始人类口头创作的关于神仙或神化的古代英雄的故事,是人们对自然现象和社会生活的一种天真的解释和美丽的向往。当然神话并非凭空想象出来的,而是与现实生活紧密联系的产物,它在一定程度上反映了古代许多事象的客观真实。从我国古代神话留存、流传的地域现象来看,长江三峡地区堪称孕育中国古代神话的摇篮。我们的三峡先民,力图对长江三峡的成因和峡中千奇百怪的自然景象的由来作出他们的回答。但在那时,人们的知识水平有限,很难作出科学的解释,他们却发挥丰富的想象力,把一切都寄托在神或神人身上,把万事万物想象成某种超自然力量的结果。三峡地区奇特的山川、相对封闭的自然环境,以及巫人聚居之地浓烈的巫术氛围,使它得以成为古代神话生成、留存的肥沃土壤。"大禹治水与疏浚三峡"的传说便是三峡神话中的代表。

现代有学者按上古神话所反映的内容,将其分为创世神话、洪水神话、民族起源神话、文化起源神话、自然神话、英雄神话、部族战争神话七大类。三峡神话囊括了神话的所有种类,并且以独特的地方语言表达出来,独具魅力。

(1)创世神话:盘古开天地、女娲补天的神话等。

(2)洪水神话:大禹治水、坛子岭的神话等。

(3)民族起源神话:巴蛇的神话、女蜗造人、神农制五谷、隧人氏取火的神话等。

(4)文化起源神话:人、牛、猴的岁数,牛到人间,牛耕田的来历,好字是怎样造出来的,等等。

(5)自然神话:太阳(羲和)的神话、月亮(顾菟)的神话等。

(6)英雄神话:后羿射日的神话、廪君的神话、大禹治水的神话等。

(7)部族战争神话:廪君和盐水女神战争的神话等。

(二)传说

所谓传说,是指人们口头上流传下来的关于特定的历史人物、事件、地方自然及人物的故事。传说的根本特征在于以特定的具体事物为对象,以信以为真的态度,用陈述历史的方式表达人们的思想。它的产生或出于人们了解和认识历史的愿望,或出于对某些历史人物的敬仰、憎恶或出于对自己乡土及山川草木的深情厚谊等。我国三峡地区的各类传说十分丰富,而且品位较高。根据传说的性质,我们可以把这些绚丽多彩的民间传说分为七大类。

(1)人物传说。这类传说是三峡地区传说中很有价值的部分。如关于中华始祖轩辕氏与宜昌姑娘嫘祖和大禹王与重庆姑娘涂山氏恋爱成婚的动人传说,关于三国时期诸葛亮、刘备、关羽、张飞、曹操、周瑜、陆逊等众多英雄的传说,关于巴蔓子、屈原、王昭君等本土名人的传说,以上这些都是三峡人物传说中的代表作。

(2)史事传说。如三国史事、钓鱼城史事、张献忠农民起义的史事、抗战陪都史事等。

(3)地方传说。如长江及三峡地区各条支流的传说,石宝寨、白帝城、张飞庙、三游洞、黄陵庙、荆州古城的传说,歌乐山、纷云山、四面山、名山及巫山十二峰的传说等。

(4)动植物传说。如动物中关于十二生肖和鸭、鹅、鱼、雀、鹰的传说,植物中关于各类树木、农作物、中草药等的传说。

(5)土特产传说。如关于重庆火锅、长寿血豆腐、涪陵榨菜、忠州豆腐乳、巴人顺酒、涂乡卜豆腐干、宜昌珍珠圆子等的传说。

(6)民间工艺传说。如关于捆绑房子、石雕狮子、龙水刀、竹器、藤椅、川东皮革、金剪刀等的传说。

(7)风俗传说。主要包括关于婚丧娶嫁、民族地方节日、农历时节、人类生理、宗教迷信和生活习俗的传说等。

(三)故事

所谓民间故事,是人民用民间口头语言创作的一种虚构性的作品。人们在讲述民间故事时并不强调它的真实性,甚至它的人物、时间、地点、情节等最基本的东西都交代得比较模糊。根据题材和内容,我们可以把三峡地区的民间故事分为生活故事、笑话、机智人物故事、幻想故事、历史故事五大类。

生活故事的容量很大。它描绘的是现实人民日常生活中的各类情景,或家庭问题、邻里纠纷、或官民矛盾、正邪冲突,或交朋结友、红白喜事,或寻医求药、比智斗勇。虽然都是反映日常生活中的事,却不照搬生活,它的人物和情节大都是在实际生活的基础上,通过夸张、虚构、对比、巧合等艺术表现手法创造出来。如《蠢钝成佛》的故事,其表现手法就非常奇特新鲜,它通过蠢钝捉虱子到身上、不知灯是火、老老实实挨饿三个近乎于古怪的情节描写,歌颂了纯真。

笑话是取材于现实家庭生活与社会生活片断而构成的小故事。它往往通过笑声来讽刺丑陋、鞭笞邪恶,通过否定错误、出奇制胜取得强烈的喜剧效果。如川东地区流传的笑话《原汁》中,通过对丈母娘待女婿,厚乖巧,薄老实,最后反被自己误的故事描述,使人们捧腹之后得到有益启示。

机智人物故事是民间故事中是最富有理想主义色彩的部分。故事的主人公大都是生活中的小人物,无力与占统治地位的社会阶层抗争,却能以智慧来获得一种喜剧性的结果,其折射出了广大劳苦大众某种隐秘的愿望。当然,现实远比故事要复杂沉重得多。从整体看来,这些故事还无法达到现实批判与精神启蒙的作用。民间故事家刘德培所讲的《杜老幺的故事》《张士发的故事》,就是反映广大劳苦群众与封建剥削阶级作斗争和歌颂劳动人民机智勇敢、顽强乐观精神的生活故事。

幻想故事是民间故事的一个重要类别,它以超现实的幻想构成离奇的故事,通过幻想来表达和寄托人们在现实生活中不可能实现的愿望,表达人们对于痛苦生活处境的不满和改变这种处境的强烈愿望。想象丰富而绮丽,向读者展示了一个色彩斑斓、神人交会的超现实图景,充满着浪漫色彩。展翅飞翔的雄鹰能够背负善良的弟弟去太阳山捡宝,同样也能把贪心的哥哥托运到黄金耀眼的罪恶渊数中去;蟒蛇变化为英俊的少男娶员外三小姐为妻,从而使她得到人间得不到的温柔;狐狸精的美丽绝伦和妖娆贤淑使农田劳作的村夫安居乐业尽享天伦之乐……人类在追求自身人格独立和精神解放的长途中,就这样渐次展开着他们的浪漫设想和积极追求。

历史故事题材在三峡地区流传相当广泛,诸如公孙述称帝、刘皇叔托孤、诸葛亮设阵、李自成观星、张献忠征战,以及郦道元、杜甫、李白、白居易、刘禹锡、陆游、黄庭坚、周敦颐、王十朋等诗人墨客的轶闻趣事。

(四)歌谣

歌谣在三峡民间文学中占有重要地位。所谓歌谣是民歌民谣的简称,是指人们随口唱出的没有音乐伴奏的韵语。高尔基曾说过:"民间歌谣为一切韵文之祖。"三峡地区虽然山高水险、交通不便,但在民间至今仍流传着数以万计的民歌民谣。三峡人,特别是聚居在这里的土家族、苗族人民,不仅德行高尚、民风淳朴,而且能歌善舞,好音喜乐,自古到今无不如此。凡三峡人所涉及的各个领域,包括社会、人生、民俗宗教、人伦、哲理、劳动、爱情、婚丧、理想、追求、爱憎、志趣等,他们都喜欢用歌谣的形式把它表达、抒发、吟唱出来。老年人深知苦,苦需要诉,诉用唱;年轻人不知愁,只知乐,乐也用唱;汉子们性刚烈,刚而易狂,狂也用唱;姑嫂们心有怨,怨重必哭,哭也用唱。三峡地区的民歌民谣,按其性质可分为劳动歌、时政歌、仪式歌、情歌、生活歌、历史传说歌、儿歌和杂歌八大类。劳动歌主要包括农、牧、副、坊、工匠、船工、轿夫、采茶等歌;时政歌主要包括各个历史时期的政治歌谣;仪式歌主要包括祝福贺喜歌、修房造屋歌、祈神消灾丧葬歌、宴席酒令歌等;情歌主要是男女们从初识到诘问,从倾慕到初恋到相思,从结婚到送郎,从离别到各类谈情说爱的歌;生活歌主要是关于日常生活起居的,反映婆媳间、邻里间、小丈夫、童养怨、光棍愁,以及后娘虐待子女等歌谣;历史传说歌主要包括唱历史人物故事的歌谣;儿歌主要有事物歌、知识歌、绕口令等;杂歌囊括了那些不宜列入以上七类歌谣的五花八门的歌。三峡地区劳动歌中最有特色的是川江号子、搬运号子和开山(石)号子,其中最杰出的川江号子曾从长江三峡唱遍全国,甚至被国外媒体称为中国的"伏尔加船工号子",是昔日三峡人血泪生活的写照。如《只为活命把船拉》:"只为活命把船拉,丢下妻儿抛下家;滚滚江水流不尽,泪水汗水伴泥沙。"又如《船到南津关》:"船到南津关,两眼泪不干,岔价旧沙罐,讨口回四川。一见长寿塔,就把沙罐打,擦干眼泪不用问,旱路还有一百八。"

(五)谚语

谚语,既在人民群众中产生,又在人民群众中广为流传。所谓谚语,是在群众中流传的固定语句,用简单通俗的话反映出深刻的哲理。从某种意义上讲,谚语是人类智慧的结晶,三峡人常说:"十句谚语九句真。"我国三峡地区谚语资源十分丰富,是我国一座尚待开发的民间语言的富矿。从这一地区已经收集并整理出的谚语数量看,它的条目数倍于该地区的民间神话、传说、故事和民间歌谣。再加上在川东一带流行的歇后语,其数量更是惊人。按其性质和内容归类,我们可将这些谚语分成七大类。

(1)时政类。主要包括祖国、阶级、敌我、政策、时事、世态。如:一寸国土一寸金;小草恋山,野人怀土;家贫出孝子,国难显忠臣;牛角越长越弯,财主越富越贪;富家一席酒,穷汉半年粮;刀伤有法医,舌伤无药医;行船怕风暴,要饭怕狗咬;虫中最毒蜈蚣口,人间最狠财主心,等等。

(2)事理类。主要包括真理、规律、实践、是非、爱憎。如:一步再大,难跨千里;一时强弱在于力,永久胜败在于理;打虎要打头,杀鸡要割喉;河长最清,路长多弯;兔子不吃窝边草,蜂子不打眼前花;要学惊人艺,须下苦工夫。

(3)修养类。主要包括理想、立志、德行、智慧、胆识。如:人凭志气虎凭威,鸟无翅膀不能飞;船的力量在帆桨,人的力量在理想;不义之财君不取,忍气饶人祸自消;为人不做亏心事,半夜不怕鬼敲门;刀钝石头磨,人笨要多学,等等。

(4)社交类。主要包括集体、团结、个人、交游、待人接物、工作、谈吐、训教。如:一人心头莫得计,三人肚里唱台戏;交一个良友千言万语,绝一个良友三言两语;多叫一声哥,少走十里坡;不会烧香得罪神,不会说话得罪人;能穿朋友衣,莫睡朋友妻,等等。

(5)生活类。主要包括家庭伦常、衣食住行、持家经营、恋爱婚姻、子女教育、卫生保健。如:一个女婿半个儿,贤惠媳妇胜过女;养女朝娘,栽花靠墙;人勤地生宝,人懒地生草;五黄六月不出工,十冬腊月喝北风;一个鼎罐一个盖,各人娘妇各人爱;公鸡打架头对头,两口儿打架不记仇;好狗不咬鸡,好汉不打妻,等等。

(6)自然类。主要包括时令、天文、气象、山川地理、动植物等。如:立春落好雨,娃儿吃白米;雷打立秋,下死泥鳅;大雪无雪,小春不结;云条射东,雨势必凶;天上起了馒头云,不等两天大雨淋;有雨山戴帽,无雨起河罩;猫洗脸,雨不远;蜻蜓飞得高,明天似火烧,等等。

(7)生产类。主要包括农谚、林谚、牧谚、渔谚、工匠谚、商业谚和其他行业谚等。如:人不知春草知春,桐子开花种花生;干出棉花湿出麻,雾露小雨出芝麻;不懂二十四节气,白把种子种下地;芒种赶忙栽,夏至过了谷怀胎;你哄地皮,地哄肚皮;端午不插秧,秋收一包糠;家有一山树,不愁吃和住;要赚牲畜钱,跟到(方言"跟随")畜生眠;桃三李四梨五年,苹果六年圆又圆,等等。

除以上七类谚语外,川东地区歇后语颇为流行,它也是民间语言中的精品。其间,既闪耀着三峡人的智慧与光芒,同时也蕴含着劳动者特有的诙谐与幽默。如:龙王爷放屁——神气;外甥打灯笼——照舅(旧);老太婆打呵欠——一望无牙(涯);跛子进医院——治脚(自觉);麻子照镜子——个人观点,等等。

二、三峡民间文学的主要特征

民间文学与一般的文学不一样,它是在人类漫长的岁月中产生、发展和演变的,是人类社会发展史的生动记录,是人民的口头语言艺术。三峡的民间文学还有别于其他地区的民间文学,主要表现为以下几点。

(一)围山绕水,原始古朴

我国三峡地区山峻峰险、江急溪秀。这里的奇山丽水滋生了三峡的民间文学。在这条历史文化长廊中,几乎无山不故事,无水不歌谣。歌乐山、纷云山、四面山、南山、涂山、名山、巫山……神女峰、登龙峰、朝云峰、飞凤峰……每一座山峰都讲述着难以穷尽的故事;除主流长江外,嘉陵江、乌江、大宁河、神龙溪、香溪、清江,每一条河水都流淌着唱不完的歌谣。无论是故事还是歌谣,其内容总是与山水相关,而且许多作品的内容都反映古代人的生活与追求,或与典故有关,或与史事相连,使这一带的民间文学显得古老、朴实而又凝重。

(二)赞英颂杰、群星灿烂

三峡地区曾产生过许多英雄豪杰,历代三峡人又十分崇敬这些英雄豪杰。为此,反映在民间文学作品的各种式样中,到处都有他们的音容笑貌,到处都有他们的传奇和言行。例如巴蔓子、屈原、诸葛亮、秦良玉等,他们的事迹、形象、行动、语言就成了一系列民间文学作品的创作素材。在传奇、故事、民歌、民谣,甚至谚语中,到处都有他们的行踪。众多英雄豪杰的功绩德行、高风亮节若群星闪烁,永远照耀、激励和鼓舞着世世代代的三峡人。

(三)形神维肖、庄谐合一

三峡民间文学大多注重生动形象,其作品中的许多人物惟妙惟肖、呼之欲出、亲切可人,无论是神话中的神仙、传说中的人物、故事中的妖精、寓言中的鸟兽,都塑造得栩栩如生、有血有肉,给人以鲜明、深刻的印象。即使是在民间歌谣或民间谚语中,也大量使用比喻、比拟、夸张等修辞手法,使语言显得生动活泼。三峡地区的民间文学作品所反映的社会生活多是历史现实中的严肃主题:或抒爱国思乡之情,或吟劳役生活之苦,或颂人杰地灵之光,或诉奸贼酷吏之恶……即使是这类庄重的主题,三峡人也常常爱以调侃的态度、风趣的说法、乐观的精神、滑稽的言辞加以表达,而又将问题的尖锐性、情感的真实性、态度的严肃性、观点的鲜明性寓于作品之中,使之达到完美的统一。

(四)良莠并存,成分复杂

民间文学所涉及的内容庞杂繁多,兼及历史、教育、政治、哲学、民俗学、民族学、社会学、语言学、宗教学、伦理学,以及天文、地理、气象、农业、商业等各种学科,而且参与民间文学创作的人员构成也相当复杂。因此,民间文学总是具有二重性。一方面,健康优美、积极向上的作品占主要;另一方面,也确实有一些低级庸俗,甚至是反动下流的内容混迹共中。即便同一篇故事、一首歌谣,也鱼龙混杂,良莠并存,有积极的一面,也有消极的一面。三峡民间文学也有这一特点。如三峡民间歌谣中一些很有价值的情歌中,就常常掺杂着"三纲五常"、宗教迷信的观念和内容;传说、故事中也不时出现宣传"宿命论"和"唯心论"等观点的情况。

综上所述,三峡民间文学是我国民间文学的有机组成部分,在三峡文化乃至整个中华民族文化中均占有一席之地,我们应当十分珍惜祖先为我们留下的这份宝贵遗产,将其很好地继承和发扬光大。

第二节 神话传说

一、《黑暗传》

《黑暗传》是长期流传在湖北省保康县、神农架林区及其周边地区的一部关于汉民族神话历史的叙事长诗,多以清代手抄本传世,为薅草锣鼓、丧鼓艺人演唱底本。《黑暗传》内容多源,深受儒释道影响,凡有打丧鼓、唱孝歌的民俗活动之地,就有《黑暗传》的流传。《黑暗传》大体包括:天地起源混沌黑暗,无天无地无日月,玄黄老祖收了众弟子,弟子奇妙子吞下珠宝,尸分五块为五方,珠宝化青气上升为天等一系列神奇故事,此为"先天"黑暗。到盘古分天地,请日月上天,死后化生万物,"后天"黑暗为昊天圣母,吞了三个龙蛋,生下三个儿子,一个管天,一个管地,一个管冥。此间,黑水、红水、清水三番洪水滔天几万年,漫长的洪水期,有浪荡子吞天,江沽造水土,有天地藤上结一大葫芦,被洪钧老祖破开,见是一对童男童女,劝其婚配,成婚三十载生下众子孙又死于洪水,后来有女娲造人,人类才开始诞生,止于三皇五帝治世。有的唱本延续到各个朝代,但其重点仍在歌唱上古神话历史。《黑暗传》作为"孝歌""薅草锣鼓歌"由众多歌师在不同场合演唱,深受民众喜爱。《黑暗传》时空背景广阔,叙事结构宏大,内容古朴神奇,是一部难得的民间文学作品。自20世纪80年代中期发现以来,受到海内外学术界、文化界的广泛重视。

二、炎帝神农传说

炎帝神农是华夏始祖,是开创中华农业和医药文明的杰出代表。从春秋战国开始,炎帝神农的传说就不断地以文字记载的形式出现在历朝历代的典籍中,各朝代对炎帝神农的祭祀活动也一直持续不绝。炎帝神农传说在随州市及周边地区都有流传,以随州市曾都区殷店镇和厉山镇一带最为集中,大部分传说讲述炎帝神农的功绩,内容涵盖了炎帝神农从生到死的人生过程。神农架林区也汇聚了丰富多彩的炎帝神农传说,神农架地名即来源于炎帝神农在此搭架采药的传说。

炎帝神农传说蕴含着我国原始社会时期经济、社会、文化,尤其是农业、医学等诸多方面的历史文化信息,体现着深厚的民本思想、创新精神、奋斗精神和奉献精神,是民间文学艺术中的瑰宝。

三、屈原传说

屈原(约公元前340—前278年),名平,字原,战国末期楚国人,杰出的政治家、爱国诗人。楚武王熊通之子屈瑕的后代,丹阳(今湖北秭归)人。

屈原一生经历了楚威王、楚怀王、楚顷襄王三个时期,而主要活动于楚怀王时期。屈原因出身贵族,又明于治乱,娴于辞令,故早年深受楚怀王宠信,位居左徒、三闾大夫。屈原为实现楚国的统一大业,对内积极辅佐怀王变法图强,对外坚决主张联齐抗秦,使楚国一度出现了国富兵强、威震诸侯的局面。但由于屈原性格刚正、爱国情切,与楚国腐朽贵族集团发生了尖锐的矛盾,后遭楚怀王疏远。屈原曾两次被逐出郢都(楚国都城,今湖北江陵一带),怀王、顷襄王时期各逐一次。第二次被逐期间(公元前278年),秦将白起率兵攻破郢都,是年农历五月初五,屈原悲愤至极,遂抱石自投汨罗江,以身殉国,时年约62岁。

传说屈原死后,楚国百姓哀恸异常,纷纷涌到汨罗江边去凭吊屈原。峡江渔夫们划起船只,在江上来回打捞他的真身。有位渔夫拿出为屈原准备的饭团、鸡蛋等食物,"扑通、扑通"地丢进江里,说是让鱼、龙虾、蟹吃饱了,就不会去咬屈大夫的身体。人们见后纷纷仿效。一位老医师则拿来一坛雄黄酒倒进江里,说是要药晕蛟龙水兽,以免伤害屈大夫。后来因担心饭团为蛟龙所食,人们想出用楝树叶包饭,外缠彩丝,发展成现在的粽子。传说山里有一种鸟叫"我哥回",红嘴绿身,说是屈原的叔伯妹妹屈幺姑变的,每年到端午时节,这种鸟便出现在山林枝头,叫声如歌,且发音酷似"我哥回",龙舟竞渡的口号即是"我哥——回哟""我哥——回哟"。

以后,在每年的农历五月初五,就有了龙舟竞渡、吃粽子、喝雄黄酒的习俗,以此来纪念爱国诗人屈原。

屈原在流放中,写下了忧国忧民的《离骚》《天问》《九歌》等不朽诗篇,独具风貌,影响深远。其中《离骚》是其代表作,为中国古代文学史上最长的一首浪漫主义政治抒情诗。屈原是中国文学史上第一位伟大的爱国诗人,是浪漫主义诗人的杰出代表,中国古代杰出的政治家、爱国志士。他爱祖国、爱人民、坚持真理、宁死不屈的精神和"可与日月争光"的巍巍人格,千百年来感召和哺育着无数中华儿女。

1953年,世界和平理事会将屈原列为世界"四大文化名人"之一,屈原受到全世界人民的景仰和纪念。

2008年1月,由鄂西秭归县申报的民间文学项目"屈原传说"被确认为第二批国家级非物质文化遗产。

四、王昭君传说

王昭君(公元前52—前19年),名嫱,南郡秭归(今湖北兴山)人,与西施、貂蝉、杨贵妃并称中国古代四大美女。王昭君于公元前52年生于南郡秭归县宝坪村(今兴山县昭君村)。其父王穰老来得女,视其为掌上明珠,兄嫂也对其宠爱有加。王昭君天生丽质,聪慧异常,琴棋书画,无所不精,其绝世才貌顺着溪水传遍南郡,传至京城。昭君16岁那年,汉元帝昭示天下,遍选秀女,王昭君为南郡首选。公元前36年仲春,王昭君泪别父母乡亲,登上雕花龙凤官船顺香溪,入长江,逆汉水,过秦岭,历时三月之久,于同年初夏到达京城长安,为掖庭待诏。传说王昭君进宫后,因自恃貌美,不肯贿赂画师毛延寿,毛延寿便在她的画像上点上丧夫落泪痣。王昭君因此被贬入冷宫三年,无缘面君。

19岁那年(公元前33年),北方匈奴首领匈奴呼韩邪单于主动来汉朝,对汉称臣,并请求和亲,以结永久之好。汉元帝尽召后宫妃嫔,王昭君挺身而出,慷慨应诏。呼韩邪临辞大会,昭君丰容靓饰,元帝大惊,不知后宫竟有如此美貌之人,意欲留之,但有恐失信,便赏她锦帛二万八千匹,絮一万六千斤及黄金美玉等贵重物品,且亲自送出长安十余里。王昭君到达匈奴后受到盛大欢迎,被封为"宁胡阏氏"。昭君出塞后,汉匈两族团结和睦,国泰民安,处处展现出欣欣向荣的和平景象。21岁那年,匈奴呼韩邪单于亡故,留下一子,后为匈奴右日逐王。当时王昭君以大局为重,忍受极大委屈,按照匈奴风俗"父死,妻其后母",嫁给呼韩邪单于的长子复铢累单于,又生二女。昭君32岁时,复铢累单于又死,昭君自此寡居。一年后,33岁的绝代佳人王昭君去世,厚葬于今呼和浩特市南郊,墓依大青山,且傍黄河水,后人称之为"青冢"(据说墓上之草四季常青)。

昭君主动出塞和亲,使汉匈和好,边塞的烽烟熄灭了五十年,增强了汉匈两族人民的团结,为汉匈人民和睦亲善作出了巨大贡献,历史永远不会忘记。昭君的故事,成为我国历史上经久不衰的民族团结的佳话。

据统计,古往今来,反映昭君的诗歌有七百余首,与之有关的小说、民间故事有近四十种,写过昭君事迹的著名作者有五百多人(古代有李白、杜甫、白居易等,现代有郭沫若、曹禺等),两千多年来,生长在巴山楚水地区的一个山中女子——王昭君,竟引起历代文人的心灵共鸣,把中国文坛搅得风雷激荡,这正是南方巴楚文化与北方华夏文化交汇的光环所折射出的夺目光彩。

2008年1月,由鄂西兴山县申报的民间文学项目"王昭君传说"被确认为第二批国家级非物质文化遗产。

第三节 三峡民间故事

一、都镇湾故事

宜昌市长阳县都镇湾镇的民间故事讲述者众多,其中仅十五溪村会讲故事的人就有700人之多(在该县登记在册人数),这当中能讲50个以上故事的有200多人,能讲200个以上故事的有5人,是当地"罕见的民间文化富矿"。全国哲学社会科学规划办公室已将"民间叙事传统与故事传承研究——湖北长阳都镇湾民间故事传承人"确立为社会科学基金项目,这也是宜昌市唯一的国家社会科学基金资助的研究项目。

都镇湾故事内容涵盖了神话传说、生活故事、鬼狐精怪等多个领域,有征战兵谋、善恶恩仇等不同类型。这里爱讲民间故事者,有耄耋之年的老人,也有10岁左右的孺子;有一家三代都会讲故事的,也有许多故事夫妻、故事父子、故事兄弟、故事母女……而他们其实都是普普通通的山村农民。

2008年1月,由鄂西长阳土家族自治县申报的民间文学项目"都镇湾故事"被确认为第二批国家级非物质文化遗产。

二、下堡坪民间故事

湖北省宜昌市夷陵区下堡坪乡位于长江西陵峡北岸的崇山峻岭间,自古以来,这里风光秀丽,人杰地灵,历史文化积淀十分丰厚,特别是民间故事驰名大江南北,全乡到处都有神话传说、民间笑话、生活故事。一批民间故事传讲人,长期活跃在田边村头。特殊的地理、经济、文化和历史条件构成了当地民间文化生长和传承的特殊环境,因而民间文化积淀十分丰厚。

下堡坪故事是三峡民间文学的缩影。这里民间文学历史悠久,经历了古代荆楚文化与巴蜀文化的融合期。据调查,下堡坪乡及周边流传的民间故事有两千多个,乡里几乎所有的人都能讲故事。这里能讲50个故事以上的有100多人,其中能讲100个故事以上的有20多人,能讲200个故事以上的有4人。现年67岁的谭家坪村农民刘德方能讲400多个故事,且能传唱100多万字的山歌、薅草锣鼓歌、丧鼓歌、花鼓戏和皮影戏。2005年6月8日,中国民间文艺家协会把他命名为"中国民间故事家"。下堡坪乡民间故事原生态作品多,大都具有鲜明的本地特色,故事的文化品位较高。下堡坪乡民间故事是三峡坝区民间文学的缩影,有较高的学术价值和鉴赏价值。

2006年5月20日,由鄂西夷陵区申报的民间文学项目"下堡坪民间故事",经国务院批准列入第一批国家级非物质文化遗产名录。2007年6月5日,经国家文化部确定,湖北省宜昌市夷陵区的刘德方为该文化遗产项目代表性传承人,并被批准列入第一批国家级非物质文化遗产项目(226名)代表性传承人名单。

第四节　青林寺谜语

青林寺村位于历史悠久、地理环境独特的湖北省宜昌市宜都高坝洲境内。谜语,是一种在民间广为流传的口头文学艺术。青林寺谜语是青林寺人民在长期生活实践中保存和流传下来的宝贵文化财富,是我国民间文学园地中一支绚丽多姿的艺术奇葩。青林寺村民们擅长于制谜、猜谜,痴谜成风。青林寺的谜语数量丰富,约有5 000则,品类繁多,物谜、事谜、字谜都有。谜语中很多具有较高的文化与艺术品位,体物入微,情思奇巧。青林寺村民对谜语十分钟爱,随时随地都能相互打谜猜谜。

青林寺谜语的特点在于如下几点。

(1)乡土气息浓郁。当地的自然资源、气候物产、风尚习俗、村民生活劳作方式及器具等,都透过谜面与谜底表现得极为鲜活生动。比如:天上乌云转转,地下红花爆烂,一条蟒蛇咬到,累死两个蛮汉(谜底:打铁)。又如:尖尖身子白如银,论秤没有半毫分,眼睛长在屁股上,只认衣衫不认人(谜底:针)。

(2)谜语数量、品类多。约有5 000则,品类繁多,物谜、事谜、字谜都有。

(3)谜语朴实无华。具有集娱乐性、趣味性、知识性于一体的传统特色,犹如田野里的一股清风。

2006年5月20日,由鄂西宜都市申报的民间文学项目"青林寺谜语"经国务院批准列入第一批国家级非物质文化遗产名录。

第五节　寇准的故事

北宋名相寇准年仅19岁考中进士,当年即公元980年任归州巴东县令(今湖北省巴东县),期届三年。寇准衣食节俭,勤于政事,努力为百姓排忧解愁,他一面上奏朝廷,请求减轻农民赋税,一面劝农稼穑,为稳定朝廷与民众的关系起到了重要的作用。

目前流传在巴东县的关于寇准的故事有638篇,主要内容分为风情民俗、神话传说、诗词歌赋、劝农稼穑、仕途沉浮等,充分表现了农民大众对为政清廉者的肯定与缅怀。

第十四章

三峡传统音乐

三峡地区音乐文化自古以来就很发达,历史上以"巴渝歌舞"而著称,给我们留下了丰富的音乐文化遗产。三峡地区民间乐器种类繁多,音域独异的达数十种之多,大致可以分为吹管乐器、打击乐器、丝竹乐器三种。本章主要介绍宜昌堂调、薅草锣鼓、枝江民间吹打乐、宜昌丝竹、兴山民歌、江河号子等三峡传统音乐。

第一节 锣鼓

一、宜昌堂调

宜昌堂调,俗称"堂鼓""坐堂调""坐堂吹打"等,是流行于鄂西宜昌广大地域的一种民间音乐形式,因多用坐堂方式演奏而得名。宜昌堂调在当地婚丧节庆和其他民俗活动中应用十分广泛。

宜昌堂调历史悠久,除《楚辞》有相关记载外,这一地区出土的东汉和宋代文物也可成为重要的佐证。据研究,清代雍正年间,宜昌堂调吸纳以戏曲为主的各种民间艺术元素,得以进一步发展。它主要表现在将戏曲中的伴奏曲牌改变为吹打乐曲,又不断融合民间歌舞音乐,大大丰富了自身的音乐形态。

宜昌堂调现存一千多首曲牌,其中包括"菜调""茶调"和"大调"音乐。宜昌堂调中,以长阳、五峰两县的土家族堂调、秭归县杨林堂鼓(汉族)和夷陵区的菜调(汉族)等最具代表性。

宜昌堂调有散曲和套曲两种形式,其中又以套曲为堂调的代表。套曲主要应用于特定的礼仪程序,如用于婚嫁席面的"菜调",自始至终由"知客"喊礼,从迎宾、入席、上菜到散席、送客都有固定的程序,需严格按照程序演奏。

宜昌堂调多为六声音节形态,以羽音为主,以徵、商终止音居多。其演奏方法有许多独到之处,如唢呐的《老少配》,需翻高或变旋律吹奏,打击乐中伴奏的击节和穿插别具特色。

宜昌堂调是民族音乐史研究中难得一见的活态资料,具有多学科的研究价值。

二、薅草锣鼓

薅草锣鼓是指农民在水田、旱田或丘陵山坡上劳动时为指挥生产、鼓舞干劲、减轻长时间繁重劳动过程中的疲劳,以歌师傅领唱、众人接腔和唱为演唱形式,并有锣鼓伴奏的田歌套曲。薅草锣鼓在湖北全省均有流传,各地名称亦不一样。

三、建始喜花鼓

喜花鼓因庆祝家庭生子,饮酒打喜歌狂欢而得名。在建始县的三里、高坪、红岩等乡镇尤为盛行。

喜花鼓所唱之歌,多为当地广泛传唱的民歌。歌词内容涵盖了社会生活的方方面面,也可即兴创作。喜花鼓的音调活泼轻快,口语化的韵调旋律,折射出音调与方言的紧密联系,其演唱形式多样,有一领众和的,也有对唱、独唱的。流行全国的《黄四姐》为喜花鼓音调的代表作品。喜花鼓亦可边唱边舞,其舞蹈动作简单,以同边上步扬袂为主要动作,以四人穿"豆腐架"变化调度,一拍一步,即兴发挥。

喜花鼓扎根于土家族的文化土壤,体现出浓郁的民族风情及豁达、坦荡、诙谐、幽默的民族性格,是土家族人文精神的集中体现。

四、建始丝弦锣鼓

建始丝弦锣鼓主要分布在建始县梁乡、茅田乡、业州镇等乡镇及周边部分县市,起源于土家人的薅草锣鼓和耍锣鼓。

建始丝弦锣鼓曲牌体裁多样,既有土家本地吹打和曲牌体的吹打乐以及曲牌体的唢呐曲牌,又有板腔体的戏剧音乐。土家本地吹打有纯击乐曲牌,如《道士令》等一些本地吹打乐。同一曲牌名打法不同,如《牛擦痒》《节节高》等。曲牌体的吹打牌子有《风入松》《红绣鞋》等三十多个。曲牌体的唢呐牌子有《水龙吟》《山坡羊》等三十多个。曲牌的起法有两种,一是"累头"起,即由散板引入;另一种是"挑槌"起,即由鼓师傅预示速度。板腔体的戏剧音乐由小唢呐替代人声,由京胡、京二胡、月琴、竹笛等乐器伴奏。由于加进丝竹乐器,民间把这部分板腔体的戏剧音乐称为"丝弦"。

建始丝弦锣鼓曲目丰富,在民间祭祀、婚丧嫁娶等民俗活动中被广泛运用。其演奏形式独特,既有锣鼓乐的粗犷豪放,又有丝弦乐的细腻委婉。

五、兴山围鼓

兴山围鼓分布于兴山县各乡镇、神农架林区新华乡及宜昌市夷陵区的石板、秀水坪、阳向坪等地区。据普查,清咸丰年间,流传于武当山周边及鄂、豫、陕交界地区的"打火爆"传入兴山后,与兴山民间艺术相结合,形成了具有本土特征的兴山围鼓。它既保留有北方吹打乐粗犷的气质,又具有南方吹打乐委婉的风格。

兴山围鼓的曲牌来源于鄂、豫、陕各地的民歌小调、花鼓戏和道乐耍曲。乐器有鼓、大锣、叶子、马锣、唢呐等。兴山围鼓广泛应用于婚丧嫁娶、生儿打喜、春节灯会、集会游行、寿诞庆贺、朝山进香等各种活动,与民俗紧密相依,构成了人们生活中不可或缺的组成部分。兴山围鼓曲牌丰富,可分为玩曲、戏曲和武曲子三类。一般围鼓班子皆可演奏传统曲牌150首左右,较好的艺人可演奏传统曲牌近300首。兴山围鼓风格独特,为研究鄂豫陕三地的音乐文化交流提供了素材。

兴山围鼓传承至今已有十代传人。

第二节　吹打乐

一、枝江民间吹打乐

枝江民间吹打乐是由打击乐器、丝弦乐器、唢呐等结合在一起演奏的民间器乐体裁,其中打击乐器包括鼓(大鼓、堂鼓、板鼓、书鼓、战鼓等)、梆子(木鱼、木梆、竹梆等)、锣(大锣、小锣、苏锣、马锣、京锣、云锣、虎音锣等)、钹(大钹、小钹、川钹、小京镲)等,四弦乐器包括二胡、京胡、四弦等,唢呐包括高音唢呐和中音唢呐,另有大号等乐器。常用曲目有《山歌调》《六字流板》《正宫流板》《春来》《万年欢》等。

枝江民间吹打乐分粗乐和细乐。粗乐又称武场,由打击乐器组合进行演奏;细乐又称文场,在打击乐器演奏中夹杂唢呐、笛子、二胡、京胡等组合进行演奏。依技艺流派,枝江民间吹打乐分为上河(又称荆河)和下河两派;按地域则分为南河和北河两路。

枝江民间吹打乐讲究十样"家业"(乐器)的完整组合,同时吸纳枝江本地山歌、田歌、小调等民间音乐元素,形成了"十番鼓"的技术种类和风格,具有浓郁的地域特色。

枝江民间吹打乐主要在民间的婚丧嫁娶及各种庆典、劳动和岁时节庆活动中演奏,以配合舞蹈等民间艺术形式。2000年,枝江市被文化部命名为"中国民间艺术之乡""民间吹打之乡"。

二、土家打溜子

土家族打溜子是土家人在常年狩猎、伐木、垦殖等劳动中形成的,最初称为打"家业",俗称"围鼓""抽溜子"。主要分布在五峰土家族自治县和鹤峰县等地,鹤峰县打溜子主要集中在走马镇、铁炉乡的大部分村落。

土家族打溜子用一面鼓、一面锣、两幅钹和一个勾锣组合演奏,5件乐器由5人分别操持,称为"五合班",在当地有"鼓一、锣二、钹三声,勾锣为龙点眼睛"之说。打溜子全靠鼓面上发出的"鼓眼"指挥演奏,调动音乐情绪,故鹤峰人又称其为"围鼓"。

鹤峰土家打溜子的曲牌有一百余种,演奏时用衔接性曲牌将若干单一体曲牌组成串联体乐曲,交替演奏。根据指挥乐曲的不同,可分为"摩眼锣鼓""鼓眼锣鼓"等类,"鼓眼锣鼓"又根据变换和提示性演奏曲牌的不同而分为"文牌鼓眼""武牌鼓眼"和"点子鼓眼"。演奏中由鸳鸯钹(即头、二钹)此起彼落交替拍打出来的"钹钹儿音""荷叶儿音""疏花""挤花"等组成系列乐句,构成基本乐句和乐段。锣与鸳鸯钹交替编制乐曲,维系乐牌的主体与风格,鲜明地反映出锣鼓乐派的线性结构,即锣鼓经。而鼓与勾锣则顺和音响趋势,起着画龙点睛的作用。

演奏过程中,乐手可以充分利用速度、音色、力度、节拍的变化将各种不同曲牌有机地连缀成套,以表现诸多生动形象和各种情趣。很多曲牌都以动物动态命名,如《燕平翅》《凤凰闪翅》《龙虎斗》《八哥洗澡》《鹞子翻身》等,形象生动,具有一定的表现力和感染力。

三、长阳吹打乐

长阳土家族自治县的村村寨寨,"上山踏歌声,进村闻吹打"。伴随着土家人的婚丧嫁娶、节日喜庆,总是响彻着吹打乐的悦耳之声。出土的六朝陶魂罐上刻画逼真的吹打乐场景,说明长阳吹打乐在1 500多年以前就已形成一定规模的吹打乐班。至今仍在民间流传演奏的吹打乐曲目500多首。

长阳吹打乐是由吹奏和击乐两种形式结合演奏,民间叫"响匠班子"。以打击乐为主的合奏,称为"锣鼓乐",俗称"打家业"。

长阳吹打乐的相关器具由两支音高、形制相同的长号及唢呐、土笛,配以打击乐组合而成。按其表现作用分为堂调、大调、宫调、笛调、菜调、丧调和综合调七种类型。

长阳吹打乐有单曲体和组合体两种结构形式。单曲体一般较短,节奏流畅明快,乐曲旋律流畅婉转,其旋律多为级进。

长阳吹打乐中的代表曲目《十幡鼓》,由十多支不同的曲牌组成,其终止调式各不相同,但每首曲牌都被接上一个相对统一的、具有土家族特色的商音终止乐句,使每个套曲既有感情起落的对比变化,又维系了曲牌风格的地方性与协调性。整套乐曲不仅具有各类移宫换调、变头换尾等多种曲调发展手法,还拥有一批诸如土笛、巴乌、木叶、土琵琶等特色乐器。演奏过程中,整段乐曲婉转优美,其声势蔚为悲壮,是长阳吹打乐中的"珍品"。

长阳吹打乐中的堂调有散曲和套曲两种形式,与民俗活动具有鱼水关系,诸如酒席前演奏的各种"菜调"套曲、各种活动中的"客调",以不同乐器演奏不同的曲牌成套。堂调最具土家族的特征。

四、远安鸣音

远安鸣音,又称"巫音",流传于远安县及其相邻的保康、南漳等地。远安鸣音主要在民间红白喜事和庙会等活动中演奏。

鸣音乐班一般由6人、9人或12人组成,所用乐器包括鸣音(喇叭)两支、大号两支、马锣两个、边鼓、咚鼓、勾锣、包锣等各一个,有的乐班还配以二胡、三弦和琵琶。鸣音(喇叭)形似唢呐而略大,杆上只有六孔,后孔一般不用。远安鸣音曲调古朴无华,浑厚优雅,演奏中起伏较大而以跳进居多,唢呐筒音带有微升效果,可形成多种不同的音列,具有较为特殊的音程关系。

远安鸣音传承下来的曲谱有五十多首。其代表曲目有《六调引令》《尺调引令》等。鸣音的联曲程序十分讲究,起头的"开套"即是一个完整的结构,作为鸣音主体部分的"长调"(一批独立曲牌的总称)则更为严谨。鸣音演奏强调"口中带韵,手上带花",喜用闪音和鸣音。闪音如民歌的波音,鸣音则似乐器箫的音色。除此之外,鸣音演奏还有喉音、打音及换拇指等技巧,在长期的实践过程中形成了奇异诡秘、古朴典雅的音乐风格。

远安鸣音保存了我国古代音乐文化的某些信息,它独特的乐器结构、音律特征和演奏方法不仅丰富了湖北传统音乐和民俗活动,也为中国音乐学和楚文化的研究提供了宝贵的资料。

第三节 民歌

一、兴山民歌

兴山县位于大巴山余脉,长江西陵峡北侧。兴山民歌分布于兴山县各乡镇及其东、南、北部的周边地区。兴山民歌源远流长,蕴藏丰饶,国内音乐学界有学者将其指认为"荆楚古歌"的遗存。此说可从曾侯乙编钟特别是鄂西南地区长阳县出土的商周青铜钟磬的音列结构中找到印证。

兴山民歌音调奇特，常常被人误认为"唱不准"。其实，它的音列结构中含有一个介于大、小三度之间的音程，被命名为"兴山特性三度音程"。经对兴山现有的两种三声腔结构测音，其相邻两音间存在音分差。兴山民歌常用的五声音列就建立在这样的"音分差"之上。

这个独特的音列证明了在荆楚传统音乐文化中存在着一个与乐器考古发现的律制一致的口传文化。兴山民歌具有很高的音乐学、文化学价值。

兴山民歌的常见曲目有《征东》《征西》《薛刚反唐》《十送》《十想》《五更》等。

二、利川灯歌

利川灯歌主要流传于利川市柏杨、都亭、南坪、汪云、文斗、建南、毛坝等集镇及其周边地区，是利川土家族人逢年过节时以彩龙船为道具的民间演唱形式。由于其演员化妆、舞姿已具戏剧雏形，所以俗称"跳灯""玩灯"和"灯夹戏"。

利川灯歌演出时划地为台，载歌载舞，一唱众和，男女踏歌，翩跹进退。道具是对清江流域、荆楚大地飞渡龙舟的模拟，人物是对土家幺妹婚嫁出门的刻画，歌曲（又称灯调）由本地传统民歌结合玩灯特点世代演唱而成。内容多为本地风俗人情和男女情爱，方言方音，衬词诙谐、幽默、妙趣横生。曲调悠扬婉转，"引商刻羽，杂以流徵"，级进下行，与古代巴人之竹枝、踢踏一脉相承。旱地划船，舞的是龙舟竞渡，唱的是园里种瓜，演的是幺妹过河，奏的是上山砍柴。

传统利川灯歌尚存近百首，有彩龙船调、车车灯调和连厢调三大类，内容有祝福歌、风俗歌、风情歌、教化歌等。由《灯歌·种瓜调》收集整理而成的优秀民歌《龙船调》是利川灯歌的代表。

三、宣恩十姊妹歌

十姊妹歌，是一部反映和记录土家族婚姻习俗的抒情史诗，是鄂西南恩施土家族苗族自治州婚俗形式——哭嫁中的一个歌种，也称陪十姊妹或哭嫁歌。

哭嫁，是广泛流行于宣恩各乡镇以及湘、鄂、渝、黔土家族地区的一种婚礼习俗，距今已有数百年的历史。哭嫁，是姑娘出嫁前"一声儿罢一声儿娘"的真声哭诉，而十姊妹歌则是由陪新娘的"十姊妹"，以"歌"这种特殊艺术形式为新娘代"哭"，并在新娘出嫁前的头天晚上这个特定的时间内"哭"，从"开台"到"圆台"，把新娘真声哭诉的内容歌乐化、拓展化和仪式化。

十姊妹歌"犹如巴娘唱竹枝"，句式多以七言四句结构为主，通俗易懂，明快而又含蓄，为了情感表达的需要，通常使用比拟、夸张、联想、排比等修辞手法，具有很强的感染力和抒情效果。而歌词内容主要是倾诉父母养育之恩及叙说与亲人的离别之情，同时也有对封建包办买卖婚姻制度的血泪控诉，对旧社会重男轻女、男尊女卑等恶劣现象的无情鞭挞，以及对未来美好家庭生活的期盼与追求。

"十姊妹歌歌太悲，别娘顿足泪沾衣"。十姊妹歌，是"歌"亦"哭"，"哭"亦"歌"，其音调为在当地传统音调形态基础上的自由编创。这种歌乐一体的特殊旋律被人们形象地称为"唢呐腔""呀依儿腔"或"哭腔"。2/4 节拍，曲调低沉、悲悲切切、凄婉悠扬、揪心感人，引人入情、入景、入理。由于十姊妹歌音乐旋律要突出"哭"，所以衬词多为"依依呀呀""依呀依"等。

四、雾渡河民歌

雾渡河镇地处宜昌市夷陵区西北山区，自古是由陆路通往巴蜀的要道，是巴楚文化的交汇之地。长久以来雾渡河地区就有"喊山歌、唱扬歌"的风俗。该区域内的民歌种类齐全，音调也具有该区域民歌的典型特点。

雾渡河民歌具有很强的民间文学性。已收集到叙事长歌达 84 部，可分为劳动歌、时政谣、仪式歌、情歌、苦乐歌（生活歌）、创世古歌、历史传说、乞丐歌、逗趣歌、喻世歌、儿歌、综合歌、新民歌十三大类。而以历史传说和劳动歌最为普遍。由于雾渡河民歌流传面广，学习、传承该地民歌的人数众多，演唱、传承民歌已成为当地社会生活中独具特色的文化现象。

第四节 宜昌丝竹

宜昌丝竹，亦称"细乐"，是宜昌民间器乐艺术的代表体裁。它主要流行于宜昌市夷陵区的鸦鹊岭、龙泉，并以鸦鹊岭为中心，辐射毗邻的枝江、宜都、当阳等县市。

宜昌丝竹具有悠久的历史。北宋欧阳修任夷陵县令时，对当地民风民俗作了"腊市鱼盐朝暂合，淫词箫鼓岁无休"的描述；著名文学家苏轼也留有"庙前行人拜且舞，击鼓吹箫屠白羊"的诗句。据清《东湖县志》（东湖相当于今宜昌市夷陵区）载，宜昌风俗一般"元宵张灯……鼓乐笙箫，遍游街市"。现存的丝竹艺人已经七代传承，近 200 年。

宜昌丝竹在民间长期演奏于婚丧嫁娶等民俗活动之中，主奏乐器为丝弦和竹管。曲牌有明显的丝竹曲牌特点，有以"一曲生五曲、五曲生七曲"的曲牌派生法，同时还以起调毕曲音构成主导乐句贯穿全曲。目前已收集到宜昌丝竹六十余首乐曲，常见曲目有《水龙吟》《戏球》《小起堂》《小开门》《客丧》等。

宜昌丝竹曲调优美，表现细腻，加上打击乐轻敲细打，往往给人以典雅、清新之感。其旋律则较为华丽,版式也较为规范,曲牌、小调与本地民歌交融形成特有的风格。

乐班是宜昌丝竹传承的主体,仅鸦鹊岭一镇就有六十多个乐班七百余人。宜昌丝竹的传承活动亦以乐班为主。

第五节　江河号子

江河号子,也称峡江号子,是指流传在滩多水急的西陵峡一带行船过程中船工呼喊的号子,以及装卸、泊船时呼喊的码头号子和搬运号子。峡江号子是湖北民歌号子中最富特色、最具代表性的歌种,是船工在对生命极限的考验中产生的,是群体劳作创造的生命乐章。

号子也称劳动号子、哨子,是一种伴随着劳动而歌唱的民间歌曲,流传于中国各地。先秦典籍《吕氏春秋》有一段记载说:"今夫举大木者,前呼'邪许',后亦应之,此举重劝力之歌也。"这是先民一边集体搬运巨木,一边呼喊号子的逼真描写。而且说出了一个极朴素又重要的道理:早在原始时代,凡"举重",必唱"劝力之歌"。所谓"劝力之歌"就是后来的劳动号子。一些协作性较强而劳动动作在节奏、速度上经常变化的集体劳动,需要步调一致、动作协调,如果没有统一的指挥号令,动作就会参差不齐、力量分散,劳动就无法顺利进行。劳动号子就是人们在这类劳动场合,为了统一节奏、协调动作、激发劳动热情和缓解疲劳而唱的一种歌。所以,产生"号子"的必备条件首先是集体劳动,同时还必须是需要互相协作的集体劳动。诸如出海打鱼,森林伐木、抬木,江河摇橹、拉纤、放排,码头搬运,建筑工地打夯、打硪,上山撬石、打石以及挖石膏、制盐等劳动几乎都要有不同的劳动号子相伴。

劳动号子曲调高亢激奋,节奏沉稳有力,调式、调性变化频繁,一领众和或众人齐唱,变化多端。在节奏较缓的劳动中,"领"句较长,"合"句稍短。而在较为紧张的劳动中,领句、合句都十分短促。另外,多数情况下,领句唱完之后,合句再接唱,但也有合句在领句结束以前就进入的,两个声部由此构成重叠状态。这种劳动号子虽然也有曲调,但主要还是强调节奏,以便人们在统一的有规则的节奏中进行劳动。紧张的劳动动作、沉重的体力负荷,赋予劳动号子的歌唱以吆喝呐喊的特点,因此,民间习惯称它为"吆号子""喊号子"和"哨子"等。

劳动号子从大的方面分,主要有搬运号子、工程号子、农活号子、渔船号子和作坊号子五大类。每一类号子歌词内容多为劳动呼号用语,少数为见景生情、即兴编歌。由于劳动强度不一、号子的节奏有的规整有力,有的短促轻捷,有的长而舒展。唱法有独唱、对唱和一人领唱众人和等,后者最为常见。领唱者既是劳动者又是指挥者，其歌词复杂、曲调高扬舒展；和者为劳动者，曲调深沉有力、节奏性强、但没什么歌词，只是"嘿""哟""嗬"等。

民间歌曲中，劳动号子占有重要的地位，可以说，劳动号子是民歌音调最早的根源和基础。号子是劳动人民伟大力量的一种艺术表现形式。

峡江号子现存126首，其中船工号子94首，包括拖扛、搬艄、推桡、拉纤、收纤、撑帆、摇橹、唤风、慢板九种；搬运号子32首，包括起舱、出舱、发签、踩花包、抬大件、扯铅丝、上跳板、平路、上坡、下坡、摇车和数数等。峡江号子在峡江上下广为流传。

峡江号子伴随着劳动节奏而歌，高亢、浑厚、雄壮、有力，节奏铿锵，表现形式为一领众合，有喊唱、呼啸、翻唱等。音乐旋律与内容融为一体，音调与语言声调相结合，自由行腔，节奏、速度视具体活路（活计）而定。"腔旋律"居多，也有"韵调旋律"，别具古老的徵羽乐风，音乐呈现出力度感与节奏性强的突出特点，气势磅礴，有疾劲、悠扬的号子，也有抒情的民歌。结构多为联曲体，也有单曲体，舒展自由，灵活多变。具有独特的文化艺术价值和音乐史、心理学等研究价值以及合理开发的可利用价值。

峡江号子是人与自然抗争而又和谐共处的结果，已成为该地域人民中最富凝聚力、最具标志性的文化符号，具有持续认同感，是人们在适应周围环境以及与自然和历史的互动中，不断再创造的精神文化遗产。

由于交通运输工具和劳动方式的改变，且长江三峡已建坝蓄水，峡江号子因木船在峡江逐渐停用而随之消亡。

但是，江河号子作为峡江地区民歌的一个主要体裁，数千年来，它伴随着劳动大众在与自然的搏斗中发挥了巨大的社会功能，创造了人类战胜自然的一个又一个奇迹。同时，号子又是人与自然和劳动相结合、相碰撞而产生的最早的精神艺术之花。因此，它具有永恒的历史文化价值。

2008年1月，由夷陵区、伍家区（峡江号子）、秭归县（船工号子）申报的"江河号子"被国务院批准列入第二批国家级非物质文化遗产名录。

第十五章 三峡传统戏剧曲艺

三峡民间的戏剧、曲艺是在原始、粗犷、富有浪漫情调的竹枝歌、巴渝歌及带有神秘色彩的祭神歌舞仪式等基础上,在中原歌舞、戏曲艺术的影响下而逐渐形成的,既有中华民族共有的审美特征,也有明显的区域艺术特色。本章主要介绍峡谷皮影戏、南剧、灯戏、傩戏、远安花鼓戏、鹤峰柳子戏、巴东堂戏、南曲、恩施扬琴、三棒鼓、利川小曲、鹤峰满堂音、枝江楠管等三峡传统戏剧曲艺。

第一节 传统戏剧

一、峡谷皮影戏

峡谷皮影戏是流传于神农架林区下谷坪土家族乡的民间戏曲形式。据说峡谷皮影戏是从山西学来的,艺人将皮影戏与本地的堂戏有机相糅,形成独树一帜的峡谷皮影"王氏流派"。峡谷皮影戏目前仅存堂戏世家的王宏轩父子组合的戏班。

峡谷皮影戏的皮影选用牛皮雕刻,人物模仿戏剧生、旦、净、末、丑造型,涂染红、黄、绿、黑、白五色。身段为四节相连,头部、肩至腰部、腰至臀部、臀至腿部,人物全是侧面造型。为适应室内演出,其皮影只有30多厘米高,比湖北境内其他皮影小许多。

峡谷皮影戏演出前用28根竹竿(代表二十八星宿)搭架彩台,设窗子(影幕),彩台内悬一灯,彩台就是皮影戏演出的舞台,演员在彩台内不露面。

峡谷皮影戏带有浓厚的宗教色彩,百姓认为在家中演出能消灾纳福,凡办大事先求神许愿,事后请皮影戏班进堂屋演出还愿。开锣前班主焚香纸叩拜岳皇大王雕像,再拜金花小姐、银花仙姑以及田、杜、郭、何四大元帅,求得恩准,方可演出。届时,东家鸣鞭放炮,戏班开锣演出。演出结束前,班主步出门外先念敬道文书,后焚香烧文书,东家再次鸣鞭炮,戏方收场。

峡谷皮影戏剧目全是传统大本头,多为精忠报国、惩恶劝善、上慈下孝之类的内容。彩台内一人操杆舞弄皮影,且边操杆表演边同司鼓操琴者说唱,影幕上皮影人物栩栩如生,让人看得眼花缭乱。

皮影戏分文场、武场,文场凄凉婉转、幽怨曲环、悲悲切切、催人泪下,武场豪放激越、粗犷彪悍、虎虎生气、令人振奋。影幕上皮影弄舞,彩台内锣鼓喧天,琴弦悠扬,说唱逗趣,让人心驰神往。皮影戏演出往往通宵达旦,观众仍乐此不疲。

二、南剧

南剧属皮黄腔剧种,是湖北省四大剧种之一,原名人大戏、施南调,流行于恩施土家族苗族自治州。它形成于清代乾隆、嘉庆时期,成熟于道光年间,至今已有200多年的历史。南剧声腔有南路、北路、上路之分。南路属二黄腔,北路属西皮腔,两者均源于荆河派汉剧,约在乾隆年间传入鄂西南山区;上路为弹戏(川梆子),约在嘉庆年间传入施南府。这些声腔与恩施本地的语言、民风及扬琴音乐、民歌等相互融合渗透并不断演变,逐步形成了具有鄂西南风格的南剧。

南剧剧目丰富,号称"八百出",现有资料留存的约600出,其中较为流行的达300出左右,主要取材于历史演义、民间故事、神话传说等。南剧分生、旦、净、丑四大行当,各行当均文武兼备,表演上尤重做工,往往文戏武唱,人物造型装扮也极为重视。

南剧原是土司和地主阶层欣赏玩味的艺术,后来逐渐走进广大群众的生活,成为深受当地人民喜爱的戏曲剧种。它既是巴、楚文化碰撞融合的产物,又是土家族文化与汉文化交流融会的结晶,对于研究巴、楚文化及恩施少数民族地区经济、文化、社会状况具有极其重要的参考价值。

三、灯戏

恩施灯戏是湖北地方戏曲剧种,清代乾隆年间由四川流入恩施,至今已有近200年的历史,主要流传在恩施、利川及渝东地区的二十多个县市。

恩施灯戏的唱腔主要由正腔和小调组成,正腔类唱腔主要包括本腔、七句半、一字板、悲腔、神狗调、四平调、辰河调等,两句唱词构成上下乐句。小调类唱腔自由灵活,多来自恩施一带流行的灯歌小调。

恩施灯戏的角色行当主要有小生、小旦、小丑三种,角色小、戏小、班社小,对服装、道具、舞态均无严格要求,可随时随地演出,适应了当地山区的文化环境和地理条件。恩施灯戏现保存各类剧目112个,均为单本折子戏。这些剧目精巧简练,通俗易懂,寓庄于谐,为流传地广大观众所喜闻乐见。

经过数百年的锤炼,恩施灯戏一招一式、一腔一板都显示出独特的艺术魅力,保持着有别于其他姊妹艺术的鲜活个性。它重在表现下层人民生活,展示当地民俗民情,在民俗学的研究中具有重要的参考价值。

四、傩戏

傩戏在鹤峰县最早见于文字记载,在明代天启年间,容美土司田信夫在《澧阳口号》中写出了当时傩戏在鹤峰盛行的情景:"山鬼参差迭歌里,家家罗帮载身魔。夜深响彻呜呜号,争说邻家唱大傩。"

鹤峰傩戏班称"坛",班主则称"掌坛师",一个傩坛8～10人不等。新中国成立前鹤峰约有25个傩坛,分布在走马、白果、锁坪、南北、阳河、铁炉、马家、五里、桃山、六峰、清湖、下坪、北佳、中营、邬阳等乡镇。目前燕子乡的清湖村、铁炉乡的江口村还有两支完整的傩坛常年演出傩戏,入坛者不乏当地青年。除此两处以外,其他地方亦有零散的傩戏艺人在活动。鹤峰傩戏有一套完整的祭仪,由"发功曹""白旗扫台""请神""修造""开山""打路""扎寨""迎神""窨茶""开洞""戏猪""出土地""点猖""发猖""报卦""收兵""扫台""邀匯""祭将""操兵""立标""勾愿""撤寨""送神"等表演环节构成,号称"二十四戏",亦称"二十四堂法事"。简化的祭仪也仍有"发功曹""白旗扫台""扎寨""迎神""开山""出土地""祭将""立标勾愿"8个环节,称为"正八出"。

五、远安花鼓戏

远安花鼓戏俗称"花鼓子",主要流传于远安县及其周边的宜昌市、保康县、南漳县等地区。它起源于清同治年间盛行于该县荷花镇一带的地花鼓,距今已有100多年的历史。

远安花鼓戏的声腔有陶腔、汉腔、南腔、四平及彩腔。陶腔是当家腔,属板式变化体结构。陶腔、汉腔、南腔均为男女同腔,为上下句。唱段在上下句基础上,一般由起板、正板、腰板和落板四部分构成。彩腔曲调共有50余支,曲牌优美活泼。远安花鼓演唱以人声帮腔,锣鼓伴奏。乐器有鼓、大锣、苏钹、马锣、牙子(板)。后来加入了丝竹文场,并有了高胡、琵琶、二胡三大件,并可配色彩乐器。传统行当主要有小生、小旦、小丑,各行均以本嗓发声。传统剧目丰富,已整理出的有104个,以对子戏和折子戏等生活小戏为多,情节简单完整。内容主要是男欢女爱、勤劳致富、尊老爱幼、劝人从善、为官不贪、五毒莫染等,极富生活气息。远安花鼓戏有助于人们了解和认识历史、文化和民俗等现象,具有艺术欣赏和研究价值。

六、鹤峰柳子戏

鹤峰柳子戏又名杨花柳,主要流传于鹤峰走马、五里、铁炉一带以及湖南省的石门县、张家界市的部分地区。据《长乐县制》载:"演戏多唱杨花柳戏,其音节出于四川梁山县。"清代诗人田泰斗《竹枝词》:"一夜元宵花鼓闹,杨花柳曲四川腔。"容美土司田舜年《容阳世述录》载:"冶大雄与田旻如为看杨花柳结怨。"可见,鹤峰柳子戏是土司末期从四川梁山一带传入的民间戏曲。

鹤峰柳子戏的主要唱腔有正宫调、八字调、蛤蟆赶钓调、悦调、悲调、阴调、神仙调等。大筒胡琴是鹤峰柳子戏的主要演奏乐器,音色浑厚,富有山野风味,极具震撼力和穿透力。伴奏乐队有文场、武场之分。文场的乐器有大筒胡琴、唢呐、笛子等。武场的乐器主要有鼓、锣、钹之类的打击乐器。常用的丝弦曲牌有《大起板》《蚂蚁上树》《步步高》等,唢呐曲牌有《大开门》《吹咿调》《穆桂英下山》《连升三级》等;打击乐曲牌有《小登科》《大登科》《小撩子》《炮头》《三枪》《四门进》《打垮山》等。鹤峰柳子戏的角色行当主要分为生、旦、丑三类,后来增加了净角。传统剧目有100余出,常演剧目有《打金银》《打芦花》《打仓救主》《侯七杀母》《曹安杀子》《熊子勇杀妻》及一些生活小戏等。

鹤峰柳子戏是研究土家族文化与汉文化交流的重要资料,其独特的戏曲音乐具有重要研究价值,对研究少数民族地区戏曲文化思想也具有不可替代的作用。

七、巴东堂戏

堂戏,又称花鼓戏、稿荐戏,因早期多在堂屋演出而得名。主要流传于巴东及其周边的建始、秭归、兴山、宜昌、长阳、五峰、神农架林区及巫山等地,约有200年以上的历史。

堂戏的声腔由大、小筒子腔及少量杂腔、小调构成。正腔有两类:一称大筒子腔,有四平、南调、怪腔、苦板、阴调等;一称小筒子腔,其主腔为南、北路。大、小筒子腔均属板式变化体。其伴奏分文场与武场,文场即管弦乐,武场即打击乐。其代表剧目有《兔娃子放牛》《雪山放羊》《王麻子打桩》《劝夫》《送寒衣》《山伯访友》《海棠花》等。

堂戏具有较高的道德美感价值和民族艺术价值。

第二节 传统曲艺

一、南曲

南曲亦称"丝弦",流行于长阳、五峰一带。它产生于清代乾隆至光绪年间,至今已有200年左右的历史。在长期传承过程中,南曲不断吸收土家民歌小调和皮影戏中的音乐元素,将当地的地方语言与曲调风格统一起来,形成强烈的艺术感染力,被曲坛誉为"郁香的山花"。

南曲表演主要采用坐唱形式,配以小三弦、二胡、四胡、扬琴、月琴(俗称"块子")、云板(又称"简板"、"牙子")等伴奏乐器,而以小三弦为主。在这些乐器的伴奏下,南曲演唱更加悦耳动听,显示出委婉细腻、优美抒情的艺术特征。演出时既可一人自弹自唱,也可由两位以上的演员分角色对唱,还可多人齐唱。表演过程中可安排一人专门弹奏,另一人边击板边唱;也可安排一人击板,几人各操三弦同时弹奏,并于拖腔之时施以帮腔。

南曲曲词以七字句为主,唱腔音乐属于曲牌体。长阳南曲现存传统唱腔曲牌31支,分为南曲和北调两类,南曲类基本曲牌包括《南曲子》《垛子》《上下句》《渭腔》《数板》《浪板》《火葫芦》《悲腔》《湖腔》等,北调类曲牌仅存《寄生调》一支。南曲曲目众多,现在搜集到的约有250个,大致可分四类。第一类取材于小说和戏本,第二类取材于民间故事和传说,第三类取材于应酬和劝诫,第四类用以咏景抒怀。五峰南曲现存唱腔曲牌近30支,曲目、文词丰富多彩。现存的100多个曲目多取材于历史小说和传奇故事,《才子游江》《三国英雄》《昭君和番》《打鱼杀家》《红娘递柬》等是其中的代表作品。

南曲多在新婚典礼、寿诞庆祝、嘉宾宴饮、良友聚会等场合演唱,带有一定的自娱自乐成分,因此出现"玩丝弦"之说。它文辞清雅、音乐古朴、历史悠久、群众基础深厚、艺人众多,是土家族和汉族文化艺术交流融会的结果,在民族学、文化学等的研究中具有重要的参考价值。

二、恩施扬琴

恩施扬琴又名"恩施丝弦",广泛流行于恩施城乡和利川、咸丰、来凤、宣恩等周边县市。它形成于清代同治、光绪年间,至今已有150多年的历史。

恩施扬琴演出时分生、旦、净、末、丑等角色演唱,表演内容达到高潮或进入尾声时以众和彩腔相伴。整个演唱以扬琴为主要伴奏乐器,以碗琴为色彩乐器,与二胡、三弦、月琴、京胡、鼓、尺合称"八音"。演奏时扬琴居首,其余乐器环围四周。乐器伴奏不必严格随腔,往往采取腔繁奏简、腔简奏繁的方法。唱时点奏,过门重奏。鼓、尺除严格按板、眼演奏外,还需根据演唱内容的需要,以轻、重、缓、急的不同节奏随腔敲击。扬琴音乐中有《正宫》《二六》《皮簧》等声腔曲牌,可分板腔体曲牌、歌谣体曲牌、民间小调和器乐曲牌四类。

恩施扬琴表演曲目丰富多彩,文字精炼严整,作品开头和结尾的诗句采用第三人称,人物对话和情节描绘中常常夹有韵白。其演出脚本的基本结构较为规范,开始用四句词点明主题,四句诗介绍内容梗概,随后用说白进入角色叙事,用唱词和对话分角色行当展开故事情节,最后用四句尾诗结束交代,点出接唱曲目。

恩施扬琴艺术属于比较高雅的城镇市民文化的一种艺术形式,历史上没有专业演唱团体,表演者自命高雅,只在家庭间相邀传唱,或组建"清江琴社""伯牙琴会""琴音会"之类的民间琴会,定期交流,聚集演唱。恩施扬琴既是外来文化与本地土家族文化交融合流的产物,又是民间典雅艺术的代表,具有一定的历史文化研究价值。

三、三棒鼓

三棒鼓自明代传入湖北省内,先在今天门、仙桃一代盛行,后与凤阳花鼓合流于清代,流传于来凤、宣恩土家族地区。能歌善舞的土家人和打薅草锣鼓的歌师们很快接受了这种朴实的民间艺术,他们将薅草锣鼓中的大锣换小锣,将旗子鼓换成小巧精美的花鼓,以常唱的山歌、哭嫁歌、梯玛神歌的音调演唱起来,并把西兰卡普中的"龙凤呈祥""富贵牡丹"等图案绘制到鼓皮、鼓身上,称为"花鼓"或"喜花鼓",逐步形成了具有地方民族特色的一种民间曲艺艺术。

宣恩三棒鼓演唱一般为三人,一人打鼓、一人敲锣、一人抛刀耍棒;也有两个队或多个队联合演唱的,唱词多以"五五七五"句式为主,有一人独唱、二人对唱、多人合唱等多种演唱形式。而唱词要求句句押韵,讲究对偶、比兴等修辞手法,通常使用歇后语及地方方言,俗中见雅,幽默风趣。其音乐是单曲体、2/4节拍,四句一循环。宣恩抛刀的花样繁多,有美女梳头、太公钓鱼、仙人裹索、双龙出洞、双凤朝阳、打铁、纺车等二十多种。

三棒鼓演唱不择场地,茶馆酒楼、街头巷尾、堂屋火炉、田边地头等都可随地演唱,无论是婚丧嫁娶、乔迁之喜、开业祝寿、休闲娱乐、街头宣传等各种场合,都离不开邀请三棒鼓班子前来压轴助兴。

四、利川小曲

利川小曲主要盛行于利川一带,已流传四百余年。利川小曲的音乐和唱腔,属曲牌体,可分为单曲和套曲两大类,现已收集到的曲牌共39种55支,其中单曲曲牌34支,小调类曲牌12支,鼓曲类曲牌9支。利川小曲传统曲目尚有20多个,有《贾氏坠楼》《鹿台饮宴》《曹安杀子》《鸦片歌》《怕字歌》《哭五更》等,现代曲目40多个,代表曲目有《老杨三住青松塝》《丢车保卒》《千里寻妻》《迎姑妈》《铁路修进土家寨》等。利川小曲伴奏乐器独特,有三挑板、碗儿、梆鼓、大筒筒、大提琴等,现代曲目演唱中又加入了竹笛、二胡、琵琶、大提琴等乐器。

利川小曲传统表演形式有两种:唱雅曲和唱曲儿。唱雅曲突出一个"雅"字,是民间文人士大夫用来欣赏的;唱曲儿则保持原生态唱法,是穷苦艺人糊口所需。利川小曲曲调优美,表现形式独特,民族地方色彩浓郁,常用比喻、暗示、歇后语等技巧来表达曲目主题,具有学术研究价值。

五、鹤峰满堂音

鹤峰满堂音,又名"琵琶板",因其多在厅堂演出且吹、打、弹、唱同时发音而得名。其仅存于鹤峰县溇水支流南渡江两岸,即五里乡和燕子乡的部分村寨,以及与之相邻的宜昌市五峰县湾潭镇的极小部分地方。鹤峰满堂音形成于清中叶。其唱腔曲牌有《琵琶板》《唢呐板》《苦板》《滚板》《团团板》《哀子》《红纳袄》;器乐唢呐牌子有《大开门》《大团圆》《宫调》等;弦乐曲牌有《小开门》等;击乐牌子有《三起头》《大翻身》《小翻身》《三阴三阳》《火炮》等。《琵琶板》是满堂音的主要声腔。因曲目故事中的人物行当的不同,从中又分蘖出了生角、旦角、苦旦、净角、丑角等不同的支腔。满堂音没有固定的唱本,艺人演唱时,可根据故事的大纲和唱词的韵脚即兴创作发挥。常演曲目有《苦双龙》《薛刚反唐》《征东》《征西》《火焰驹》《雕龙扇》等,移植的曲目有《审椅子》《打狼》《碧血丹心》等。其音乐节奏轻快活泼,富有弹性,旋律舒展流畅,口语性强,乡土风味浓郁。加上艺人们自制的土琵琶,琴弦同度定音、无半音的演奏方法,使满堂音的调式特征和旋律色彩极具特色。

鹤峰满堂音是一种具有数百年历史,流传区域却不足百里的稀有曲种,其音乐、语言、道具与容美土司文化有着深厚的历史联系,在以容美土司文化为代表的土司文化研究中,满堂音成为土司时期民俗演艺的代表作。

六、枝江楠管

枝江楠管是用楠管、云板、单面钹三件击节乐器进行伴奏演唱的民间曲艺形式,因其主要的伴奏乐器楠管系用楠竹制成而得名。主要流传于枝江市和宜都市部分区域,已有百年历史。

枝江楠管唱腔属板腔体,多由枝江本地田歌、小调、号子、丧鼓等腔调衍变形成。其唱腔含二腔四板,即平腔、悲腔和缓板、垛板、赶板、散板。其中板置腔下,平腔分缓板、垛板、赶板三种板式;悲腔分缓、赶、垛、散四种板式。枝江楠管的腔调,分南、北两个派路。除北路平腔偶见宫调式外,基本为徵调式,骨干音列为「5」56123,这与枝江方言四声声调之 451、131、421、241 序及民歌色彩之 5612 音列相映。而北路平腔重于 1、2、3,南路及两路悲腔突出 6、2。

枝江楠管以唱为主,唱、念结合。曲目情节发展、人物感情、景色描绘常用唱技表达;凡对话、旁白、武打描述,多用念技。楠管艺人重唱厌念,追求"动人的声韵醉人的音",讲究字正腔圆,唱腔上强调通过轻重缓急、抑扬顿挫去表达人物的喜怒哀乐,刻画人物不同性格。唱词以七言四句式为主,每句以二、二、三音节组成。但也不乏十言四句和五言四句、七言或五言上、下句式之例。在表演方面,楠管艺人重神、情二态,怀抱三件击乐,以眼神和面部表情相配合,通过正视、斜视、圆眼、细眼、白眼、瞪眼、皱眉、锁眉、展眉来表达多种复杂的感情。

楠管以演唱历史故事中的长篇为主。书目无固定文字,只有纲目,演出时全凭艺人的口头"套数"。小段内容集中紧凑,一般讲一人一事。楠管的传统曲目有《岳飞传》《薛仁贵》《杨家将》《小八义》《逼上梁山》《大堂上寿》《站花墙》等。

七、恩施三才板

恩施三才板源于四川"金钱板"。清末民初川东船夫和四川客商途径恩施,川人多喜唱金钱板,或招徕生意,或谈笑自娱,由于金钱板唱腔动听易学,道具简单易做,当地群众相继学唱,不断流传到恩施及周边县镇。

"三才板"是指"天、地、人"三块板,其中左手执两块,上为顶板,称"天",下为底板,称"地",右手执一块为打板,称"人",三板齐打即称"和"。"三才板"由此命名。

传统的恩施三才板仅一人手执三块竹板作道具,无需乐器,击板相奏,方言说唱。其唱腔属单曲体,主用羽调式的"2""6"作落音,上下句轮番演唱,川音十足,简单动听。场次多为七字句、十字句,重方言、讲押韵、注平仄,语言生动形象、诙谐有趣,演唱曲目多以百姓身边小事、趣事为题材,既有短到几分钟的"见子打子",也不乏传统的长书大段。新中国成立以来搜集、整理出优秀曲目250多个。建国前无专业艺人,均是通过街头、田边、茶楼、院坝各类活动中民间艺人及三才板爱好者自娱演唱而流传。

八、当阳打鼓说书

当阳打鼓说书是流传在当阳市及周边地区的一种古老的说唱艺术。艺人们尊春秋时期的孙膑为打鼓说书的祖师爷。据文献记载及研究表明,当阳打鼓说书与庄子"鼓盆而歌"、汉代说书俑、唐代"俗讲"、宋代"盲人负鼓作场"、明清"善书"有渊源关系。当阳打鼓说书艺人多为盲人,世代靠师徒相传,口传心记,根据现有艺人回忆可以上溯四代,有一百多年历史。

新中国成立前艺人以此形式乞讨谋生,其表演形式一是流浪演唱,二是"叫花子赶酒",三是茶馆坐台演唱。茶馆坐台演唱主要演唱中长篇鼓书,时间短则三五天,长则数月。婚丧嫁娶、做生祝寿也有人家请鼓书艺人唱堂会。新中国成立后,这一民间艺术形式被搬上舞台。艺人们的活动范围不仅遍及当阳的每个角落,而且延伸至周边的宜昌、荆门、枝江、远安等地。有的艺人还远到湖南、贵州、四川、重庆等方言相近的地区演唱。

当阳打鼓说书具有语言生动活泼、唱词通俗押韵、说白散韵相间、表演手法灵活多样的特点,艺人表演都是单个进行,演唱时一手抱鼓,一手以鼓签击鼓,边说边唱,说唱并重。唱腔按演唱情绪的变化可分为平腔、怒腔、悲腔、喜腔。艺人们根据演唱节奏的快慢,把平腔、喜腔、悲腔归纳为"文腔",怒腔则称为"武腔"。艺人因师承关系不同,演唱风格上也略有区别。

第十六章
三峡传统舞蹈及竞技游戏习俗

歌舞是三峡民间喜闻乐见的生活形式,"逢年过节、家人团聚、红白喜事、亲人会聚",均以歌舞寄情,独特的舞蹈语汇艺术地表现了本地的风俗礼仪、情感情趣和精神风貌。本章主要介绍三峡土家族撒叶儿嗬、肉连响、地龙灯、摆手舞、建始闹灵歌、宣恩耍耍等三峡传统舞蹈及三峡民间竞技游戏习俗。

第一节 三峡传统舞蹈

一、土家族撒叶儿嗬

撒叶儿嗬为土家族语,意即跳丧,是清江中游地区土家族非常独特的一种歌舞。历史悠久,据《蛮书》记载,土家族先民很早就有"击鼓以悼哀""其众必跳"的风习。

撒叶儿嗬是一种传统祭祀歌舞,乡亲们聚在孝家堂屋里的亡者灵柩前,男人载歌载舞,女人们穿戴着鲜亮服饰围观助兴,这种活动往往通宵达旦举行。土家人认为人的生死犹如四季变化,是自然而然的,享尽天年的老人辞世是顺应自然规律,值得庆贺,于是就这样用绝妙的歌腔舞态表达自己旷达的生死观。跳舞时先由歌师击鼓叫歌,舞者随鼓声应节起舞,舞蹈形式有"风夹雪""凤凰展翅""滚身子""美女梳头""牛擦背""犀牛望月""燕儿衔泥""叶儿合"等24种套路,其动律特点是顺拐、屈膝、悠颤,出现6/8拍子带切分音的节奏律动。

撒叶儿嗬是歌、舞、乐浑然一体的艺术。它的声腔以男嗓高八度运腔,歌调是一种古老的特性三度,仅存于清江以北的兴山一带,在其他歌种中已成绝响;其曲体结构与楚辞体式多有相似,从中尚能找到古代巴楚之地祭神乐歌的影子。歌舞中显示出难能可贵的积极人生态度,贯穿着豁达通透的生命观。

撒叶儿嗬为清江土家族所独有,具有一定的艺术价值和学术价值。

二、肉连响

肉连响是一种土家族地方舞蹈，主要流行于利川市的都亭、汪营、南坪一带。它是根据旧时"泥神道"演变而来的，源自社会最底层。新中国建立前，乞讨者将稀泥涂在裸露的身上，手舞足蹈，沿街沿门拍打，迫使主人施舍，俗称"泥神道"。20世纪80年代，利川文化馆工作人员与"泥神道"传承人对传统"泥神道"进行挖掘加工整理，并配上《连花落》的曲调，辅以锣鼓点子，演绎成今天的群体健身舞——肉连响。它以独特的肢体表演为特色，演出过程中用手掌击打额、肩、脸、膊、腰、腿等部位，发出有节奏的响声，因而被称为肉连响。

肉连响多由男子表演，场地大小不限。其表演风格生动诙谐、自由活泼，动律上讲究圆转柔美、自然协调，舞者必须随着击打部位的转移不断改变身体倾斜角度。肉连响的主要动作有"秧歌步""穿掌吸腿跳""颤步绕头转身""双打""七响""十响""四响""三响"等十几种。最初演出时本无唱腔和乐器伴奏，由艺人自编自唱，同时用舌头和手指弹动的声响伴奏，以增添舞蹈的欢乐气氛。在传承发展过程中，先后揉进了秧歌、竹连厢等民间舞蹈动作，且相应配上了《连花落》的曲调。

肉连响与利川灯歌、利川小曲一起，被誉为利川民族文化"三绝"。肉连响以其独特的表演形式被称为土家族的"绝舞"，对于研究土家族历史文化具有重要价值。

三、地龙灯

地龙灯，土称"巴地梭"，是土家族一种独特的民间灯舞，先流传于武陵山腹地来凤县的大岩板、板沙界两个相邻的土家山寨，大约有三百多年的历史。每逢春节和农历五月十五中端午节，两村地龙灯走村串寨，游舞四乡，深受群众喜爱。

地龙灯表演不用木棍，而是演员九人闷藏在龙衣内依次抓腰带，全凭感觉和默契配合，使龙翻腾舞动，"巴地梭着走，活像真龙行"。其舞蹈套路和动作现存12种，即"龙出水""龙抢宝""龙标滩""之字拐""龙困滩""扣扣""龙卷饼""龙抬头""龙过桥""龙骑凤背""三星岩""龙上树"等，整体舞蹈套路由玩宝者引导，执龙头者起势带领众舞者穿插跑位，其动作特点是：站的骑马档，走的弓箭步，俗称为龙行虎步，跳跃起伏。演技难度大，表演性、观赏性很强，具有独特的艺术价值。

地龙灯把龙、凤、虎集为一体，具有深厚的文化内涵，它是汉文化、楚文化与巴蜀文化整合的艺术结晶，反映出中华民族一体多元的特征。

四、摆手舞

摆手舞，土家语称为"舍巴""舍巴格痴"，意为敬神跳，是流传于鄂湘渝黔边区酉水流域土家族中的一种祭祀性舞蹈。恩施摆手舞是恩施地区土家族居住区普遍盛行的一种民众文化活动，流行于恩施酉水流域。过去百户之乡皆建有摆手堂，有的还建有牌楼、戏台等。

来凤县的舍米糊、大河等地至今保存有摆手堂的遗迹。《湖广通志》中关于五代时"摆手舞与普舍树"故事的叙述，生动描绘了一千多年前土家人围着普舍树跳摆手舞的情景，这是来凤土家族摆手舞在史籍中最早的记载。舍米糊村临近庙堡摆手堂中的残碑上刻有"生而为英、死而为灵"的铭文，是土家族跳摆手舞敬祖的最好注脚。

舍米糊村的小摆手舞具有原始特色，保留较为完整。舞时男女齐集摆手堂前的土坝，击鼓鸣鼓摆手。其特点是摆边手，弓腰屈膝，以身体扭动带动手的甩动，表演内容多为生产、生活动作。摆手舞以狩猎、农事、军事和社会生活为主要表现内容，表演中歌、乐、舞浑然一体，间有锣鼓伴奏和摆手歌穿唱。

摆手舞与其他舞蹈最大的区别在于甩同边手、走同边脚，其舞蹈动作粗犷健美，摆姿流畅自如、稳健大方。摆手动作主要包括"单摆""双摆""回旋摆"等几种，以"顺拐、屈膝、颤动、下沉"为动作要领。

摆手舞是土家人世代传承的精神财富，在鄂湘渝黔边区民众中影响很大，具有祭祀、娱乐、教育、交际等多方面的社会功能。

五、建始闹灵歌

建始闹灵歌是对流行于建始县境内的"跳丧""坐丧""转丧"等土家丧葬歌舞的统称，是融歌、诗、舞为一体的悼念亡人的歌舞。

建始闹灵歌分跳丧、转丧、坐丧三类，均以"击鼓踏歌"为表现形式。据《夔府图经》记载："巴人尚武，击鼓踏歌以兴哀"，说的就是"闹灵歌"。建始闹灵歌中完整地保留了几百首原始状态的民歌，其歌唱的内容涉及到土家人生活的方方面面。跳丧的音乐，凡能入舞的民间歌曲皆可，以高腔居多，也有少量平腔。转丧全用高腔。坐丧音调单一，为分节歌形式，因为唱词冗长，没有高腔。转丧和坐丧没有舞蹈动作。转丧有少量的队形变化。跳丧以"耍巾睢舞、提胯下沉、同边上步、摆臀扣胸"为基本动作。跳丧时，歌者与舞者必以酒助兴。在酒的助力下，所歌之声高亢飘忽而又韵正稳沉，所舞之步悠晃欲倒而又穿插有序。所击之鼓时而狂风骤雨，时而春雨润物。舞者在基本动作之间，随意发挥，引入生活中所见之事，所见之物。如"狗连裆""燕儿衔泥""枯树盘根""牛擦痒"等。还有土家人的武术动作，如"猛虎下山""凤凰展翅""猴儿爬桩"和一些擒拿格斗的动作。

建始闹灵歌充分展示了土家人享受生活的美好、慰藉生活的艰辛、凝练不朽的灵魂、铸造高尚情操的民族风貌，体现了土家人独特的生活态度和达观向上、坚忍不拔的民族精神。

六、宣恩耍耍

宣恩耍耍，也称"打耍耍""跳耍神"或"喜乐神"，是流传于湖北西南土家族地区的一种民间舞蹈。它源于土家族原始的"祭祀娱神"活动，是古老的巫教端公"还坛神"法事中的一段巫舞，叫"耍神"。因动作诙谐活泼、腔调优美动听、唱词通俗易懂而逐渐分离出来，流传民间。

宣恩耍耍是一生一旦的双人舞蹈，男女每两人为一组。表演中，男称生角，女谓旦角，男角头缠丝帕，腰扎彩带，手拿折扇；女角头扎长辫，腰系围裙，手拎花巾。表演时一般由四人用鼓、锣、钹、马锣伴奏。宣恩耍耍根据舞蹈动作和伴唱的不同，可分为文耍耍和武耍耍两种形式。文耍耍表演特征是歌舞相伴，边舞边唱，由锣鼓伴奏，注重"唱"的内容，舞蹈动作朴素简洁，套路有美女梳头、黄龙缠腰、推扇传情等。武耍耍则是只舞不唱，由锣鼓伴奏，突出"舞"的功夫，以表演高难度动作为主，如各种筋斗等武功技艺，舞蹈套路组合一般都在10套以上，故宣恩武耍耍又有"十样锦"的美称。

宣恩耍耍最大特点是"遇事必跳，人神共娱"，它突出的是"耍"的娱人喜乐主题，没有时间限制，也不受场地制约，有着广泛的群众参与基础。

七、地盘子

地盘子俗称"三人转"，又名"丁丁猫"，主要流传于咸丰县及周边地区，是唐崖河流域土家族所独有的一种群众性文化艺术。

地盘子属灯舞，一般在春节期间进行表演，分三人地盘子和双人地盘子两种形式。地盘子的演唱形式是且歌且舞，一领众和，一问一答，一段唱腔一段锣鼓。唱词除中间以问答的方式介绍其源流外，其他均是即兴创作，多恭维庆贺之词，另外还兼唱《闹五更》《十二月》等民间固定唱段。唱词是上下句式四三结构和长短句式结构，多为七字二句式。地盘子的动作简洁明快，有"锁步""鹤鹰展翅""怀中抱月""半边月""单推磨"等十几个动作，以下沉、颤步、丁丁步贯穿始终。在表演上，生角文静潇洒，旦角娇羞含蓄、小巧轻盈，丑角粗犷大方、灵活健美。表演时讲究扇子工和方巾功。从执扇到舞扇，花样繁多，变化无穷，如内腕花、外腕花、小片花、一字片花等。

地盘子是土家族优秀民间舞蹈，生动地体现了人民群众在节日期间的喜悦心情和欢乐情景，语言地方化，服饰民族化，富有浓郁的乡土气息和鲜明的民族特色，具有很高的艺术价值和学术价值。

八、八宝铜铃舞

八宝铜铃舞俗称"解钱",主要流行于宣恩县及其周边的来凤县、湖南的龙山县等,是湖北酉水流域土家族所独有的一种祭祖还愿的古老仪式歌舞。

八宝铜铃舞有"田氏三步罡""跨马勒缰""跃马闯滩""卧马骑射""勒马望神"等套路组合。舞时摇铃喂马、逗马、上马、跨马、奔马、赛马、下马动作成套,摇铃舞姿丰富多变,有扫膛摇铃、跑马摇铃、转马摇铃、跳马摇铃、勒马摇铃、左右摇铃、八字步摇铃、踩八卦摇铃、跳莲花摇铃、旋转摇铃、跪地摇铃、抖肩摇铃、双铃斗打、横步双铃打肩胯、踩四方摇铃等。八宝铜铃舞由锣鼓师傅伴奏,一般用一鼓、二锣、二钹、一牛角等乐器,虽然乐器简单,却节奏明快,气氛热烈。

八宝铜铃舞的唱词,固定的为历代梯玛所传唱的《神歌》,内容从土家的起源、民族的迁徙到渔猎的艰辛、战争的残酷,从天地鬼神到世间万象,几乎无所不包。也可根据祈求还愿内容的不同即兴演唱。演唱时多为"嗬嗬吔""了了神"等拖声词,声腔低沉雄浑、气概豪爽。

九、滚龙连厢

滚龙连厢是宣恩县一种独具地域特色的民间舞蹈,它因"滚"而得名。连厢(湘),又叫打连厢(湘)、舞花棍或霸王鞭,在宣恩境内流传至少有两百年的历史。连厢早先在宣恩就有连厢、肉连厢等多种表演形式。宣恩李家河连厢优秀传承人周数庭集各家之长,在传统连厢的雪花盖顶、古树盘根、黄龙缠腰、犀牛望月等传统动作基础上,创造性地增加了"滚"的动态形象。为突出"滚"的艺术效果,融进了一步三点头、太公钓鱼、夫妻观灯、双龙抱柱、鹤鹰展翅、睡龙翻滚等一整套新创的高难度动作,并吸收了部分民间杂耍和地方戏剧中的武功精华,从而形成了令人耳目一新且独具特色的滚龙连厢。

滚龙连厢把传统的连厢、莲花闹和演唱巧妙地融于滚、舞和歌中。表演时演员一手舞连厢、一手打莲花闹,节奏鲜明和谐,翻滚跳跃之际,双手各舞动不同的道具,形似蛟龙缠身、势如虎跃龙腾,舞蹈者动作流畅舒展、张弛适度、刚柔相济,令人眼花缭乱、目不暇接,极富艺术感染力。伴奏音乐多为当地民间歌曲或小调,伴奏乐器一般有二胡、笛子等。

十、地花鼓

地花鼓俗称花鼓子,于一百四十多年前开始在兴山流传,分布于全县各乡镇,广泛应用于春节灯会、红白喜事(白事称"孝花鼓")、寿诞庆典、生儿打喜、砌屋上梁等场合。

地花鼓通常由旦、丑两个角色表演，一旦一丑扮作夫妻，也有二旦一丑三人表演的"穿花鼓"，旦角男扮女装。地花鼓载歌载舞，丑角的表演诙谐风趣，"翘翘步"是其显著特点；旦角的表演娇柔秀丽，表情含蓄，笑不露齿，"绞绞步"是其显著特点。

地花鼓表演，开始由丑角"搭白"（即兴），以"福、禄、寿、喜"等为题，进行创作风趣幽默的贺词，既取悦于主东，又逗趣于观众。丑角请出旦角后，两人边唱边舞。舞蹈动作主要有半边月、转花鼓、四门庆（拜四门）、风摆柳、挖金钱、拦娇娥、牛擦痒等40多种。转花鼓和半边月是地花鼓表演的核心动作。兴山地花鼓的舞蹈动作，有许多呈现出性文化的符号，如"鲤鱼跳龙门""观音倒坐莲"等，表演时有碰胯、靠腿以及抚摸等动作，将男女调情情状表现得淋漓尽致。

兴山地花鼓的道具有两把花折扇和一方丝巾。丑角扇花的特点是火暴泼辣，旦角扇花的特点是腰活、肘活、手腕活。

兴山地花鼓的曲牌一般有30多首，部分为细腔和民歌小调两类。值得一提的是，唱腔中保留有珍贵的"兴山特性音调"。乐队称为"云台师傅"或"坐台"，乐器只有大锣、大帽锣及马锣三件，"花鼓无鼓"已成趣谈。

十一、巴山舞

巴山舞是20世纪80年代由长阳"土家舞王"覃发池在土家人传统跳丧舞基础上加工改编而成的群众性广场舞，中国著名舞蹈家贾作光称之为"东方迪斯科"。它一经问世便像一阵风从土家山寨吹进县城，甚至涉足现代舞厅，大有与外来"迪斯科""摇摆舞"一争高下之势。《人民日报》海外版曾撰文指出："当众多的进口娱乐性舞蹈风靡一时之际，重山叠峰中的巴山舞却占据了那么多朴实的心灵，这种文化景观，带给人们许多思考，至少，它开拓、展示了一片独特的审美领域。"

从跳丧到长阳巴山舞，是弘扬民族优秀文化传统的一次有益尝试。巴山舞大胆地把祭礼性舞蹈变为群众自娱性舞蹈，赋予它新的生命。在结构上，打破原始跳丧许多旧程式和流行区域的界限，吸取各地精华，通过提炼实行综合利用，重新架构而成，组合成"巴山摇""半边月""四合""风摆柳""双龙摆尾""喜鹊登枝"六个种类。其动作姿态各异，但都具有身体上下颤动和胯部左右摇摆的特色。

土家风俗原有"女人跳丧，家破人亡"的禁忌，但巴山舞适应自娱性集体舞蹈的特点，要求男女成双成对，男女动作略有区别，这不仅使舞蹈气质发生了新的变化，而且增加了新的色彩。

第二节 三峡民间竞技游戏习俗

一、赛龙舟

赛龙舟是三峡地区的一项重要活动，一般在端午节期间举行。它最早是古越族人祭水神或龙神的一种祭祀活动，其起源有可能始于原始社会末期。赛龙舟是中国民间传统水上体育竞技项目，已流传两千多年，多是在喜庆节日举行，是多人集体划桨竞赛。史书记载，赛龙舟是为了纪念爱国诗人屈原而兴起的。由此可见，赛龙舟不仅是一项体育竞技活动，而且体现出人们心中的爱国主义和集体主义精神。龙舟的大小因地而异。比赛是在规定距离内，同时起航，以到达终点先后决定名次。我国各族的赛龙舟略有不同，多在每年端午节举行，船长一般为20～30米，每艘船上约30名水手。

（一）由来和发展

龙舟一词，最早见于先秦古书《穆天子传·卷五》："天子乘鸟舟、龙舟浮于大沼。"《九歌·湘君》中"驾飞龙兮北征，遭吾道兮洞庭""石濑浅浅，飞龙兮翩翩"，学者们也认为"飞龙"即龙舟。《湘君》即描写湘人驾驭龙舟，将玉佩沉入江中（与抛粽子入江相仿）悼念某位历史人物之诗。这即与"魂舟"暗合，与楚国《人物御龙帛画》之像暗合，可互为印证。《荆楚岁时记》载："五月五日，谓之浴兰节。……是日，竞渡，竞采杂药。"此后，历代诗赋、笔记、志书等记载竞渡就数不胜数了。

龙舟与普通船只不太相同，大小不一，桡手人数不一。龙舟一般狭长、细窄，船头饰龙头，船尾饰龙尾。龙头的颜色有红、黑、灰等色，均与龙灯之头相似，姿态不一。一般以木雕成，加以彩绘（也有用纸扎、纱扎的）。龙尾多用整木雕，上刻鳞甲。除龙头、龙尾外，龙舟上还有锣鼓、旗帜或船体绘画等装饰。古代龙舟也很华丽，如画龙舟竞渡的《龙池竞渡图卷》（元人王振鹏所绘），图中龙舟的龙头高昂，硕大有神，雕镂精美，龙尾高卷，龙身还有数层重檐楼阁。如果是写实的，则可证实古代龙船之精美了。又如《点石斋画报·追踪屈子》绘芜湖龙船，也是龙头高昂，上有层楼。

赛龙舟是端午节的主要习俗，相传起源于古时楚国人因舍不得贤臣屈原投江死去，许多人划船追赶拯救。借划龙舟驱散江中之鱼，以免鱼吃掉屈原的身体。之后每年五月五日划龙舟以纪念之。竞渡之习，盛行于吴、越、楚。

其实，"龙舟竞渡"早在战国时代就有了。在急鼓声中划刻成龙形的独木舟，做竞渡游戏，以娱神与乐人，是祭仪中半宗教性、半娱乐性的节目。后来，赛龙舟除

第十六章 三峡传统舞蹈及竞技游戏习俗

纪念屈原之外,各地人们还赋予了不同的寓意。

龙船竞渡前,先要请龙、祭神。在正式竞渡开始时,气氛十分热烈。唐代诗人张建封《竞渡歌》:"……两岸罗衣扑鼻香,银钗照日如霜刃。鼓声三下红旗开,两龙跃出浮水来。棹影斡波飞万剑,鼓声劈浪鸣千雷。鼓声渐急标将近,两龙望标且如瞬。坡上人呼霹雷惊,竿头彩挂虹霓晕。前船抢水已得标,后船失势空挥桡。……"这些诗句淋漓尽致地写出了龙舟竞渡的壮景。妇女们平时是不出门的,如今也争着来看龙船,银钗耀日;鼓声、红旗指挥下的龙舟飞驰而来,棹如飞剑,鼓声如雷;终点插着锦绮彩竿,作为标志,龙舟向着标飞快地驰近……近代的龙舟比赛也大抵相同,不过规程稍严格一些。近年来,国内外都出现了国际龙舟比赛,吸引了各国健儿前往参赛。

在划龙舟时,又多有唱歌助兴的龙舟歌流传。如三峡秭归地区划龙舟时,有完整的唱腔,词曲根据当地民歌与号子融会而成,歌声雄浑壮美,扣人心弦,即"举楫而相和之"之遗风。

1984年,国家体委决定将龙舟赛列为体育比赛项目,举办了"屈原杯"龙舟赛。龙舟传入国外后,深受各国人民的喜爱并形成了国际比赛。1983年,我国首次派队参加龙舟大赛,一举夺得全部两项冠军。1984年国际龙舟大赛在香港举行,有美国、德国、日本、英国、新西兰、新加坡、泰国、马来西亚、澳大利亚等16个队参赛。中国队又夺得冠军。龙舟赛在三峡地区开展得比较普遍,已形成一年一度的"三峡国际龙舟拉力赛",每年有数十支国内外龙舟爱好者队伍汇聚竞渡。

(二)现代龙舟赛基本要求

(1)航道:根据河道条件,设男女400米、500米、600米、800米、1000米(可按当地条件变更距离)直道竞赛。比赛设在静水水域,航道是直的,起航线与终点线必须平行并与航道线垂直。根据参赛队数及场地条件,设2、4、6或8条航道,每条航道宽度可按9米、11米、13.5米布置。航道最浅处水深不得少于2.5米,航道内不得有水草、暗礁和木桩,航道外5米内无障碍物。

(2)器材:按各地传统龙舟式样规格制造,制作材料不限。舵桨及划桨规格按各地传统要求制作。

(3)龙舟附属装置:传统龙舟可按各地习惯制作龙头和龙尾,并备有锣、锣架、鼓和鼓架等,另可带水标两个,预备划桨若干个。

(4)队员:队员必须身体健康,会游泳,熟悉水性。龙舟参赛队员为25人。每队设队长1名(运动员兼),比赛时必须佩戴标志。每队登舟比赛队员为23人,包括舵手、锣手、鼓手各1人,划手20人。每队替补队员2人。替换时需经裁判员验明资格,并于检录登龙舟前替换完毕,登龙舟后不得替换。

二、少儿游戏

三峡地区及周边的民俗游戏一度在二十世纪七八十年代给少年儿童带来了儿时的欢乐和回忆,如今有些民俗游戏已经消失,现在的孩子已少有机会去触摸这些传统的民俗游戏。当初流行于三峡地区的少儿民俗游戏主要有滚铁环、丢沙包、跳房子、抓子儿、赶羊羊、跳皮筋、踢毽子等。

(一)滚铁环

滚铁环曾是一项深受少年儿童喜爱的运动项目,自娱性强,还可以锻炼人的协调能力和平衡能力。其制法及玩法如下:用一根粗钢筋弯成一个直径约40cm的圆圈,然后用一个半圆的钩作"车把",讲究者还会在铁环上套上数个小环,铁环滚起来时,小环会在铁环上滚动,发出悦耳的声音。比谁跑得快时,几个人同时出发,滚着铁环拼命往前跑,快者胜;比谁慢时,停在原地不动,必须保证铁环不倒,时间长者胜。滚铁环的技术一学就会,又熟能生巧。初学时,先将铁环向前转,然后拿"车把"赶快去推着向前走,不倒就行。孩子们上学一路上滚着铁环走,不但能够免去行路的单调,而且加快了行走的速度,乐趣无穷。一路上铁环哗啦哗啦地响着,声势浩大,还能推出许多花样来。技术好的人,单手拿铁钩将铁环往前一送,铁环就乖乖转动起来。滚在路上也能"停车",即铁环斜靠在"车把"上,要滚时弯钩轻轻起动就行。累了,用弯钩钩住铁环,往肩上一扛,那姿势极为潇洒。大小不一的铁环,靠着一根铁钩推动向前,谁要落下,谁就输了。有的孩子的铁环实际上是个钢圈,这种铁环有滚好长一段路而不倒下的优势,凸凹的路面和水坑也不在话下,自豪得不得了。有些孩子找不到真正的铁环时,大多用箍木桶的铁圈或竹圈代替。

现如今,随着少年儿童现代生活内容的逐渐丰富,尤其是机动车日益增多,给滚铁环活动受到了很大限制,曾有着悠久历史和广泛群众基础的滚铁环活动,日渐冷落下来。从拓宽体育课程教材外延、弘扬民族传统体育文化、推荐具有地区特色体育运动项目、锻炼学生体质的目标出发,可以鼓励儿童参加校园内的滚铁环活动,或在加强安全教育前提下,倡导山区儿童在田间小路上滚铁环。因滚铁环是一项有益于身心健康的民族传统体育运动项目,民族体育运动会的竞赛项目中,一直保留着这一传统项目。

(二)丢沙包

丢沙包曾经风靡南北,是一个经典的群体性游戏,极受男孩子欢迎,也有不怕痛的女孩子参与,但大多数只有做观众的份。

用碎布及针线缝成、用细沙塞满的沙包是用来作武器"投杀"对方的。不同的地方有不同的丢沙包游戏方式。在规定场地内前后各一名投手用沙包投击对方,被击中者就罚下场,若被对方接住,则此人可以增加"一条命",或者让一个本已"阵亡"的战友重新上场。

丢沙包的玩法有很多,其中最流行的一种是:先在晒坪或空地上划好一个大圆圈,将参与者按抽签的方法分成甲、乙两组,一组站在圈外,一组站在圈内。毫无疑问,圈内的人已被团团围困。圈外的人一声令下,纷纷将手上的沙包扔向圈内的人。如果击中圈内的人的脚部,被击中的人便要淘汰出局,必须走出圆圈。直到最后一个人被击中淘汰为止。然后两组互换,游戏重新开始。圈内的人没有沙包,赤手空拳,还要遭到不断飞来的沙包袭击。他们跳跃躲避,宁可让沙包击中身体,也不愿意让沙包击中脚部。沙包虽然不大,但圈外的人为了准头,并不吝惜力气,打在身上也很痛。不过,孩子们玩得兴起,那点痛也算不了什么。在这种玩法中,谁坚持到最后,谁便了不起。但圈中人纷纷淘汰出局,最后只剩下一个,遂成了众矢之的,沙包纷袭如雨,左支右绌,任由他如何灵敏,终究要被击中脚部。

还有一种玩法也很常见,同样是在地上画上一个大圆圈,通过抓阄之类的方法,选出一个"犯人",投入圈中。在这里,那个圈子就表示监狱,颇有画地为牢的意味。圈中人可就惨了,圈外所有人的沙包纷纷向他掷去,他可以躲,也可以接,但沙包纷落如雨,双拳难敌众手,只听得噗噗连声,身上早被击中了十下八下。被打中也是白打,唯一的应对方法,就是像八臂哪吒一样,双手疯狂挥舞,希望能接住一只沙包。只要他能接住,便得到解放,提前"出狱",否则要一直被沙包掷下去。当圈中人出来,游戏告一段落,要重新挑选"犯人",游戏便重新开始。这种玩法相当野蛮,也十分刺激,但很少有女孩子敢参与。当然只做投手就很不错,就怕不幸被关进"牢"里。

(三)跳房子

跳房子是一种流行于20世纪50—80年代三峡周边的儿童游戏,也称跳方阵、跳方格、跳格子。

游戏玩法是:参加人数不限,形式有两人轮换跳,几个人轮流跳,多人分成两组轮换跳等。跳之前,先在地上用有色石块画出连在一起的方格,有正方形、长方形,也有长方形与半圆形相结合的,也有画成飞机形状的。跳时先将一片状石块或用粗瓦片磨成的圆片(也有用沙包的)放在第一方格外,跳者全神贯注,用一只脚将石块轻轻踢进第一格内,然后单脚跳进第一格内,用支撑脚将石块踢进第二格。依次进行下去,直至将石块踢过全部方格。如果中途累了,可以在规定的方格内休息片刻。如果有人在踢的过程中出现石块压线、出格或石块连穿两格的现象,算失败一次,下一轮重新从第一格跳起。先到达终点的,要把石块放在脚背上,轻轻走出方格。先完成全套动作者为胜,负者要接受胜者的处罚。

也有的地区跳房子时,全部格子跳完后,可以自由选择一格,据为己有,下次跳至该处时,可双足着地休息片刻再跳,其他人或瓦片到这个地方时,必须跃过或踢过,不准入境。当一方占格子超过一半时就算胜利。

当跳格时脚不小心踏在线上或瓦片被踢出格外或压线,均算失败,由对方跳。

(四)抓子儿

抓子儿是女孩子爱玩的游戏。在三峡地区有两种物件可以用来抓子儿:一是杏核,二是小石子。

常见的抓子儿玩法是:每人依次将七个子儿一起抛向空中,然后用手背接住,以接的颗数多少决定比赛次序。头家先将一把子儿撒在地上,然后任捡一个抛向空中,并在子儿下坠的间隙,迅速抓起地上的一个子儿,接着抓第二个、第三个,以此类推。最后要将七个子儿一起抛向空中,并用手背接住,再用手背抛起,用手在空中抓住。接着由其他玩家从头做起。最终的胜负按各家手中抓到的子儿数判定。抓子儿时眼疾手快是关键,眼要准,手要稳,还要勤于练习。抓子儿能锻炼眼力和手力,此外,由于玩抓子儿时需要精神高度集中,经常玩还能锻炼大脑。

(五)赶羊羊

赶羊羊是儿童们都喜爱的游戏。一个小孩装成老鹰,另外一个小孩装成老母鸡,其他的小孩都装成小鸡仔。"老母鸡"瞪起双眼、伸开双臂保护身后的一串"小鸡仔",尽力不让"老鹰"逮着。而"老鹰"却声东击西、贪婪地骚扰个不停。在对峙和纠缠当中,如果某个"小鸡仔"因为体力不支、方寸大乱而离开了队伍,"老鹰"便冲将上去将其拿下。参加人数不限,目的是锻炼反应能力和协作能力。

游戏开始了,扮老鹰的孩子穷凶极恶,不断地向"小鸡"发出猛烈的进攻。"母鸡"则张开双臂,左遮右挡。那一长串"小鸡"就躲在"母鸡"的背后,跟着"母鸡"跑来跑去,一会儿向左,一会儿向右,大呼小叫,热闹非凡。"老鹰"扑来扑去,伸出爪子,场面凶险之至,有的女孩子还发出阵阵惊叫,使得气氛更加紧张。"母鸡"为了保护"小鸡",不遗余力。"老鹰"要抓到"小鸡",必须要先过"母鸡"这一关。他每一次只能抓一个,并且只能是"小鸡"队伍中的末尾一个,这就增加了游戏的难度。因此,"老鹰"要成功抓获"小鸡",唯一的办法就是跑到"小鸡"队伍的后头,但"母鸡"总是紧盯着他,总是截在"老鹰"前头,后头的"小鸡"队伍赶紧跟着变动,远远避开。一开始,"小鸡"在"母鸡"的后面很有安全感。尤其是中间的孩子,更是高枕无忧,即使"母鸡"防护不力,也没有什么危险,因为要抓也是先抓末尾一个。中间的孩子既有恃无恐,便老是探出头来,要观看"母鸡"与"老鹰"相持的惊险场面,这一来,队伍便有点乱了。这可苦了末尾一个,只要"老鹰"越过"母鸡"的屏障,它便难逃毒手。终于,"母鸡"上蹿下跳,渐呈疲态,"老鹰"一个箭步,跑到了"小鸡"队伍的后头,将末尾一个抓住。这样,倒数第二个便成了末尾一个。"母鸡"气急败坏,赶紧调整队列,护卫在"小鸡"前面。但"小鸡"队列太长,尾大不掉,稍不留神,又损失一个"小鸡"。刚才中间的"小鸡"还觉得万分安全,但转瞬之间便成了末尾一个,暴露于"老鹰"的利爪之下。最后,终于只剩下一只"小鸡",它就跟在"母鸡"身后,如影随形,寸步不离。最精彩的一幕开始了,最后一只"小鸡"是最难抓的,考验"老鹰"的时候到了。

双方闪转腾挪,你来我往,斗得异常激烈。"老鹰"只差一步,便可取胜,而"母鸡"到了生死关头,自然要垂死挣扎,其争斗之激烈,可想而知。在这个游戏中,只要玩下去,胜利一方必属于"老鹰"无疑。因为主动权完全掌握在"老鹰"手中,"母鸡"除了防守,毫无进攻之可能。这倒也符合事实,但这个游戏还有一个重要规则,那就是"老鹰"不可侵犯"母鸡",这才使得"母鸡"对"小鸡"的护卫成为可能。

(六)跳皮筋儿

跳皮筋儿是女孩子们的游戏之一。如果说夏天是拾果果的好时节,那么,跳皮筋儿就是春天和秋天的游戏。一根长长的皮筋儿,并不是每个孩子都能拥有的。那时,多数家庭不止一个孩子,物质也匮乏,要想凑起够长的皮筋儿,往往需要几个人的努力。

跳皮筋儿至少要三个人一起玩,其中两人撑皮筋,一人跳。当然,也可以再多,分成两拨,进行比赛,也很有趣。起跳时皮筋儿撑在脚腕上,跳的人在皮筋儿的一侧,右脚点地七下,然后,勾住皮筋,左右脚依次交替勾放皮筋儿,这叫"转筋儿"。当然,跳的同时还要唱着儿歌"十二月的小铃铛,战斗英雄黄继光;邱少云,他们牺牲为人民",或者唱"一二三四五六七,马兰开花二十一,二五六,二五七,二八二九三十一……""马兰花,马兰花,风吹雨打都不怕,勤劳的人儿在说话,请你马上就开花。"歌唱完,脚下也要跳完。皮筋儿在这过程中不能脱离脚,人也不能绊倒,否则都是输,就要被替换下来撑皮筋儿了。这一轮跳完,皮筋儿要从脚腕上升至小腿,跳完了"小腿"然后再跳"腰"。从跳"腰"开始,动作就要复杂了。重复前面的动作跳进皮筋圈里,就要双腿分别跳了。为什么说跳皮筋儿是春天和秋天的游戏呢?就是因为,跳到腰时,就需要用到裤管了。先跳右腿,用右腿的裤管轻轻地把皮筋压下来,用专业术语就叫"压筋儿",然后猛然把右腿朝外迅速一翻,把皮筋儿压住,然后左腿重复右腿的动作,这时,两条腿下都压着皮筋儿了,就要两腿同时跳起,皮筋儿弹起的空当,迅速收腿,跳到皮筋儿圈外面,这叫"穿筋儿"。越往上撑,难度越大,有时,你甚至跳不到圈里或圈外面。最高是撑到头顶,撑皮筋的需要双手帮忙,把皮筋固定在头上。而跳的人是说什么也不可能直接蹦进去了,这就要跳的人用右腿去够皮筋儿了。够皮筋儿也是有要求的,单腿站着,不能用手帮忙,左脚不能动,只能够一次,否则,均为犯规。跳皮筋儿是很累人的游戏,小小的女生,扎两小辫子,双腿翻飞的同时,扎着蝴蝶结的小辫也一刻不停歇,再加上细细的、悠扬的儿歌声,往往会吸引很多同学观望。如果能一次把全部过程跳下来,就会获得满场喝彩。

(七)踢毽子

踢毽子是我国民间的一项体育游戏,被人们誉为"生命的蝴蝶",也是三峡及周边地区儿童人人皆会的游戏之一,至今仍在校园里广为流传。在古代,它是所谓"杂技""杂戏""博戏""百戏"的一种。毽子,在古籍里又写作鞬、子、蹀。毽子分毽铊和毽羽两部分,毽铊多用圆形的铅、锡、铁片或铜钱制成,毽羽多用翎毛。毽子的踢法甚多,阮葵生《茶余客话·踢毽》条说:"其中套数家门,凡百十种。"据说清朝光绪年间,承德有一个百岁老进士,能踢出喜鹊登枝、金龙探爪、狮子滚绣球等一百零八种花式。

踢毽子的历史很悠久,但究竟始于何时,并无确切记载。古代的名物考据家认为踢毽子源于蹴鞠,要找到确凿的起源时间的证据,几乎不可能。虽然这仍属于传统中的史影,但唐代以前的鞠"用毛纠结为之"(《初学记》),与毽羽类同,且也是"抛足之戏具",所以鞠与毽还的确有点关系。唐宋时,踢毽子风行,技巧也更高超。由于踢毽子的人多,还产生了以卖毽子为生的小商业。明清时期,踢毽子更为普及,技艺也大为长进。民间艺术家创作的花瓶上出现了匠人们绘的踢毽图,画家也把踢毽子的场面画下来。踢毽子既有趣,运动量又可大可小,故踢毽者男女老少都有。尤其清代妇女踢毽子更为引人注目。

虽然踢毽子在历史上被视为"不登大雅之堂"的"雕虫小技",但由于它有益健康而又有趣,更重要的是它根植于民间,所以获得了很强的生命力,千年不衰,至今仍然是人们喜欢的一种体育游戏。

毽子的制法:两个铜钱(就是中间有一个方孔的铜钱),上下各两层(或一层)布把铜钱用针线沿铜钱边沿缝在中间,剪刀修整。公鸡翅翎的铤杆取约两寸长,下端约半寸处用剪刀剪成四瓣,把四瓣分开后缝在底托中心。取公鸡尾毛插入底托的铤杆里,插入的多少以不会松动为止。

毽子的基本踢法主要"盘、拐、绷、蹬"四种,用脚内侧踢为"盘",用脚外侧踢为"拐",用脚面踢为"绷",用脚掌踢为"蹬"。

第十七章 三峡民歌

三峡是南北文化的结合部,是巴楚文化的交接带,三峡民歌则是两种文化撞击的结晶。三峡民歌渊源悠久,并具有浓郁的地域特色,爱情歌谣感情真挚,热烈奔放,劳动歌铿锵有力,节奏鲜明,具有独特的艺术魅力。本章主要介绍在三峡地区旅游景区、公共娱乐和集会场所广为流传的部分经典歌曲。

一、《今儿没得空》

太阳出来嘛黄花闪闪,四山黄哟红花对牡丹,唱支山歌嘛一把红扇子,送情郎嘛绣球花儿圆。我拉着郎腰带,问郎几时来?"我今儿没得空啊,明儿要砍柴,我后儿天才到小妹家中来。"

太阳落山红花闪闪,四山红哟红花对牡丹,唱起情歌嘛一把红扇子,问情郎嘛绣球花儿圆。我拉着郎腰带,到底几时来。"我今儿没得空啊,明儿要劈柴,我后儿天才到小妹家中来。"

二、《伙计歌》

听我嘛开言唱啊,伙计(伙计),
唱一个姐探郎啊,伙计(伙计),
小郎一个得病躺在象牙床啊,
收拾打扮去瞧郎啊,伙计(伙计、伙计);
刚刚嘛走出门哪,伙计(伙计),
爹妈喊一声哪,伙计(伙计),
急忙一个转身回到绣房门哪,
一直哭到大天明哪,伙计(伙计)。

小妹妹生得乖呀,伙计(伙计),
想出个办法来呀,伙计(伙计),

隔壁屋里大嫂在呀在做鞋呀,
剪个鞋样带回来呀,伙计;
鞋样样剪得好啊,伙计(伙计),
鞋袜做好了啊,伙计(伙计),
莫准那个爹妈知呀知道了啊,
不知情哥要不要啊,伙计(伙计、伙计)。

三、《六口茶》

男:喝你一口茶呀,问你一句话,你的那个爹妈噻在家不在家?
女:你喝茶就喝茶,哪来这多话,我的那个爹妈噻今天不在家。
男:喝你二口茶呀,问你一句话,你的那个爹妈噻年纪有多大?
女:你喝茶就喝茶,哪来这多话,我的那个爹妈噻今年八十八。
男:喝你三口茶呀,问你一句话,你的那个姐姐噻在家不在家?
女:你喝茶就喝茶,哪来这多话,我的那个姐姐噻已经出了嫁。
男:喝你四口茶呀,问你一句话,你的那个妹妹噻在家不在家?
女:你喝茶就喝茶,哪来这多话,我的那个妹妹噻已经上学哒。
男:喝你五口茶呀,问你一句话,你的那个弟弟噻在家不在家?
女:你喝茶就喝茶,哪来这多话,我的那个弟弟噻还是个奶娃娃。
男:喝你六口茶呀,问你一句话,面前这个妹子儿噻今年有多大?
女:你喝茶就喝茶呀,哪来这多话,面前这个妹子儿噻今年一十八。
哟咦哟喂,咦哟哟喂,面前这个妹子噻今年一十八,耶!
这里给大家重点介绍著名土家情歌——《六口茶》。

歌意:这是一首很有趣的对唱情歌。说是有一天,一个土家青年小伙子到一个年轻姑娘家去,一见姑娘,顿生好感。姑娘按照礼节给小伙子倒了一杯茶,小伙子却醉翁之意不在酒,边喝茶却边问姑娘的家里人,从父母开始把姑娘家里所有人问了一遍,姑娘一边责怪小伙儿"喝茶就喝茶",别多嘴,一边却把自己家里人的所有情况和去向告诉了小伙子。其目的是很明显地告诉小伙子,姑娘我现在是自由人。最后姑娘告诉小伙自己的年龄,一十八,也就是到了该出嫁的年龄了吧。小伙儿的问话分明是暗送秋波(看中了姑娘),姑娘的回答显然是表达爱意(也看中了小伙儿)。

四、《龙船调》

原名《种瓜调》,湖北恩施利川柏杨坝村以一首《龙船调》唱出了土家族的田园美景,诉说着古朴的土家风情。20世纪80年代,《龙船调》被评为世界25首民歌之一和《中国民歌 40 首大联唱》优秀民歌。

正月里是新年哪咿哟喂,
妹娃儿去拜年哪喂,
金那银儿锁　银那银儿锁,
阳雀叫哇抱着恩那哥哇抱着恩那哥,
女白:妹娃要过河是哪个来推我嘛,
男白:我就来推你嘛。
　　艄公你把舵扳哪,
　　妹娃你请上船,
　　喔活喂呀佐,
　　将妹娃儿推过河哟罗喂。

三月里是清明哪咿哟喂,
妹娃儿去探亲哪喂,
金那银儿锁　银那银儿锁,
阳雀叫哇抱着恩那哥哇抱着恩那哥,
女白:妹娃要过河是哪个来推我嘛,
男白:还是我来推你嘛
　　艄公你把舵扳哪,
　　妹娃你请上船,
　　喔活喂呀佐(反复一次),
　　将妹娃儿推过河哟罗喂。
　　喔活喂呀佐(反复一次),
　　将妹娃儿推过河哟罗喂。

五、《花咚咚的姐》

花咚咚的姐,
姐儿花咚咚,
回娘家,
背个花背篓,
背个背篓爬坡坡,
吊脚楼上等情哥。
远望姐儿穿身花,
花咚咚的姐,

哭哭啼啼,
姐儿花咚咚,
回娘家,
背个花背篓,
背个背篓爬坡坡,
吊脚楼上等情哥。
花咚咚的姐,
姐儿花咚咚,
回娘家,
背个花背篓。

六、《黄四姐》

黄啊四姐嘛,
你喊啥子嘛?
我给你送一根丝帕子嘛,
要你一根丝帕子干啥子嘛?
带在妹手上啊,行路又好看咚,
坐着有人瞧哪,我的个干妹子!

黄啊四姐嘛,
你喊啥子嘛?
我给你送一根金簪子嘛,
要你一根金簪子干啥子嘛?
插在妹头上啊,行路又好看哦,
坐着有人瞧哪,我滴个干妹子!

黄啊四姐嘛,
你喊啥子嘛?
我给你送一件绸衫子嘛,
要你一件绸衫子干啥子嘛?
穿在妹身上啊,行路又好看啦,
坐着有人瞧哪,我滴个干妹子!

黄啊四姐嘛,

你喊啥子嘛?
我给你送一对金戒指唉,
要你一对金戒指干啥子嘛?
带在妹手上啊,行路又好看咯,
坐着有人瞧哪,我的个干妹子!

黄啊四姐嘛,
你喊啥子嘛?
我给你送一双丝袜子嘛,
要你一双丝袜子干啥子嘛?
穿在妹脚上,行路又好看,
坐着有人瞧哪,我的个干妹子!
哎呀我的哥呀,你送上那么多啊。
东西的个少些噻,你不要这么说!

七、《三峡,我的家乡》

女:太阳那个进山来哟(喂……)
　　挂在哟橘树上噢(喂……)
　　月亮那个进村来嘛(喂……)
　　歇在哟屋顶上呃(喂……)
　　炊烟那个说着哟
　　山寨的故事啊
　　涛声那个说着哟
　　岁月的沧桑(嗨……)
　　炊烟那个说着那哟
　　山寨的故事啊
　　涛声那个说着哟
　　岁月的沧桑(嗨……)
合:太阳挂在这个地方啊
　　月亮歇在这个地方啊
　　男人想着这个地方啊
　　女人梦着这个地方啊
　　太阳挂在这个地方啊
　　月亮歇在这个地方啊

男人想着这个地方啊
女人梦着这个地方

女：啊　三峡我的家乡
男人不爬山罗（喂……）
脚板（罗）滋滋得痒（罗）（喂……）
女人不下地（罗）（喂……）
心里哟闷得的慌（哎）（喂……）
扁担那个挑不尽哟（反复一次）
自在的日子啊
背篓那个装不完
生活的清香（嗨……）
太阳挂在这个地方（反复两次，第二次"太阳""男人"调高）
月亮歇在这个地方
男人想着这个地方
女人梦着这个地方
月亮歇在这个地方
男人想着这个地方
女人梦着这个地方
啊　三峡我的家乡
三峡我的家乡（反复两次，第二次减慢）

　　由熊永作词、王原平作曲的歌曲《三峡，我的家乡》是为电视剧《家在三峡》创作的片头曲，从歌词到歌曲都能感受到生活在三峡这块土地上的人们的生存状态和生活特质，"太阳进山来挂在橘树上，月亮进山来歇在屋顶上，炊烟说着那山寨的故事，涛声说着那岁月的沧桑。男人不爬山脚板滋滋痒，女人不下地心里闷得慌，扁担挑不尽自在的日子，背篓装不完生活的清香。噢，三峡我的家乡！"这首歌已成为广为流传的经典之作，并获得国家最高奖文化部"文华大奖"、中宣部"五个一工程奖"。

八、《山路十八弯》

哟……大山的子孙哟……
爱太阳喽，太阳那个爱着哟，山里的人哟……
这里的山路十八弯，这里的水路九连环
这里的山歌排对排，这里的山歌串对串
十八弯弯出了土家人的金银寨

九连环连出了土家人的珠宝滩,耶……
没有这十八弯就没有美如水的山妹子
没有这九连环就没有壮如山的放排汉
十八弯啊九连环,十八弯九连环
弯弯环环,环环弯弯,都绕着土家人的水和山
这里的山路十八弯,这里的水路九连环
这里的山歌排对排,这里的山歌串对串
排对排排出了土家人的苦和甜,
串对串串出了土家人的悲与欢,耶……
没有这排对排就不能质朴朴地表情谊
没有这串对串就不能缠绵绵地表爱恋
排对排,串对串,排对排,串对串
排排串串,串串排排
都连着土家人的梦和盼,哟……

九、《三峡的孩子爱三峡》

呔伊呔伊呔伊呔伊呔 伊呔
船儿啊船儿啊赶路程
我的家乡三峡好迷人
橘树那个长在彩云里
还有那闪亮的航标灯
呔伊呔伊呔伊呔伊呔 伊呔
鸟儿呀鸟儿呀敲屋门
大坝那个建在咱们村
娃娃那个心呀心儿跳
睡在梦里笑出了声
呔伊呔伊呔伊呔伊呔 伊呔
听惯号声一阵阵
听惯号鼓一声声
三峡的孩子爱三峡
它在我心里呀生了根
呔伊呔伊呔伊呔伊呔 伊呔

船儿啊船儿啊赶路程

我的家乡三峡好迷人
橘树那个长在彩云里
还有那闪亮的航标灯
咴伊咴伊咴伊咴伊咴 伊咴
鸟儿呀鸟儿呀敲屋门
大坝那个建在咱们村
娃娃那个心呀心儿跳
睡在梦里笑出了声
咴伊咴伊咴伊咴伊咴 伊咴
江水升高我长高
大坝建成我长成
三峡的孩子爱三峡
它让我心里的梦成真

咴伊咴伊咴伊咴伊咴 伊咴
船儿啊船儿啊赶路程
我的家乡三峡好迷人
橘树那个长在彩云里
还有那闪亮的航标灯
咴伊咴伊咴伊咴伊咴 伊咴
听惯了号声一阵阵
听惯了号鼓一声声
三峡的孩子爱三峡
它在我心里呀生了根
三峡的孩子爱三峡
它让我心里的梦成真
三峡的孩子爱三峡
让我心里的梦成真
咴伊咴伊咴伊咴伊咴 伊咴……

十、《雀尕飞》

雀尕雀尕飞，雀尕雀尕飞，飞到老家去看家家。雀尕雀尕飞，雀尕雀尕飞，家家不在家呀，家家不在家呀。（咦！家家上哪儿去了哟？）为了三峡建大坝，建大坝，家家搬了家，家家搬了家。

雀尕雀尕飞,雀尕雀尕飞,飞到新家去看家家。雀尕雀尕飞,雀尕雀尕飞,家家不在家呀,家家不在家呀。(咦!家家又上哪儿去了哟?)为看家乡新图画,新图画,家家进三峡,家家进三峡啰。咕咕咕 咕咕咕 咕咕咕!

雀尕雀尕飞,雀尕雀尕飞,飞到三峡去看家家。雀尕雀尕飞,雀尕雀尕飞,听见家家笑呀,听见家家笑呀。(咦!可把家家找到罗!)明天高山变大海,变大海,家家乐哈哈,家家乐哈哈。

雀尕雀尕飞,雀尕雀尕飞,飞到老家去看家家。雀尕雀尕飞,雀尕雀尕飞,家家不在家呀,家家不在家呀。(咦!家家上哪儿去了哟?)为了三峡建大坝,建大坝,家家搬了家,家家搬了家啰。咕咕咕 咕咕咕 咕咕咕!

十一、《这山望着那山高》

撒叶儿嗬 哎 撒叶儿嗬
哎呀幺姑子姐儿哎撒叶儿嗬
哎呀情郎哥哥舍哟哎
撒叶儿嗬 哎
这山的望见啰
哎呀哟依也
那呀山的高哎高

撒叶儿嗬 哎 撒叶儿嗬
哎呀幺姑子姐儿哎撒叶儿嗬
哎呀情郎哥哥舍哟哎
撒叶儿嗬 哎
望见的那山哎
哎呀哟依也
好啊葡的萄哎好

撒叶儿嗬 哎 撒叶儿嗬
哎呀幺姑子姐儿哎撒叶儿嗬
哎呀情郎哥哥舍哟哎
撒叶儿嗬 哎
望到的葡萄哎
哎呀哟依也
弄啊不到手哎手

撒叶儿嗬 哎 撒叶儿嗬
哎呀么姑子姐儿哎撒叶儿嗬
哎呀情郎哥哥舍哟哎
撒叶儿嗬 哎
看到的姐儿哎
哎呀哟依也
弄啊不到身哎身

撒叶儿嗬 哎 撒叶儿嗬
哎呀么姑子姐儿哎撒叶儿嗬
哎呀情郎哥哥舍哟哎
撒叶儿嗬 哎
把郎的欠成哎
哎呀哟依也
相啊思的病哎病
把郎的欠成哎
哎呀哟依也
相啊思的病啊病

十二、《对门对户对条街》

对门对户哎
对条街啊也，
郎门哎也
对到啊也
姐衣哎门也开也。
对门对户哎
对条街也，
郎门对到姐门开也。
早晨对到哎郎洗脸罗哎
晚上哎，对到也，姐脱鞋也，
郎洗脸来也，姐脱鞋也
你何不啊，何不啊，何不搬在呀一个屋里来也。

对门对户哎
对条街也,
郎门对到姐门开也。
早晨对到哎郎洗脸罗哎
晚上哎,对到也,姐脱鞋也,
郎洗脸来也,姐脱鞋也
你何不啊,何不啊,何不搬在呀一个屋里来也。

对门对户哎
对条街啊衣也,
郎门对到
姐衣哎门也开也。

十三、《郎在高山打一望》

嗨唉唉唉 嗨唉唉唉 姐妹耶
郎在高山哟打一望哟
妹在哟 河里哟
情郎妹妹哟
衣也洗衣裳啰喂
叫一声啦情妹耶
你想不想郎啰喂
郎在梦里想着你
你莫要忘了郎
姐妹唉 姐妹耶
哎哟我的阿哥我的阿哥呀
幺妹我河边洗衣裳心里想着郎哟
哎哟我的阿哥(幺妹)我的阿哥(幺妹)呀
幺妹我棒棒捶在哟岩呀嘛岩板上呐

嗨唉唉唉 嗨唉唉唉
嗨唉唉唉 嗨唉唉唉
嗨唉唉唉 嗨唉唉唉
郎在高山哟打一望哟
妹在哟 河里哟

情郎妹妹哟
衣也洗衣裳啰喂
叫一声啦情妹耶
你想不想郎啰喂
郎在梦里想着你
你莫要忘了郎
姐妹唉 姐妹耶

哎哟我的阿哥我的阿哥呀
幺妹我河边洗衣裳心里想着郎哟
哎哟我的阿哥（幺妹）我的阿哥（幺妹）呀
幺妹我棒棒捶在哟岩呀嘛岩板上
姐妹唉 姐妹耶
哎哟我的阿哥我的阿哥呀
幺妹我河边洗衣裳心里想着郎哟
哎哟我的阿哥（幺妹）我的阿哥（幺妹）呀
幺妹我棒棒捶在哟岩呀嘛岩板上
姐妹唉 姐妹耶

十四、《哈格咂》

哈格砸,哈格咂,好一座雄起的山,
哈格咂,好一个闹热的湾。
好一股清甜的泉,
好一坡五彩的伞。
哈格砸,哈格咂,好一座雄起的山,
哈格咂,好一个闹热的湾。
好一股清甜的泉,
好一坡五彩的伞,
地是开阔的地,
天是自由的天。
荒山野岭把身安,
哥儿活得像神仙。
皇帝老儿他管得宽,
管得老子想发颠。

今儿个岔起耍一天,
哈格哑,哥儿死了也心甘。

好一群漂亮的姐儿,
哈格哑,好一帮豪爽的汉。
好一排透气的篷,
哈格哑,好一帮豪爽的汉。
好一堆暖心的炭,
好一群漂亮的姐儿,
好一排透气的篷,
好一堆暖心的炭。

地是开阔的地,
天是自由的天。
荒山野岭把身安,
哥儿活得像神仙。
皇帝老儿他管的宽,
管得老子想发颠。
今儿个岔起耍一天,
哈格哑,哥儿死了也心甘

地是开阔的地,
天是自由的天。
荒山野岭把身安,
哥儿活得像神仙。
皇帝老儿他管的宽,
管得老子想发颠。

今儿个岔起耍一天,
哈格哑,哥儿死了也心甘

十五、《天造的柴埠溪》

天造的柴埠溪呀,地设的柴埠溪,揭开面纱看看你呀,揭开面纱看看你。绝壁悬飞瀑,银河呀落谷底,藏在深山人未识呀,只有那溪流哟,轻声地歌唱你歌唱你。

绝壁悬飞瀑,银河呀落谷底,藏在深山人未识呀,只有那溪流哟,轻声地歌唱你歌唱你。

天造的柴埠溪呀,地设的柴埠溪,揭开面纱看看你呀,揭开面纱看看你。山似依天剑,石像呀凌云壁,藏在深山人未识呀,只有那白云哟,深情地眷念你眷念你。只有那白云哟,深情地眷念你眷念你。哎~

十六、《鸦雀子喳叽喳》

鸦雀子哎,鸦雀子鸦雀子哎,鸦雀子鸦雀子哎。鸦雀子哎,鸦雀子鸦雀子哎,鸦雀子鸦雀子哎。号子那个震山岩呀,鸦雀子飞起来呀,加加加,加加加,鸦雀子飞起来哎。

鸦雀子身穿一身花呀呲啰呲,鸦雀子披件黑马褂呀呲啰呲,鸦雀子飞在大树上哎,鸦雀子跳到屋檐下哎。车过去,加加加加加加加两加,车过来,加加加加加加两加,车过去,加两加,车过来,加两加,加两加呀加两加,加加加加加加,幺妹子哎,快烧茶哎,外面的客来哒呃。家公家家,舅舅舅妈嫂嫂婶婶姑爹姑妈干爹干妈姨爹姨妈幺姨妹哎,轻易不来的稀客呃,莫要把他怠慢哒。

鸦雀子身穿一身花呀呲啰呲,鸦雀子披件黑马褂呀呲啰呲,鸦雀子飞在大树上哎,鸦雀子跳到屋檐下哎。车过去,加加加加加加加两加,车过来,加加加加加加两加,车过去,加两加,车过来,加两加,加两加呀加两加,加加加加加加,幺妹子哎,快烧茶哎,外面的客来哒呃。高鼻子蓝眼睛,白皮肤黄头发,后面还有好大一群洋娃娃哎,轻易不来的稀客呃,莫要把他怠慢哒。

鸦雀子加两加呃,幺妹子快烧茶呃,鸦雀子加两加呃,幺妹子快烧茶呃,加加,加加加,外面的客来哒呃。

十七、《幺妹,叭一口》

女(合):糯米颗颗小啊,籼儿(那个)圆又圆呢,九月重阳酿黄酒啰,醉人的黄酒抿(呀)抿(个儿)甜呢,去年八月叭一口,今年八月还在甜,抿(呀)抿(个儿)甜呢,甜了一整年呢,甜了一整年(啊)抿呀抿(个儿)甜呢!

男(合):幺妹的身材圆又圆,幺妹的小嘴儿甜又甜,去年八月叭一口啊,今年八月还在甜啦!幺妹的身材圆又圆,幺妹的小嘴儿甜又甜,去年八月叭一口啊,今年八月还在甜啦！幺妹儿！叭一口；幺妹儿,叭一口；幺妹儿,叭一口；幺妹儿,叭一口；叭一口哇！

女（领）：哎！糯米颗颗小啊,籼儿（那个）圆又圆呢,九月重阳酿黄酒啰,醉人的黄酒抿（呀）抿（个儿）甜呢,去年八月叭一口,今年八月还在甜,抿（呀）抿（个儿）甜呢,甜了一整年呢,甜了一整年（啊）抿呀抿（个儿）甜呢！

男（合）：幺妹的身材圆又圆,幺妹的小嘴儿甜又甜,去年八月叭一口啊,今年八月还在甜啦！幺妹的身材圆又圆,幺妹的小嘴儿甜又甜,去年八月叭一口啊,今年八月还在甜啦！

幺妹儿！叭一口；幺妹儿,叭一口；幺妹儿,叭一口；幺妹儿,叭一口；叭一口哇！挨到起……！挨到起,叭一口；挨到起,叭一口；挨到起,叭一口；挨到起,叭一口；叭一口哇！

幺妹的身材圆又圆,幺妹的小嘴儿甜又甜,去年八月叭一口啊,今年八月还在甜啦！幺妹儿！叭一口哇,幺妹儿！叭一口呃；幺妹儿！叭一口哇,幺妹儿！叭一口呃；幺妹儿！叭一口哇,幺妹儿！叭一口呃；幺妹儿！叭一口哇,幺妹儿！叭一口呃；幺妹儿,叭一口；幺妹儿,叭一口；幺妹儿,叭一口；幺妹儿,叭一口；叭一口哇！

十八、《姑儿家》

一个姑儿家
嘿　依呀依呀呢
像个什么话呀
依呀依呀呢
我去我去　我去我去
我去我去我去我去
我要去我要去我要去我要去
告诉你的家家
告诉你的舅妈
告诉你的姑妈
告诉你的姨妈
大妈二妈三妈四妈
五妈六妈七妈八妈
告诉你的爹
告诉你的妈

呔　呔　呔　呔
告诉你的爹和妈呀

一个姑儿家
你像个什么话
快到了二十七八
就是不肯嫁
当了个滴尕村官没得芝麻大
今天要开会　明天要检查
村里的大事小事横直都找她
依呀依呀　走路甩甩神
依呀依呀　说话响嘎嘎
一双那个大脚
起码起码起码起码
起码有尺把呀
像个大爷家呀

此外,三峡经典民俗歌曲还有《三峡情》《峡江渔歌》《山里的女人喊太阳》《峡江采茶歌》《吊脚楼之歌》《竹枝歌》《门口一条冲》《滴格儿调》《推磨歌》等。

第十八章 三峡民间工艺美术

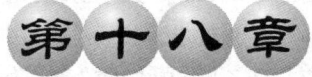

三峡民间工艺美术源远流长，绚丽多彩，展示了三峡人民博大丰厚的艺术情愫。刺绣、挑花技艺精巧，连续性的交叉形成的菱形纹样韵味无穷；编织质朴粗犷，集实用与审美于一体；皮影雕工精细，充分显示了皮影艺人在人物刻画上的高超技艺，本章主要介绍刺绣、挑花、年画、编织、剪纸、彩扎等三峡民间工艺美术精品。

第一节 三峡民间工艺美术概述

多姿多彩的三峡民间工艺美术上承巴蜀文化，下启荆楚文化，饱含着自身的思想基础、历史文化背景和文化根源，伴随着风光旖旎、人杰地灵的三峡历史文化发展的进程，向世人展示出古老的三峡艺术的真谛和现代艺术生命的延续。三峡民间工艺美术以其独特的造型与神韵，赋予了三峡文化艺术一种重要的审美价值和文化取向。

一、造型特征

艺术的造型是艺术表现的手段。任何艺术都需要用造型的手段来揭示艺术形象、精神、意境和美感……不同地域的民族有着不同的造型手段和方法，就中国的民间美术而言，有形象化造型、谐音化造型、意义化造型、情势化造型、功能化造型等民间美术共有的造型规律，三峡民间工艺美术也包含着这些造型方法。但是，独特的地域环境、生活习俗、宗教思想、感情气质等又形成了不同的造型特点，所以虽然我国众多的民间美术在材料工具的运用、取材内容、表现形式、造型手段等方面都十分相近或相同，但最后形成的艺术风格、艺术特点却各异奇趣、各具特色，这便是因为造型特点与审美追求不同的缘故罢了。从三峡民间工艺美术来看，已形成了丰富的品类和多彩的艺术风格，形成了民俗风情浓厚的艺术造型特点，特别是在以下三方面有独到的造型妙处。

(一)"寄善"写意型

人中圣哲有许多倡导向善说。抑恶扬善是人们的理想,三峡民间美术家正是从"寄善"着想,用"仁善"心理,洞察自然物象、民情生活、风俗习惯,发现"善"美;用"善"美的心灵,托物喻理,晓谕人生,融慈化于艺术,造"善"美之形;用仁意"善"美之形寄情万类,衍生意象,陶冶人们心灵,舒豁人们的胸怀、思想、境界。"寄善"的心境使他们因物移情,缘情发思,开拓意境,畅意写神,塑造出善和、天真、妙解物趣的万物生灵的美好意境。三峡民间美术家在造型中,从平静、自由、随意、真切等中立意,去感受生活的脉搏,求索自然意趣的"善"形,从和顺、爱慕等构想中去发掘具有生趣和神采的意象,透出浓浓的民俗情结;从艺术的内容与形式中去追寻"善"与"意"的多样造型情致,达到内涵丰富、意趣盎然的境地。例如,闻名于世的丰都"鬼城文化",以美妙离奇的传说与故事,塑造出千姿百态、精彩传神的众多鬼神雕像与神秘恐怖的场景,视感阴森恐怖,实际寄托着宣扬忠孝仁爱、扬善抑恶的文化内涵,那形神各异、惊恐万分的鬼神则透视出不同的"善"美。这些"善"形造型夸张、诙谐,有说唱艺术的滑稽夸张神气,加上鲜明艳丽的色彩和粗犷线条的表现,揭示出意境深邃的哲理兴味,富有生活的热情和生命的意义。又如,被誉为三峡奇葩的"白帝文化",融诗词、书法、绘画、雕刻、装饰、园林建筑于一体,从外在看似展现夔州文化历史、山川风貌、民俗故事、峡江传说,其内在为思念、盼归、情爱、悲伤等"善"意之情的精妙揭示,很有发人遐想的意趣。这些充满"善"美的形象很少以仁慈宽厚、温顺虔诚、合掌微笑的佛像造像,大多是蹙眉怒目、刚健强横、气势逼人的非佛似佛、非僧似僧、意义深邃的小雕像、小工艺品等。雕绘手法概括、简单、象征,很少有突兀的转折和生硬的棱角形状,主要以弧线造型为主。用色单纯,单涂为主,色不掩线,装饰性强。这种从"寄善"中写意,从写意中"寄善"的美术造型是三峡民间工艺美术的一大特色。

(二)寓意生灵型

相传古代画龙,常常不画眼,因为一点睛,龙就飞跃起来,腾空而去,后谓"画龙点睛"。三峡民间美术造型继承了中国艺术对事物"活""灵"的表现,在形和神上,以传神为主;在朴实和华丽上,以朴实为主。具有画外有意,形外有动,动中有"灵",越看越有味道,越看越精神的艺术内涵。三峡民间美术家把造型生动、灵捷、活泼、有趣的物象,经过巧妙构想,营造出体态爽朗,舒展夸张,姿态含蓄,喻意深邃,具有丰富思想内涵的艺术形象,从而揭示出具有象征吉祥幸福、如意顺遂、欢乐吉庆、和谐美满的三峡民俗风情,达到寓情灵动的艺术境界。

如,长江三峡石艺术,从自然中寻觅、遴选、构思、加工、塑造等都浸透着寓意生"灵"的造型观。首先,美术家要带着创意和丰富的形象思维去寻觅,经反复观察、审度,确定峡石的寓意内涵,或形似人物、动物、植物的峡石,或具有诗意文采的峡石,或富有绘画形式的峡石,或奇形怪状内涵深厚的峡石……其次,有些峡石还需匠心描绘,加工处理,组合成造型美妙,寓意深刻,趣味无穷,比自然美更高的"灵美"。《孔子行吟图》在一尊在仅22cm高的深蓝色峡石中,露出与峡石外轮廓十分吻合的一块乳黄色,而一个鬼斧神工的深蓝色造像展示其间,看似一个婉雅俊逸,严谨持重,微微俯首圣哲的孔夫子在行吟、说教。这尊三峡石与底座的色彩、石质、造型都结合得相当和谐完美,酷似一个整体,表现出作者寓意生灵的艺术思想。

又如,三峡根雕又与其他地方的根雕有所不同。长江三峡根艺蕴藏十分丰富、独特,是千百年三峡江水冲刷、浸泡、挤压、腐蚀所成,特殊的地理环境形成了千奇百怪、十分绝妙的造型树根。有的质面光滑、细腻,有的粗糙斑驳;有的姿态易妙,有的十分简括;有的大如磐石,有的细小如微;有的沉如铁石,有的轻若芦蒿;有的色泽光亮,有的暗洗晦涩;颜色或白、或黄、或紫、或黑……三峡美术家把这些天然造化树根作为一种情愫的载体,赋予丰富的想象与创造,神奇地构建了三峡根雕的美。《孔雀》是一件三峡根艺品,一只栩栩如生的孔雀,敞开美丽的翅尾,独脚直立,俯首凝视,像是一只开屏的孔雀面对明镜的水面,或者正在觅食……使人能从造型中体会出更多的艺术精神。

(三)实用美观型

游过三峡的人,往往会被矗立在江岸的历史文化景观的天然艺术造型美所吸引,赞叹不已。当身临其间,欣赏这些景色壮丽、历史悠久的文化遗址时,琳琅满目的书画、雕刻、装饰与游乐的艺术空间相映成趣。这些古文化景观形态优美,形姿俊俏,自然和谐,显示出整体与丰富的美感。构成上采用上下呼应、前后呵护、左右对称、外张内顾的布局,尤其是利用变化的直线、弧线与艳丽浓烈的民俗色彩描绘形体,求得鲜明强烈、和谐统一的艺术神韵,把功能与美同三峡地貌、风俗、情感互融,体现为适合于三峡自然环境的实用与美观完美结合的艺术精神。其他三峡民间艺术,如蓝印花布、挑花、刺绣、编织、皮灯影、年画、竹帘画、根雕、石刻等,更是运用实用与美观造型的杰作。这些民间艺术选材质美,造型生动,表现美妙,寓意深刻,直接为三峡人民的物质生活和精神生活服务,成为意趣鲜明的三峡民间艺术。如著名的梁平竹帘画,《辞海》记载:"竹帘画,在细竹丝编的帘子上加上书画的工艺品产于四川梁平。"历史悠久的梁平竹帘画,采用当地盛产的慈竹作为原料,经过精细加工制成纤细如丝的竹丝,运用纺织方法制成实用与观赏相结合的各种形式大小的挂帘、屏风、装饰画及实用工艺品,直接美化和服务于广大人民群众。梁平竹帘画,色泽素雅,质地绵薄,工艺精密,有"薄如蝉翼淡如烟,万缕千丝总相连,借得七仙灵巧手,换来天下第一帘"的美。浓厚的地方艺术特色成为国内外友人收藏和馈赠亲朋好友以及友好交往的艺术礼品,成为三峡民俗艺术的一绝。

二、审美特征

民俗艺术的审美凝聚着某一民族或地区人们思想意识和审美情趣,有强烈的民俗性和共同性。地域的文化积淀、习俗风情、地貌环境必然给这个地区的民众意识、情调、志趣、喜好等提供营养和土壤,并留下一定的烙印。这便是艺术上形成的"天人合一""天人感应""天人相通"的艺术情致,这是人们主观情感与外界事物同形同构的关系所致,是外界事物情感化、意识化,即"自然人化"的结果。故民俗流传"一方水土养一方人"的道理。三峡人世代生活在这大山大江,风繁物茂,地理环境复杂,生活习俗丰富的巴蜀文化与荆楚文化相融的渝东地区,这里的自然环境与历史文化使三峡人逐步形成了符合自身物质与精神需要的审美,三峡民间美术家用真诚的情感把时代、民族的精神融合,构建出符合三峡地域文化情致的审美,其审美特征如下。

(一)刚健奔放的阳刚之气

咆哮的峡江水,怒涛奔涌,一泻千里。使居住在峡江两岸的三峡人具有强劲的体魄、卓越的才能和惊人的意志与毅力,铸造了峡江人高亢、明朗、激进、坦荡、率直、雄壮有力的刚毅之气。三峡民间美术家的情感、品格、审美直接受长江自然条件与历史文化的深刻影响,经过长期劳动、生活、追求积淀所成,他们世代生长在三峡,依附三峡的美,深研自然物貌,吮乳长江水的精神,融入民众精神品质,讴歌时代生活,形成了合符于自然美而又更具有艺术感染力,气度宏阔,气贯意连,浑厚大气的"力与美"的审美快感,构筑了博大、响亮、兴奋、活跃、奔放的艺术精神。从博大神秘的丰都鬼文化,到粗犷深厚的涪陵江边石刻,挺拔俊逸的忠县石宝寨,矫健雄奇的云阳张飞庙,沉雄博大的奉节夔州文化和壮观神奇的巫山悬棺、岩画等数千里宏大浩瀚的三峡文化,巧妙而深刻地展示着这种审美的内涵,是豪放俊逸的艺术美再现,是三峡人阳刚之气与壮丽神奇的三峡美相交融的绚丽文化。这样的审美在三峡文化中显示出强大的生命力,产生了极大的物质和精神价值,形成了三峡文化的长廊。这些审美,气势宏大,表现力强,具有强烈的震撼力。如,长江三峡阴沉木雕以硕大、深沉、壮美著称,有的重如青铜,黝黑发亮,其重量可达几千斤。这些阴沉木造型简括,向外张扬,充满力量,是三峡自然力的美与人的刚劲豪放精神的展现。

(二)飘逸细腻的阴柔之气

美在长江两岸苍翠连绵的山峦中,纵横交错的溪流、山地、田野、农庄形成三峡自然与人的和谐佳景。生活在这里的三峡人被风光明媚的气候,郁郁葱葱的树木,奇形壮美的山石,较肥沃的山地、农田等自然环境所提供的丰富自然美熏陶、养育,塑造了三峡人细腻、柔情、丰厚、温情的品格,形成了丰富多彩的民俗生活。这里的三峡人喜欢抒情、柔美、安详、对称、精细、含蓄、温馨、和善的审美情趣,崇尚欢乐、幸福、喜庆、活泼、热烈的民俗美。三峡民间美术家把这样的审美注入在绘画、编织、装饰、雕刻等艺术品中,营建出自然、柔美、朴实、生动的艺术形象,采用色彩明度高,短对比与细柔流动的线条,表现出清明、柔和、丰满的美,使人陶醉,"一见如意""一见倾心"。开县蓝印花布门帘,构图十分精巧,富丽丰满,图案完美丰富,变化统一,生动活泼,喜气洋洋,印制精细准确,色彩和质料感都十分俊美。在三峡,梁平县和开县的蓝印花布流传民间而闻名,制作方法比较传统,常采用纸版、木版、皮版雕刻图案,印刷彩色一般自配,图案印制在较细的纯棉布上,图案常有林木花果、飞禽走兽、龙凤麒麟、鱼类昆虫、日月星辰、仙山琼阁,以及人物神话等,可印制出罩帘、床帘、床单、台布、枕巾、围腰、衣料等品种,甜甜细美的蓝印花布无不反映出这阴柔之气的飘逸细腻美。

(三)古朴醇厚的粗拙之气

在远离三峡的崇山峻岭,自然环境尚差,缺少与外界交流的广阔深远的大山里,居住着劳动、生活、服饰、情感、信仰、风俗习惯仍基本保持着古老民俗风情的三峡人。他们用简单、粗糙的生产与生活工具,用淳朴的思维方式,用坚毅而虔诚的性格与大自然抗争,经受着大自然的锤炼。他们言谈朴实,性情淳朴,持重,热情好客,讲究礼义,民俗传统深厚。这里的三峡民间美术家是广大农村妇女和少数工匠艺人,他们有广泛而深厚的生活基础,浓厚的宗教信念,用粗大勤劳的双手和淳朴真诚的情感编织出古朴、纯厚、凝重、苍老的美。这里的民间美术如桃花刺绣、剪纸、雕刻等都展现了古朴纯厚的民俗美。这些作品取材传统,贴近自然;造型随意,简略概括,十分生动;色彩对比纯洁、明快,直接用原色;构图对称均衡,随意自然;材料素美,富意象征。当你目睹这些民间作品时,那对生活的热爱,深情,把心灵、情感及整个生命注入作品而形成的浓郁的乡土气息的虔诚艺术精神,令人感动,并愿为之探寻,追求。挑花《围腰》是一件造型新颖别致,舒心醒目,构图既严谨又随意的巫溪桃花围腰,作者是一个目不识丁的农妇,图案有龙、凤、锦、鸡、蝴蝶、石榴、花草等,除围腰上粉红色、绿色、金色、红色色边装饰处,所有图案均用纯白棉线,运用经纬法挑钩在蓝色棉布上,基本技法较为简单,但形象造型极为生动,天真纯厚,极富艺术情趣的艺术形象有儿童画造型特征之感,其形式构成也表现出极高的艺术特点,即:外形方圆直曲的形式美,运用阴阳线技法构成黑白对比,使图案组织变化统一、疏朗、匀称,给人以恬静、怡然之感。图形所传达出的寓意有象征爱情的龙凤,有象征多子多福的石榴,有象征美好生活的锦鸡、花草,生动地体现了三峡广大劳动群众亲切、纯真、质朴的思想感情和健康的审美趣味。

第二节 三峡民间工艺美术类别

民间工艺美术是不同于宫廷美术、宗教美术、文人美术,由广大民众自发创造、享用并传承的美术,主要由农民和手工匠人创作。在今天,民间美术是相对于专家创作的艺术,是城乡广大民众自己创造、自己享用的艺术。多具有自做、自用和自娱的性质。创作者没有经过专门的学校训练,技艺多以家族或个体方式沿袭传承,个人艺术创造的发挥空间很大。民间工艺美术作品风格质朴、通俗,反映出广阔的社会生活,表达了广大民众的心声,因而有着很强的艺术生命力。

三峡民间工艺美术源远流长,绚丽多彩,展示了三峡人博大丰厚的艺术情愫。它的品种繁多,包括刺绣、挑花、编织、绘画、剪纸、彩扎等。这些工艺美术作品以流畅的线条、别致的造型、和谐的色彩、精美的装饰给人美的享受、智慧的启迪。多彩多姿的三峡民间工艺美术上承巴蜀文化,下启荆楚文化,饱含着自身的思想基础、历史文化背景和文化根源,伴随着风光旖旎、人杰地灵的三峡历史文化发展的进程,向世人展示出古老的三峡艺术的真谛和现代艺术生命的延续。

一、刺绣、挑花

刺绣、挑花是三峡地区民间妇女的重要传统工艺。其作品大胆地运用对称、匀称、反复、对比、协调等形式美的法则,同时将区域风格融入其中,使形式美的种种规律和浓郁的三峡风情得到和谐统一。作品具有图案设计精美、形象逼真、缝缀严谨等特点。

(一)刺绣

古称针绣,是用绣针引彩线,按设计的花纹在纺织品上刺绣运针,以绣迹构成花纹图案的一种工艺。古代称"黹""针黹"。因刺绣多为妇女所作,故又名"女红"。刺绣是中国古老的手工技艺之一,其中以苏绣、粤绣、湘绣、蜀绣最具代表性,号称"四大名绣"。

明清以来,刺绣便成为三峡地区妇女日常习作的重要工艺,在封建社会,刺绣是衡量一个青年妇女贤良和才德的重要标准。女孩子10岁左右就开始学刺绣袜底、鞋垫之类。作品或作为爱情信物:手帕、荷包、鞋;或作结婚礼品:枕套、被面;或者作为老人赠品:老人鞋、老人帽等。刺绣图案精美活泼,色彩鲜艳夺目。

三峡地区土家族民间妇女也有刺绣的传统,其穿戴的服饰以及家用的被面、蚊帐、枕头、门帘等均以刺绣为美。土家族姑娘绣花的方法,一般先将要绣的花用纸剪成花样,贴在绣花底布上,然后照着纸样用丝线绣制。绣成之后,丝线便把底样蒙盖在里面了,图案略显突出,有立体感。

土家刺绣在配色上有其独特之处,一般喜欢选用青、蓝、大红等深色布做底布,图案纹样的绣线则多选用浅色,或者相反,底布花用浅色,而绣线用比较强烈的深色,两种用法的效果可以使绣制品显得质朴逼真,色泽鲜艳生动,对比强烈,给人以喜悦吉庆的美感。其中以土家妇女绣花鞋最为美观。绣花鞋鞋面多取青、蓝、红色布料为底,用彩色丝(棉)在鞋尖、鞋掌处绣龙凤、蝴蝶、梅花、菊花、仙桃等图案。

(二)挑花

挑花是三峡地区妇女日常习作的又一传统工艺。一般制作于枕巾、被面、荷包、门帘、童衣、肚兜等物品上,构图形式大多为"米"字圆形,呈放射状,图案上下左右对称,纹样环环相扣。内容多是花鸟虫鱼,或双凤恋梅,或四鹿栖松。挑花具有古朴、清秀、典雅的风格。

土家族挑花作品"西兰卡普"颇具工艺价值。在土家语里,"西兰"是铺盖的意思,"卡普"是花的意思,"西兰卡普"即土家族人的花铺盖。人们往往在"花铺盖"前冠以"土"字,以标示出这项民间工艺所包含的土家族民族特点。土花铺盖深受土家族人民的珍爱,被视为智慧、技艺的结晶,被称作"土家之花"。按照土家族习惯,过去土家姑娘出嫁时,都要在织布的机台上制作美丽的西兰卡普,即土花铺盖。西兰卡普的图案纹样包括了自然物象图案、几何图案、文字图案多个大类,其共同的特点,一是几何图案占着较大的比例,即使是那些取材于自然物象的描写性较强的图案,为适应彩织而剪裁成了由方形、三角形等图形和线条组成的几何图形。二是图案纹样富于变化,就单幅被面(三幅为一床)来看,有大块的纹样,有小块的纹样,有以长方形为主要纹样者,有以六方形为主要纹样者,有以八方形为主要纹样者。三是喜用吉利、喜庆的寓意和山区花草、鸟兽的主题:"凤穿牡丹"象征荣华富贵,"野鹿衔花"象征寿考千年,"万"字以祝人万福万寿等。从中可以看到勤劳智慧的土家族人民对生活的热爱,对自己所生活的自然环境的深厚感情,以及对美好生活的强烈向往。

二、年画

年画是中国画的一种,始于古代的"门神画"。清光绪年间,正式称为年画,是中国特有的一种绘画体裁,也是中国农村老百姓喜闻乐见的艺术形式。

传统年画以木刻水印为主,追求拙朴的风格与热闹的气氛,因而画的线条单纯、色彩鲜明。内容有花鸟、胖孩、金鸡、春牛、神话传说与历史故事等,表达人们祈望丰收的心情和对幸福生活的憧憬,具有浓郁的民族特色与乡土气息。

三峡是长江的画廊。风光旖旎的长江三峡孕育了三峡儿女博大丰厚的绘画情愫,又给三峡儿女提供了无穷的绘画题材。三峡绘画是我国民间美术的奇葩。这里的农民版画、梁平年画无不具有较高的艺术价值。

(一)农民版画

版画是绘画种类之一,为以刀或化学药品等在木、石、麻胶、铜、锌等版面上雕刻或蚀刻后印刷出来的图画。三峡地区农民版画将石刻、木雕、泥塑、剪纸、挑花刺绣、蜡染等古老的民间工艺融入版画之中,使版画艺术充满了生动、活泼、亮丽、质朴、稚拙、幽默等特点。

三峡地区农民版画以夷陵现代民间版画最为突出。夷陵现代民间版画,内容上是西陵人现实丰富多彩生活的再现,是他们热爱家乡、热爱生活、憧憬未来的表达,传达出肺腑的心声、时代的主旋律;艺术风格上,它很少受西洋画、文人画的影响,淳朴稚拙,散发着浓郁的泥土芬芳,有雅俗共赏之妙;从主题出发,不受比例关系和透视原理的束缚,意到手到,组合随心,体现了民间艺术的特色与规律,有浑然天成之趣。版画作者均为农民,大多取材于山乡、田园生活,充满浓烈的泥土气息,展示了农民热爱生活的真情实感。

近几年来,夷陵的现代民间版画走出了三峡,走出了湖北,走向了全国,有260余幅作品先后被国家级和省级报刊发表,126幅参加湖北省美术展,10多幅获奖,作品《赶狐狸》获湖北省书画工艺优秀作品一等奖。《草垛》曾获得"全国农民书画大赛"二等奖,夷陵因此而被国家文化部命名为"中国民间艺术之乡"。

(二)梁平年画

年画最早起源于门神画,汉朝以前就已经有了。晋代的《荆楚岁时记》记载:"贴画猫鸡户上,悬苇索于其上,插桃符其旁,百鬼畏之。"与此相关的还有神荼、郁垒缚鬼等传说。唐代以后,门神画普遍被秦叔宝、尉迟敬德的形象所取代。

梁平年画是民间为庆贺年节而产生的特有绘画品种,是重庆地区一种典型的民间美术形式。梁平年画据传起源于明朝嘉靖年间,到清朝康熙、雍正时已相当发达,民国时达到鼎盛期,梁山屏锦铺(今梁平屏锦镇)发展到作坊百家、画种过千、家家雕木刻版、户户描绘丹青的程度。梁平年画以套色印刷为主,一色一板,少则套印五六次,多则十二三次。人物面部略施彩绘,大多在腮部涂抹两小块椭圆形桃红色,妙趣横生,为其他年画所少见。

三、编织

编织工艺历史悠久,它的起源早于陶器。陶器制造最初是在编制的或木制的容器上涂上黏土使之能够耐火而产生的。后来人们发现编织物烧毁了,而黏土模型却保存下来成了陶器,这说明人类是先有编织工艺,而后才掌握制陶工艺的。新石器时代就有各种竹编器物,如篓、篮、箅、簸箕等,而且编织技巧已相当成熟。

三峡人擅长编织，编织品种丰富，外形美观，聚实用性与装饰性于一体。编织材料各异，竹子、草、棕绳都是用于编织的材质。

（一）竹编

三峡民间竹编历史悠久。大多以优质水竹、毛竹为原料，手工破成各种薄厚均匀的篾片和圆滑的篾丝，将其编织成造型美观、精致实用的器物。作品种类繁多，包括萝、筐、桌、椅、篮、篓、箱等。按竹编技艺可以分为丝编工艺（蔑丝编织）和篾编工艺（块篾编织）两大类，按用途可以分为传统仿古和实用创新两大类。

（二）草编

根据材质不同，草编可分为灯草、稻草编、麦秆编、苞谷叶和棕叶编。灯草编主要是草席等，稻草编多为山区人民所穿的草鞋，麦秆编主要是草帽等，苞谷叶编主要是各种坐垫、茶盘等，棕叶编以编织小动物居多，如蚱蜢、蜻蜓、蝴蝶等，造型小巧、精美，是三峡地区儿童喜爱的玩具。

（三）棕绳编

在三峡地区，人们用木料和棕绳制成棕床，俗称"绷子"。棕床由大、中、小三种棕绳分三层编织，表层由细绳编织成对称性图案。其特点是，编织精巧、紧而不断、弹而不碎，适合有腰椎疾患的人使用，具有保健功能。使用棕床可以保持床垫干燥，对人体有防风湿的功效。

四、剪纸、彩扎

（一）剪纸

剪纸，又叫刻纸、窗花或剪画。区别在于创作时有的用剪子，有的用刻刀，虽然工具有别，但创作出来的艺术作品基本相同，人们统称为剪纸。剪纸是中国最普及的民间传统装饰艺术之一，有着悠久的历史。因其材料易得、成本低廉、效果立见、适应面广、样式千姿百态、形象普遍生动而广受欢迎，全国各地都能见到剪纸，甚至形成了不同地方风格流派。剪纸不仅表现了群众的审美爱好，也蕴含着民族的社会深层心理，是中国最具特色的民间传统工艺之一。其造型特点尤其值得研究。民间剪纸作为中国本源哲学的体现，在表现形式上有着全面、美化、吉祥的特征，同时，民间剪纸用自己特定的表现语言传达出传统文化的内涵和本质。

剪纸在三峡地区十分流行，种类有窗花、人物、花鸟虫鱼等，十分丰富。作品小巧玲珑、美不胜收。剪纸材料简单，但工艺精巧，具有较高的艺术价值。

（二）彩扎

三峡地区有彩扎的传统。彩扎作品一般以篾扎纸裱（或绸、缎）而成。它是喜庆节日里必备的游艺道具和观赏品。包括彩灯、彩船、彩马等。在办丧事时,它又是祭奠用品,包括"灵屋子""纸人""纸花"等。每逢清明节,纸扎花圈是三峡人民必用的上坟祭祖用品。这些精扎细裱的作品,造型优美,形态逼真,颇具艺术价值。

五、传统玩具

从古代流传下来的手工制作玩具,俗称"耍货"。它们与民俗关系密切,具有一定的传承历史。传统玩具的生产采取了一家一户的作坊式加工方法,成为代代相传的地方和家族手艺,其材料大多采用天然的泥、木、竹、石、布、面、金属、皮毛等。传统玩具的题材是中国传统文化的一部分,表现的是民众的信仰、习俗、戏曲、传说和民间文学等内容。它的造型、色彩和结构随意、主观,具有原始文化和乡土艺术的特点,反映了中国的传统审美观念。中国传统玩具在漫长的历史岁月中形成了丰富多彩的品类和地方风格,并一直伴随着人们的成长。时至今日,虽然许多玩具已改头换面,但个中的含义及先人的智慧仍长存其中。

六、三峡皮影

皮影是皮影戏的道具,是以兽皮刻出的人物道具,投影于灯前帷幕上,配以音乐对话,简便易行,是三峡民间喜庆娱乐的一种重要民间艺术。其主要特点是人物的头、身、四肢均为单独制作,然后用线把各个部分连成一个完整的人物并能活动的整体。皮影的造型(主要是人物造型),因服装不同而各具风貌。人物形态及神态也因人物的不同身份、不同地位而各异,且各具鲜明的特征。特别是头像,忠、奸、善、恶和喜、怒、哀、乐等脸谱及表情让人一目了然。皮影制品雕工精细、走刀流畅、色彩鲜艳、形象生动,充分显示了皮影艺人的高超技艺。皮影大约于清末流传至三峡地区,民国中期在各高山地区盛行,秭归、远安、宜昌等地尤甚,逐渐形成其独特风格。

第十九章 姓氏家族文化

姓氏家族文化是中华民族的血脉之根、智慧之源,是古老文化的组成部分,是中国民俗文化不可或缺的重要内容。姓氏、堂号彰显家族的徽记,家谱、宗祠承载家族的历史。本章主要介绍姓氏、家谱、宗祠、堂号和人名等姓氏家族文化的内容,阐述家谱等家族文化的源流、类别、价值和作用,并介绍宜昌姓氏人口比例等基本情况。

第一节 姓 氏

一、中国姓氏概述

姓氏是人类和家族的符号标志,是家族血脉的传承。中国是世界上最早使用姓氏的国家。在母系氏族社会时期,人们知其母而不知其父,同一母系后代不通婚,为了便于区别不同婚姻集团,便有了姓。姓字从女从生,古代的姓因而多从女旁,如姬、姜、嬴等。姓形成之后,比较稳定。进入父系社会以后,由于同姓者越来越多,为了区别家族间的地位、居地、职业、出身,便产生了氏。由此可见,姓产生于氏之前,氏是从姓派生出来的。同一姓可以衍生许多氏。氏常随着历史条件的变化而不断变更。《左传·隐公八年》:"天子建德,因生以赐姓,胙之土而命之氏。"历史上明确记载姓氏是从周代开始的。传说汉族的共同祖先黄帝轩辕氏有25个儿子,得姓者14人。这14人被黄帝"胙之土而命之氏",为12姓:姬、酉、已、祁、滕、箴、任、苟、僖、姞、儇、依。这是我国汉族最早的姓氏。

今天,我们所说的姓氏,是把姓氏当成一个统一的概念,然而在夏、商、周以前,姓和氏是有严格区别的。"姓"代表氏族的血统,称为族姓,是为了区分血脉,防止血脉婚配而发明的识别标志。"氏"是古代贵族标志、宗族的符号。从夏朝中期开始,"氏"成为"姓"的支系,表示功勋和地位。《通志·氏族略序》:"三代之前,姓氏分而为二,男子称氏,妇人称姓。氏所以别贵贱,贵者有氏,贱者有名无氏。姓所以别婚姻,故有同姓、异姓、庶姓之别;氏同姓不同者,婚姻可通,姓同氏不同者,婚姻不可通。"战国时,宗法制度瓦解,姓氏制度也发生根本变革。这时氏开始转变为姓。秦汉后,姓氏不别,或言姓,或言氏,或言姓氏。姓氏合而为一,不再严格区分姓和氏。顾炎武《日之录·氏族》:"姓氏之称,自太史公始混而为一。"

五帝时代及以前的中华民族不讲人伦关系,男女婚配血族相混,属杂交形式。大约距今五千年前,我国上古时期著名的部落首领、中华民族的"人文始祖"伏羲氏制定了一套同姓不婚的嫁娶礼仪制度,"姓"被选定为世袭,且由父亲传递,从而避免了血亲通婚,实现优生繁衍。姓作为"远禽兽,别婚姻"的符号,是社会生产力发展的结果,也是中华民族文明进步的重要标记。

我国姓氏丰富,表明了我国历史悠久。姓氏中反映了历史。女字旁的姓,像姬、姚、姜等,都是非常古老的姓,它使我们想起远古母系亲属集团。夏、殷、周、鲁、楚、赵、魏、秦、宋等姓氏,令人想起了中国古代诸侯林立的情景。从骆、蚁、鹿、羊、马、牛、熊、龙、鱼、鲍和动物名称相同的姓氏,使我们想起太古图腾社会的图腾信仰。从组成巫卜、商贾、帅尉、文史等词汇的姓氏,我们可以想到历代的许多行业。从金、翦、萨、慕容等姓氏,我们想到了中华民族血统交流、文化融合的痕迹。

二、中国姓氏由来

中国姓氏众多,来由各不相同,且几千年来变化多端,说法不一。但归纳起来,姓氏的由来大概有以下几个方面。

(1)在母系社会,以母亲为姓。传说上古时代神农氏的母亲叫女登,所以那时许多姓都是女字旁,如姑、姬、姜、妁、姒等。

(2)以出生地、居住地为姓或氏。传说上古时代虞、舜出于姚墟,便以姚为姓。春秋时代齐国公族大夫分别住在东郭、南郭、西郭、北郭,便以东郭、南郭为姓。郑大夫住在西门,便以西门为姓。另外,这类姓氏中,复姓较多,一般都带邱、门、乡、间、里、野、官字,表示不同环境的居住地点。

(3)以古国名为姓。虞、夏、商朝都有个汪芒国,汪芒的后代乃姓汪;商朝有个在泾渭之间的阮国,其后代便姓阮。

(4)以封地为姓或氏。造父被周武王封到赵城,他们后代便姓赵;周昭王的庶子被封于翁地,因而姓翁;周公旦的儿子被封到邢国为邢侯,他的后代便姓邢。

(5)天子赐氏,以号为姓。如周穆王死了一个宠姬,为了表示哀痛赐了他的后代姓痛;周惠王死后追为惠,他的后代便姓惠。

(6)以官职为姓或氏。古代有五官,即司徒、司马、司土、司寇等,他们的后代都以这些官职为姓。

(7)以祖辈的字为姓。如郑国公子偃,字子游,其孙便姓游;鲁孝公的儿子,字子臧,其后代便姓臧。

(8)以神话中的传说为姓。传说舜时有个纳言(官名)是天上龙的后代,其子孙便以龙为姓;传说中神仙有个青青鸟公,后人便有姓青鸟的。

(9)因避讳或某种原因改姓。比如战国时代田齐襄王法章的后代本姓田,齐国被秦灭了,其子孙不敢姓田而改姓法;汉明帝讳"庄"字,凡姓庄的都改姓"严"。

(10)以民族语言的译音为姓。如匈奴首领单于的子孙就有不少姓单于。

(11)以姓为氏。姓作为氏族公社时期氏族部落的标志符号而产生,其后人有的便直接承袭为氏。母权制氏族社会以母亲为姓,所以那时许多姓都是女字旁。

(12)以国名为氏。如我们所熟悉的春秋战国时期的诸侯国:齐、鲁、晋、宋、郑、吴、越、秦、楚、卫、韩、赵、魏、燕、陈、蔡、胡、许等,皆已成为今天常见的姓。

(13)以邑名为氏。邑即采邑,是帝王及各诸侯国君分予同姓或异姓卿大夫的封地。其后代或生活在这些采邑中的人有的便继之为氏。据统计,以邑为氏的姓氏近200个。

(14)以技艺为姓或氏。如巫、卜、陶、匠、屠等。

(15)古代少数民族融合到汉族中带来的姓。

(16)以动植物为姓。如牛、马、龙、熊、杨、柳、柚、花等。

(17)以数字为姓。如伍、陆、万等。

(18)以祖先的族号或庙号为姓。如尧的族号是唐,尧的一些子孙后代便姓唐。夏、殷、周等姓大概也是这样的。古代帝王死后,在宗庙的牌位上都要写上他们的王位,如周朝有文王、武王等,他们的后代就分别姓文、姓武。

(19)以先人的字或名为氏。出自此条的姓有很多,据统计有五六百个,其中复姓近200个。

(20)以次第为氏。一家一族按兄弟顺序排行取姓,如老大曰伯或孟,老二曰仲,老三曰叔,老四曰季等。后代相沿为氏,表示在宗族中的顺序。

(21)以谥号为氏。

(22)以爵号为氏,如王、侯等。

(23)在漫长的历史长河中,姓氏也不断演变,如复姓的截音,把公孙截成姓公、姓孙,孟孙截成姓孟、姓孙;有些姓氏是帝王、官员、师傅赐给的,以后也就沿用下来;还有些姓氏是持姓人自取的。现在,孩子也有选取姓氏的自由,子从父姓不是法定的。

三、中国姓氏概况

中国姓氏通过数千年的分衍发展,至今中国历史上使用过的姓氏已有2.2万多种,这些姓氏有些已经退出了历史舞台,但是绝大部分代代相传,延绵不断,成为中华民族生生不息的血缘纽带。可以说中华万姓同根,根在伏羲氏。而伏羲氏故都淮阳,正是中国姓氏最初的发源之地,滥觞之地。《三坟》曰:"伏羲氏,燧人子也,因风而生,故为风姓。"因此,"风"为中华第一姓。

我国一些主要姓氏已有4 000年的历史了。中国的姓氏究竟有多少,至今尚未有一个精确的统计数。唐初《大唐氏族录》收集了293姓,唐中叶林宝编的《元和姓纂》收集了1 233姓,明人王圻撰《续文献通考》收集了4 657姓,北宋的《百家姓》收集了3 468个姓,明代的《千家姓》收集了1 968个姓。其实明朝(1368—1644年)时就已有了3 000个姓。现代人编的《中国姓氏汇编》收录5 730姓,《中华姓府》收录6 363个,《姓氏辞典》收录8 000多个,《中华姓氏大辞典》收录11 969个,《中华古今姓氏大辞典》收录12 000多个。其中《中华姓府》6 300多姓,且每一姓都有出处,有来源。在6 300多个姓中,单姓有3 730个,复姓有2 498个,三字姓有127个,四字姓有6个,五字姓有2个。当然,这其中大多数为稀姓,常见的是《百家姓》中所列举的。《现代汉语词典》只收录现代汉族姓氏930多个。目前我国的姓氏大约有3 000个。

中国姓从12个增至6 000多个,原因是中国姓一向有增无减,"有生无死";其次诸姓繁衍又有以姓、国名、封邑名、乡亭名、住地名和以王父字、次第、谥号、官职、技艺等为氏的,加以皇帝赐姓、避讳改姓和夷狄之姓等诸多原因,因此中国姓氏种类之繁与数量之多,可谓极其自然,这也可见中华民族兼容并蓄的泱泱大度。

中国姓氏人口数量比例相差很大。据中国科学院遗传研究所根据国家统计局提供的1982年全国人口0.5‰随机抽取资料(57万余人)进行的统计处理表明,全国占汉族人口1%以上的大姓共有19个,他们分别是李、王、张、刘、陈、杨、赵、黄、周、吴、徐、孙、胡、朱、高、林、何、郭、马。这19个大姓加起来约占汉族人口的55.6%,也就是说,全国大约有一半以上的人口使用这些姓氏。其中李、王、张三姓占的比率更大。据刘懿编著、新近出版的《中国人最常见的100种姓氏》统计,李姓人口约9 200万,占全国总人口的7.38%;王姓人口约9 000万,占全国总人口的7.17%;张姓人口约8 500万,占全国总人口的6.79%。李、王、张、刘、陈可谓当代百家姓中之大姓,其人口之和达3.5亿。按照姓氏进化的普遍规律,大姓人数将越来越多,小姓人数将越来越少,甚至最后消亡。

汉族姓氏分布又有着明显的地区差异。李、王、张、刘等大姓在北方人中常见,而陈、赵、黄、林等大姓在南方人中所占比例较高。

四、三峡宜昌姓氏人口比例

三峡宜昌地区和全国一样,姓氏众多,姓氏人口比例相差很大。据宜昌市公安局提供的数据表明,截至 2013 年底,在三峡宜昌地区总人口的 4 000 765 人中,共涉及 1 209 个姓氏。其中,按各姓氏人口数量排在前 100 位的姓是:李、王、张、刘、陈、杨、周、黄、向、胡、赵、郑、吴、谭、覃、朱、田、邓、徐、罗、熊、彭、宋、杜、余、曹、高、郭、袁、何、孙、汪、曾、韩、谢、马、秦、肖、邹、冯、许、易、付、万、龚、董、唐、姚、屈、蔡、林、方、卢、望、程、吕、魏、姜、江、雷、梅、严、廖、毛、闫、文、丁、金、钟、潘、黎、艾、鲁、叶、颜、任、蒋、沈、苏、贺、聂、崔、龙、代、夏、乔、范、薛、梁、章、尹、石、阮、柳、史、尤、汤、段、舒、施。

在上述 100 个姓中,人口在 20 万以上的有四大姓:李、王、张、刘;人口在 10 万以上的也有四大姓:陈、杨、周、黄。这八大姓人口加起来有 1 534 536 人,占三峡宜昌总人口的 38.3%,为三峡宜昌总人口的三分之一强。

人口在 20 万以上的四大姓中,李姓人口 292 849 人,占总人口的 7.31%;王姓人口 248 410 人,占总人口的 6.20%;张姓人口 226 937 人,占总人口的 5.66%;刘姓人口 203 772 人,占总人口的 5.08%。

第二节 家　谱

一、家谱概述

家谱的名称很多,大体唐以前都称家谱、家传的,宋代又有宗谱或族谱之谓。到了明代,特别是清代以后,名称更多,如宗谱、祖谱、世牒、世谱、谱牒、房谱、谱系、氏谱、家谱、家乘、家志、谱录等。家谱是一种表谱形式,记载一个以血缘关系为主体的一姓一族世系繁衍和重要人物事迹的特殊图书体裁,是以特殊形式记载宗族发展的史书。它主要记载某一姓一族世系、迁徙源流、具体人物事件等,即"人自为书,家自为书",它是古人于一族内"明世次,别亲疏"的依据,也是继承权和财产权的凭据。

家谱是中国特有的文化遗产,是中华民族的三大文献(国史、地志、家谱)之一,属珍贵的人文资料,对于历史学、民俗学、人口学、社会学和经济学的深入研究,均有不可替代的功能。在 1966 年中国"破四旧"运动中,家谱被当作"四旧"遭到清理,成千上万的家谱被毁,这对于研究中国的人文历史造成了不可弥补的损失。

二、家谱的起源及修谱的历史

早在原始社会时期,各姓氏人等以前的血缘先祖,相继生活于黄帝的姬部落和后稷的周部落中,由于黄帝和后稷是本部落的领袖人物,姬、周等姓氏便是他们的血缘标志。在周人的部落内部,又按血缘关系的远近区分为许许多多的家族和氏族村落,遇有婚姻、丧葬、财产等,都要按一定的习惯和世系进行安排。特别是后稷等人对于部落首领地位的传承,都要遵守严格的血缘次序。这些谱牒内容,在文字出现以前是由部族首领口头传颂,再由专人负责整理归纳,以强记方式流传。文字出现以后,则由指定的人专门记录在特殊的簿册上。这种簿册,就是最早的家谱雏形。到了后稷的裔孙周武王建立周朝以后,专门设立了负责王族世系及宗族事务管理官员,称为"小史",并建立一套相当完善的史官修谱制度。后来传世的《世本》和《大戴礼记》中的《帝系篇》,便是当时修撰的关于各国王公在周朝的列位先祖传衍情况的带有家谱性质的典籍。不过,尽管家谱修撰的雏形出现较早,但真正的家谱的出现还是在魏晋或者以后。

全国姓氏都有修撰家谱的传统,一向对修谱十分重视。编修家谱是一件非常严肃的事,古有三世不修谱而为不孝之说法,一般修谱的间隔最长时间不超过三十年。修撰家谱,主要是为了巩固家族团结,扩大家族的活动和维持家族的秩序。魏晋以来,修谱逐渐成为潮流。在南朝初年裴松之新注释的魏晋陈寿所作的《三国志》里,曾三次引用《郑玄传》或《郑玄别传》,其中就有关于家世的内容,具有一定的家谱性质。特别是在东晋时期,著名谱学家贾弼之撰著《姓氏簿状》,其中包括十八册七百多个著名家族的谱传。只是这部谱学著作早已亡佚,我们已无法窥知这些早期家谱的面貌。至南朝时,又有谱官修撰《百家谱》《十八册谱》《新集诸册谱》等,其中有诸多姓氏的谱牒。同时,各个姓氏族人为了准确记录自己的家族发展和世系源流,也都私自修撰自己的家谱牒。当时,收藏在国家谱局的一些总谱和案谱,都是以这些家谱为素材整理而成的。

到了唐朝,由于官方修谱和私家修谱的风气更为盛行,家谱也进一步丰富起来。今天保存在《新唐书》中的关于传衍情况的谱学资料,便是由这些私家谱牒整理而成的。根据这些节录后的家谱,我们可知在唐朝及其以前的传袭和发展情况。宋朝及其以后,由于家谱的修撰已经走向成熟,加上国家对修家谱的提倡,家谱在数量和质量上都有显著的增多和提高。特别是在明清时期,更是私家修谱最为盛行的时代。当时的各姓各家各族无不大修家谱,甚至一修、两修或多次重修和续修,使修谱活动成为宗族中最重要的活动之一。直到近代社会的民国年间,这种风气仍然盛行不衰。清朝是私修家谱的大发展时代,雍正皇帝撰写了《圣谕广训》,下令在各地方宣讲,敦促各宗族"修族谱以联疏远",各级官僚及地方士绅起而应之,各宗族闻风仿效,家谱之盛,遂为空前。民国时期,笃宗族、勤谱事之风未曾消减。

中华人民共和国成立后,修谱之风稍歇。20世纪80年代后,因改革开放、经济发展的推动,许多族姓又兴起续修、重修之风,如重庆万州、湖北荆门等地的姓氏组织了不少修谱委员会或理事会,分别致书全国各地乃至世界各国,给同乡同姓寄去生平业绩,以便辑入族谱。这时的家谱,传统的功能已相当淡化,联络感情、光大族姓、多途径发展乡里经济,成为新修谱的重要目的。久离乡里的姓氏成员,则通过参与修谱来寄托慎终追远的寻根情怀,当然也不排斥衣锦还乡的骄傲之情。

家谱修改后,要定期续修,一则续上后世子孙,二则根据家族内部调节和整合族人的需要,适当修改族规。续修家谱,并不单是循例而行,也是调整族内关系的需要。总之,家谱及修谱,从远古到近当代,绵亘数千年,一直与繁衍历史相始终。这些家谱中,人们不仅可以得知诸多姓氏的源流、繁衍、分布情况,而且还可以了解其内容丰富的姓氏文化。

三、家谱的形式、体例和内容

修撰于不同时期的家谱大多有固定的形式、体例与内容。

家谱的形式有多种。在文字家谱出现以前就有口授家谱和结绳家谱。口授家谱通过人们的口传心授将宗族的世代谱系传承下来,我国古籍文献中记载的上古传说时代的家族世系,例如《史记》中记载黄帝各支系的《五帝本纪》等,就是口述谱牒。人类发明文字后,我国最早出现的是甲骨谱牒,它只记世系和人名,没有事迹。稍后出现了青铜谱牒,先秦将商周铸刻在青铜器上的文字谱牒称为"金文谱牒"。铁器的出现,使得石刻成为可能,因而"刻谱于石,以垂永久"。至汉代,碑谱已十分流行,并逐渐演变为墓碑。后来,人们广泛使用纸谱。有的用图表裱制挂于中堂,也有的装订成册供家人翻阅。历史上,官宦人家一般都是采用装订成册的家谱,而平民百姓则多为悬挂供后人翻阅的图表式家谱。至于家谱种类,可细分为一家一房之谱、一支之谱、一族之谱和异姓合谱等几种。

家谱就其体例而言,总的特点基本上可以认为是我国古代多种文体的结合体。明代中后期是中国家谱体例演变与内容更新的一个重要分水岭。体例的变化与内容的更新显然是以前谱牒少有的。明代家谱在因袭欧苏体例的同时,增加了"志""图""考""录"等项新内容,这是明修家谱进一步吸收正史和地方志编纂学上成果的重要体现。明代家谱体例主要有三种:一是纲目体,以纲统目;二是条目体,一事一目,互相统辖;三是纲目与条目混合体。且愈往后,这种混合体的方法在家谱编纂中愈益得到广泛的运用。与明代以后所修家谱比较,明代所修家谱的体例已比较完备,且大体上已定型,此后清代、中华民国年间所纂家谱在体例上基本承袭明谱,变更甚微。

关于家谱内容方面,明代正德元年所纂《余氏会通谱》内容包括序、跋、辨、图、外传、外纪图、世系图、茔域图、卷末跋、后序。隆庆六年编纂的《新安歙北许氏东支世谱》吸收并总结了嘉靖以前家谱的有关内容,且有新扩展。该谱涉及历代谱序、目录、世系图、考、先世文翰、序、说、传、记、寿叙、赋、诗、歌、词、挽诗、行状、赞、祭文、谱说和领谱字号等诸项内容。万历以后，家谱内容较前更为丰富。万历末年修成的休宁《曾氏统宗世谱》涉及谱序、题辞、谱引、谱歌、谱诗、恩荣录、曾氏先达、迁徙源流、坟墓、后序、跋、谱约、支谱图、统宗谱系小叙、系图、事略、重修族谱叙略、家乘序、诗集序、遗嘱、跋等内容，名目纷繁，同万历以前所修家谱相比，内容得到大规模扩展，几乎囊括了与宗族相关的所有事项。通过对上述明代宗谱的分析，我们不难发现，与宋元谱相比较，明谱所增加的内容主要体现为家规家训、祠产族产等宗族制度的相关方面，这也正是明代宗族制度较前有所发展的一个反映。

根据现存的诸多家谱来看，内容主要包括谱名、谱序、谱例、世家、诰敕、像赞、世系图、传志、家训、祠规、祠堂和领谱字号等内容，而谱名、谱序、像赞、先世考、世系图、传志、题跋等又是最为常见的内容，也是家谱的核心部分。

(1)谱序，主要记述族姓的来源、先世德行、宗族迁徙和本家谱编修、续修情况。谱序一般由本族名人或请当时社会名人执笔，详细叙述族姓的起源、发展和迁徙的全过程。

(2)谱例，也称凡例，说明家谱编修的基本原则、家谱的作用及编修家谱的必要性。

(3)世家，记述本族的名人事迹。

(4)诰敕，记录当朝政府对本族人的旌奖文书。

(5)像赞，收集本族先祖、名人的画像，在其后写上赞语，歌颂其功德。

(6)世系图，这是家谱中最重要的一部分，自本家族的一世祖以下，每代每人的姓名都按辈分写清楚，一看便知自己的继承关系。

(7)传志，记述先祖名人仕宦的传记，以教育后代子孙。

(8)家训，对子孙的教育准则。

(9)祠规，记述本族祭祀的规矩。

(10)祠堂，记载坟墓、义庄等财产情况。

总之，家谱的内容主要包括三部分：第一部分是世系图，即某人的世系所承，属于何代，其父何人；第二部分是家谱正文，是按世系图中所列各人的先后次序编定的，分别介绍各人的字号、父讳、行次、时代、职官、封爵、享年、卒日、谥号、婚配等。这些介绍性文字，长者五十余字，短则二三字，实际是人物小传；第三部分为附录。

四、家谱的价值和作用

(一)家谱的价值

家谱对今人具有两方面的价值。

1. 家谱的历史价值

作为家族繁衍、活动档案材料的家谱，保存了历代不同地区与世系活动相关的丰富资料，这对于相关学科，诸如社会史、移民史、人口史、地方史等都具有史料价值，这已为众多有识之士所论证。几十年前，史学大师顾颉刚认为："而今我国史学领域有尚待开发的两个'大金矿'，即地方志和族谱。它一向为治史者所忽视，实则其中蕴藏无尽有价值的史料，为'正史'所难于悉纪而不为人所知者。"当然，顾颉刚所说的"忽视"状况现在已有改变，重视家谱史料价值的学者已日益增多，见诸文字者不少。作为史料价值，重在求真求实。尽管家谱修撰早有"信以传信，疑以传疑""循实记载""置诸阙疑"等主张，但是，出于种种家族利益的考虑和显耀门庭的诱惑，谱学界的伪俗之风在每一朝代都存在，因此，用家谱史料，必须严格甄别其真伪，不可全信，也不可全疑。

2. 家谱的文化价值

家谱在我国源远流长，在历史长河中，已经形成有独特内涵、浸润着民族情愫的谱牒文化，它对民族的心理素质、价值取向、行为模式都产生了潜移默化的影响。中华民族就是在自己独特的环境中，经过几千年的酝酿由众多族源融合、自然形成的以汉族为核心的多元一体的伟大民族。今天炎黄子孙已经走向世界，遍布五大洲168个国家和地区的海外华人已经超过5 500万。"我们是相同的血缘共有一个家，黄皮肤的旗帜上写着中华。"尽管他们已入籍所在国，但对大多数人来说，国籍认同、政治认同的改变，并没有改变他们的民族认同和文化认同。据统计，1996年世界共有华人社团9 255个，这些社团就是民族感情和民族文化凝聚的产物，他们有强烈寻根的愿望。在海内外及我国的香港、台湾地区，炎黄两帝已成为维系中华民族情感的文化纽带。炎黄共祖的文化认同，是以姓氏溯源的谱系为根据的，古老的《世本》和司马迁《史记·五帝本纪》启其端，历代的姓氏谱系扬其波，它深入人心，代代相传，成了民族集体的潜意识，这正是谱牒文化的价值所在。

(二)家谱的作用

家谱及修谱的作用归纳起来有五个方面，即寻根、留本；清缘、备查；增知、育人；血肉联情；承前启后。

1. 寻根、留本

古人云："谱牒身之本也。"意思是谱牒告诉你，你是谁，你从哪来。人们常说："我们都是炎黄子孙。"但你并不知道其中的由来，通过修谱追根溯源，你就会知道你从哪里来。人从娘腹中十月怀胎，呱呱落地，在世上几十年，但总要静静地离开人世。"雁过留声，人过留名。""名"就是人之本，人生一世，死了连一个名字都没有留在世上，若干年后自己的子孙连祖先是谁都不知道，那不是枉活一生，白活一世，换言之，你的孩子也就是失去了根本。

2. 清缘、备查

姓氏是一种血缘关系的标志,人兽之别,就在于他们对于有血缘关系的本族人,有一种生生不息的寻根意识,使这个家族有强大的凝聚力和生命力。一个人不管漂泊多远,总是忘不了自己的家乡,因为那里埋葬着他们的祖人。中华民族五千年来,人们有着把自己祖宗的事迹记录下来传给后人的习惯,这就是家谱,只要有了家谱,凡与族人有关的人和事,家谱上都有记载,不仅在血缘关系上可以厘清头绪,而且一谱在手,藉此相印证,分清昭穆,支分派别,了然在册。

3. 增知、育人

家谱是一本对族人进行教育的教材。尤其家谱中的谱序、谱例、世家、诰敕、像赞、传志、家训和祠规的内容,对本族后世的教育,是任何教材都不可替代的。族人如何立志、如何敬业、如何治学、如何治家、如何做人,等等,有很多在学校里学不到的东西,家谱却能够回答这些问题。家谱陶冶我们的情操,鼓舞我们热爱生活,奋发向上,为国奉献,为族争光。

4. 血肉联情

俗语说:"亲不亲,故乡情。"在大流通社会中,在国际一体化时代,人们不可能禁锢封闭。走出家门,走出国门,这是本族子孙今后必行之路。通过家谱联系,本族同一血脉的同胞更进一步加深了解。一个人走在外,路人不如乡人,而乡人又怎能与血肉之情相比。经济开发中的往来,生死祸福的降临,人与人之间自然也非常必要相互提携、帮助,有了谱书,哪怕你走到天涯海角,哪怕相见恨晚,血肉亲情一定更好、更深厚。

5. 承前启后

这里有双重含义,一是上对先人,二是下对后辈,先人千辛万苦创业、育人,为家族、为社会创下了丰功伟绩,不能从我们这一代丢掉,必须通过修谱,为他们立传,把他们的精神一代一代地传下去,作为永久的纪念,这是我们后人的历史使命。对后人来说,我们应该给他们留点什么?金钱?房产?这些都不可取。先人只能给后人留下精神财富和祖宗的品德。这些都凝聚在我们的谱书之中,只有把修谱坚持下去,才能上对得起祖宗,下对得起后人。

五、家谱的保存

家谱印好后,谱牒安置在小宗祠内,各版片之间用纸搪隔,以免损伤;外用木箱封装,搁置在高架上,以免受潮。族中如有需要加印家谱的,要经管理小宗祠者问清来历,如果确是嫡派子孙,备办好纸张后即到祠中印刷,不得搬到别处,以防版片散失。各房领出家谱多少本,管理小宗祠者要作登记,注明领取时间及领谱人,以便稽查。各房领回的家谱要用木匣装载,置放在香火之上,或密藏于书房之中,每逢伏天取出晾晒,不能让其稍有蛀烂之迹。

凡逢岁时祭祀,各族带上原本,到小宗祠集中验看一次,如发现有鼠啮、油污、墨浸及磨坏字迹等现象,族中长辈要在祖宗牌位前对持谱人严厉申饬,并当众罚银三两,归入祠内,以充日后修谱之资。拒不从命者,不得参与祭祀。家谱不得誊抄,不得传与外人,更不能出售。如有不肖子孙瞒众觅利,族众共同驱逐他,从此不许入祠。

以上这些规定在不少姓氏家谱中都有或详或略的交代。

第三节 宗 祠

一、宗祠沿革

宗祠,又称宗庙、祖祠、祖厝、祠堂,是供设祖先的神主牌位、举行祭祖活动的场所,又是从事家族宣传、议事宴饮的地方。

民间建造家族祠堂,可追溯到唐五代时期。福建莆田刺桐金紫方氏祠堂,便是建于唐末。涵江黄巷村黄氏宗祠,建于北宋仁宗明道六年(1032年)。到南宋,莆田林氏"建先祠""置祭产"。建阳陈氏家族的祠堂,始筑于元代。各地大规模营造祠堂,则在明清两代。据清初《光泽县志》载,当地"从前各族宗祠无几,近数十年,凡聚族而居者,城乡多各建祠。春秋祭祀,序昭穆,崇功德,敬老尊贤,颇有追远睦族遗意"。一般家族不仅有一族合祀的族祠、宗祠,族内各房、各支房,往往还有各自的支祠、房祠,以奉祀各直系祖先。为显族威,大宗祠堂还盖进省城。一些同姓氏的大家族,有的合建跨地域大宗祠。据《永定县志》记载,民国时期永定"乡村之中,不论大小姓,皆合建祖祠。复合散居各乡及徙居各处之同宗在邑城建祠"。漳州许氏家族,居新加坡、马来西亚者,曾联袂返乡倡建新加坡许氏大宗祠。1949年后,除文化大革命"破四旧"时部分遭损外,宗祠大多保留。近年一些地方宗族活动又兴起,兴建祠堂不少。宗祠的修建仍由同姓族人捐款集资。闽南许多华侨回乡捐修宗祠。新建祠堂大都富丽堂皇,耗资甚大,造成浪费。新建祠堂日常向乡人开放,有的作为村里老人活动场所,发挥有益作用。当代宗祠,仅是作为宗族的象征而已。

二、宗祠管理

为了维护祠堂的神圣和庄严,保持祠堂的整洁和香火有期,民间各家族对之都有一套管理规则。强宗大族专设祠堂司事和祠丁来负责祠堂的日常管理和洒扫上香。一些祠堂还规定每年按家居住地,每家出一人,一届八年选四人,轮流管理祠堂,这些人俗称"当家头"。族人不允许有损害祠堂的行为。有些家族规定,"一宗祠内外,不准私放畜类,以及不准夏秋晒谷,至于乘凉寝睡等事。违者罚钱一千文,充祠公用;若再抗罚,族房齐集,呈官究治。一祠堂内外,凡有安囤家私柴草,即在祠前焚化示众"。有的家族还规定,族人损坏祠堂物件必须赔偿公罚。妇女儿童不得随意入祠,族人盖房不得有碍祠堂风水等。尤其是一些有损于家族道德的行为,如行窃、赌博、吸毒等皆是祠堂严厉规定的禁条。

三、宗祠建筑

祠堂建筑大多讲究"风水",通常是在祖先居住的地方,将旧房改建成祠堂;一些家族建宅时,往往先建祠堂。一些单姓小村落,无力筹建大祠堂,便在村前选址设牌位,供祖先。祠堂一般多位于正寝(前堂)东侧,讲究三间二外门。正大门平时不开,只在春秋二祭或族人议大事时开启。正厅外,有储藏祭器、遗书的小房子,环绕成一个独立的建筑群。普通的祠堂只有一间正厅,正厅内设四个龛,龛中置一个柜,内藏祖宗牌位(称神主牌),四龛神位依次为高祖考、高祖妣和考、妣的官位、姓名字号。每龛前后各设一矮长桌,用以摆放祭品。一些宗祠里,凡本族新添男丁要贴张红纸在柱上,上书×××长子(或次子等),取名×××,以示到祖先面前报到。本房死者若有子已婚者,其遗像可入祖厅正堂。平日祠堂空屋可借给家无住房的族人居住,有的族人的灵柩也寄放在祠中。族人去世,则送香灰入祠。外出族人来谒祖寻根时,必先到祠堂祭祀,而后包上祠堂的香灰及家乡的泥土带走,以示不忘根本。

第四节 堂 号

一、堂号概念

堂号,本意是厅堂、居室的名称。因古代同姓族人多聚族而居,往往数世同堂,或同一姓氏的支派、分房集中居住于某一处或相近数处庭堂、宅院之中,堂号就成为某一族人的共同徽号。同姓族人为祭祀供奉共同的祖先,在某宗祠、家庙的匾额上题写堂名,因而堂号也有祠堂名号之含义。

堂号,有广义和狭义之分。广义堂号与姓氏的地望有关,或以其姓氏的发祥祖地,或以其声名显赫的郡望所在,作为堂号,亦称总堂号。狭义的堂号,也称自立堂号,在同一姓氏之间,往往以先世之德望、功业、科举、文字或祥瑞典故自立堂号,其形式多种多样,五花八门,不胜枚举。所以,堂号和郡望一样,是中国姓氏文化中特有的范畴,也是中国人进行寻根问祖时不可不先熟悉的一个概念。

二、堂号来历

堂号多源自本祖上某一历史名人的典故事迹或趣闻佳话。如孟姓的"三迁堂",即缘自孟母三迁的典故。

中国人是世界上最有祖先崇拜传统的民族。在每个家庭中,往往都有一个场所供奉已去世祖先的神主牌位,而每个家庭都会有本家的祠堂来供奉神主牌位,那么这个祠堂就要给它取一个堂号,目的是让子孙们每提起自家的堂号,就会知道本族的来源,记起祖先的功德。历来每个姓氏、每个家族、每个家庭,都有自己的堂号。

从宋代开始,一些文人雅士喜欢把堂号署在诗文书画作品上。后来,干脆自己命名一个堂号,在文化交流时签署使用。实际上,这些文艺家已把家族的堂号逐步演化为个人的斋名。

三、堂号的种类

(1)以血缘关系命名堂号。中国的姓氏文化,首先表现出来的社会心态是对血缘关系的高度重视,不仅同一姓氏使用相同堂号,而且有血缘关系的不同姓氏,也会使用同一堂号。如著名的"大桂堂",是闽粤一带洪、江、汪、龚、翁、方六个姓氏共同的一个堂号。据文献记载,这六个南方家族,虽然姓氏不同,但却是一个祖先——翁姓的后裔。

(2)以地域命名堂号。地域观念命名堂号最为普通,往往和姓氏的郡望相关,也就是以郡号或地名作为堂号。如诸葛氏,系出葛伯,望于琅琊,发祥地是山东诸城,后世遍布全国各地的诸葛氏,绝大多数都世代沿用琅琊的堂名。

(3)以先世的嘉言懿行为堂号。中国人向有慎终追远的美德,往往以先世祖宗的嘉言懿行深感自豪,并以此命名堂号,千古流芳。如范氏"麦舟堂"是来自北宋名臣范仲淹济危扶困的典故。有一次,范仲淹遣子纯仁至姑苏运麦,舟至丹阳,遇石曼卿无资葬亲,纯仁即以麦船相赠。纯仁回家后告知其父,深得范仲淹嘉许。故后世以此为典,以"麦舟堂"为堂号。

(4)以祖上的功业勋绩为堂号。在中华民族五千年的历史长河中,各个姓氏在不同历史时期都涌现出一批功勋卓著、名垂青史的历史人物,后人往往以此作为堂号。楚大夫屈原曾任三闾大夫,屈氏遂以"三闾堂"为堂号。

(5)以传统伦理规范为堂号。在封建宗法社会,各个家族常以传统的伦理道德规范为堂号,以劝诫训勉后代子孙。如李氏"敦伦堂",张氏"百忍堂",朱氏"格言堂",刘氏"重德堂"等,都体现了传统的伦理道德观念。在各氏自立堂号中,十分普通。

(6)以先世名人的厅堂别墅为堂号。为表示对同姓先世名人的仰慕之情,各姓中以其厅堂、居处为堂号。唐代大诗人白居易晚年隐居洛阳香山,号香山居士,其后人便以"香山堂"为堂号。

还有以祥瑞吉兆、科举功名、垂诫训勉后人的格言礼数,良好的祝愿和封爵、谥号或旌表褒奖等为堂号。总之,堂号作为家族的徽号和别称,不仅有明显的地域特征和血缘内涵,而且带有浓厚的封建宗法色彩,既是对某一姓氏家族特色的高度概括,也是当时社会形态的反映。

四、堂号的意义和作用

堂号历史悠久,应用广泛,它产生的缘由大概有三:一是彰扬祖先的功业道德;二是显示家族宗亲的特点;三是训诫子孙继承发扬先祖之余烈。在中国传统宗法社会中,堂号主要在于区别姓氏、区分宗派、劝善惩恶、教育族人。它对敦宗睦族、弘扬孝道、启迪后人、催人向上、维护家庭、宗族和整个社会稳定,都具有十分重大的作用。

堂号的存在,是表明一个家族源流世系,区分族属、支派的标记,是家族文化中用以弘扬祖德、敦亲睦族的符号标志,是寻根意识与祖先崇拜的体现。

中华人民共和国成立后,随着中国封建宗法制度的终结,祠堂在中国大陆不是成了历史,就是成了文物,因此,新的堂号不可能产生。但是,旧有的堂号却仍然留在各姓各族人们的记忆中。近年来,随着我国政府的改革开放和全球华人寻根热潮的兴起,许多大陆宗祠被恢复,族谱被续修,因此,堂号再一次被人们抬了出来。不过今天的堂号,已经没有了宗族主义的负面作用,有的只是给人们寻根问祖、缅怀先祖、激励后人的积极意义。特别是对于加强中华民族的向心力、凝聚力,对于中华民族的大团结,堂号都必将产生较大的促进作用。

第五节 人 名

一、名、字、号

旧时人们取称谓总是习惯取名、取字和取号。古时候,人有名又有字,古人的"名",是社会上一个人的特称。名是出生三个月或百日后才取的。取名极为慎重,据说要取信、义之类的意义。"字"往往是"名"的解释和补充,是与"名"相表里的,故又称"表字"。"字"义本为孳,即生儿育女之义。男二十、女十五为成年,可以正式参加社交。同时,"男子二十冠而字""女子许嫁行笄礼而字"。字与名通常义相比附,以字释名。名的构成因朝代不同而略有差异:有名后加"父"者,如伯禽父、仲尼父;有名前加"子"者,如子产、子路;有名前加排行者,如叔向、季路;有名前加助词者,如佚之狐;还有以排行、数目字取名者,等等。除此之外,取名、字还有以下几类。

(1)取笔名。笔名是文人学者发表作品的署名习惯,始于清代。当时报纸杂志日益增多,作者常用笔名发表文章。笔名因文人学者的感受、爱好不同而各异。20世纪30年代,进步作家为避免反动派的迫害,常改换笔名,以迷惑敌人。如鲁迅使用的笔名就达一百多个。御用文人为反对革命,欺骗人民,也用许多笔名发表文章,以壮声势,掩饰自己;也有的用多种笔名发表自吹自擂的文章,以追求名利。有些作家在同一报刊上经常发表文章或同时发表几篇文章,也署多种笔名。今在理论界、新闻界、文艺界仍可常见。

(2)书斋命名。文人学者有为自己的书屋命名的习惯。书屋名因兴趣爱好不同各异,一般说来大多能够反映主人的读书、治学态度和德行。他们以自己的书斋名称作为自己的代称,在发表作品时,以某某室主人,某某斋居士署名。

(3)取小名。所谓"小名",系指人于小儿时期所起用的名字。小名是个具有阶段性的名字类型,其自人出世至入学之前,在这个阶段时期内所起用之名统称为"小名"。小名只是在家庭和亲朋好友间使用。究其取小名原因,一是随口叫成,一是缘事而命,一是出于某种迷信。

(4)取贱名。民间取名习惯。汉族某些地区,子女长得俊俏,父母为其取名丑丑、二丑、丑女;子女长得活泼可爱,父母为其取名小赖、赖狗、二赖;子女长得机灵、敏捷,名字上则往往带一"傻"字或"憨"字。在藏族地区,父母常因子女生病体弱,希望长得结实,给子女取名为"骐珠",意为"小狗";取名为"琪加",意为"狗屎",等等。

(5)取昵称。民间取名习惯。多流行于汉族的山西、上海一带。在山西,父母为子女取名时,一是用"蛋"字,如大蛋、二蛋、小蛋等;二是称"亲",如亲亲、小亲、宝亲等;三是加"子",如小柱子、小亲子等;四是对孩子越喜爱,取名字就越难听,如扁头、狗头、秃子等。北方一些地区还有以出门先见之物为诞生儿取名的习俗,若先见者为萝头,即命名为萝头,等等,反映了父母对子女爱怜的思想感情。

"号"是别人的称号,即人的别称。封建社会中的士大夫特别是文人往往有自己的号。取号是古时读书人或上层人物取称谓的习惯。这些人有名有字,还有号。号可以不止一个,有自号、别号和尊号。号、别号和尊号是指名字以外另起的称号,与名不一定有意义上的联系。号一般由2~4个字组成,如苏轼自号东坡居士,李白别号青莲居士。

按照人的容貌、性格特点所取的别名叫诨名,又称"绰号"。《水浒传》里的很多人物都有诨名,如"九纹龙"为史进的诨名,"智多星"为吴用的诨名,"三寸谷树皮"为武大郎的诨名。

雅为敬辞,尊敬他人之号为雅号。如张煌言号苍水,可称之为"雅号苍水"。询问对方的号,也可称"雅号为何"。

二、班辈排行

班辈排行,即汉族宗姓多以家谱选定的辈分用字,在族子孙(特别是男姓)命名时,必含谱定辈分的用字,俗称其排行为某字辈。排辈用字,是一姓族之内的人们为了分辨世系辈分、远近亲疏,而在取名时严格统一的用字。一般情况下,这个辈字是用在两字名的前边或后边,其格式是"姓+辈字+其他字"或"姓+其他字+辈字"。这个辈字居中间者比较普遍。封建社会重男轻女,辈字大多只在男性中施行。统一的辈字具有维护伦理纲常和增强姓族凝聚力的重要意义。一个姓族繁衍播迁,相互之间分散遥远,加之年代相隔长久,同姓子孙不明世系、不知根源,同宗同族也是路人一般,更不清楚相互之间的辈分关系。为了解决这些问题,辈分就应运而生了。

统一的行辈用字,在汉朝人的姓名中就已经出现了,但那个时候只是个别现象。魏晋南北朝时期,门阀士族占统治地位,家族传记谱牒日益增多,统一的行辈用字也受到了人们重视。而辈字真正作为一种普遍姓族文化现象,是在宋朝私谱成风以后的事情,渐至明清时期,愈演愈烈。一般情况下,辈字的规定,是同一家族在初次或较早修谱时由有关人员非常慎重、颇费心机、反复推敲以后才确定下来,写进族谱,统一由族中人按辈分高低依次选取一字用在自己的名字里边;同一辈分的人必须用同一个辈字。辈字一般不得随意改动。有些姓族的辈字也有修改的情况。若干年后,在辈字依次即将用完之时,族内就要组织续修家谱,增加新的辈分用字。

辈字的含义同堂号一样,都是为了敦亲睦族,纪念先祖功德,反映族人的价值观念和人生追求。因此都希望辈分用字能够体现本族众繁荣昌盛、兴旺发达的吉祥字。辈字定好后,把这些辈字连起来,成为或四言或五言或七言的韵文,又有完整的意义,往往成为族规家训的浓缩或翻版,令后人秉承不爽。比如湖南韶山《毛氏家谱》中记载行辈用字就是五言韵文:立显荣朝士,文方运际祥;祖恩贻泽远,世代永承昌。孝友传家本,忠良报国光;启元敦圣学,风雅列明章。

行辈用字具有私修家谱的突出特点,它的使用范围和推行的效力也是相对有限,除了孔、孟两大姓族外,没有哪一姓族在全国范围内实行统一的行辈用字。只能是在一定范围之内的同一姓族力所能及地将血缘关系可以考知的人集中起来,实行统一的行辈用字。因此,不同地区、不同的范围之内,同一姓族的辈字也不可能一致起来。

附录一　宜昌袁裕校家庭博物馆简介

宜昌市袁裕校家庭博物馆位于宜昌市点军区五龙村五龙河街10号。博物馆占地30亩，总建筑面积近4500平方米，展厅区2500平方米，库房区500平方米。馆藏袁家四代收藏传承的2万余件家庭实物藏品和300卷家庭档案，集三峡民俗、移民文化之大成。

2万余件家庭实物藏品，包括衣、食、住、行、用，劳动工具、习俗道具、票证文书、老旧电影、电话、电子产品等。300卷家庭档案，包括家庭档案史料200余卷，移民档案90卷，《袁裕校家志》60多万字。

博物馆受到业界高度评价和社会广泛关注。2014年2月，宜昌市教育局、三峡电视台录制2014年新学期《新春第一课》，向全市30万中小学生传递正能量新增课程，袁裕校和他的家庭博物馆为《新春第一课》主要内容之一。2014年国庆期间，中央电视台13频道国庆特别节目——"我们的传家宝"，播放了袁裕校家庭博物馆专题片：《一座穿越家庭历史的博物馆》。在中国中央电视台，专题讲述袁裕校家庭博物馆的故事，介绍中国文化遗产的平民收藏家袁裕校，对于袁裕校及其家庭博物馆来说还是首次，从此，袁裕校可谓"享誉海内外"了。

目前，袁裕校家庭博物馆经国家、省、市确定为"家庭档案示范基地""省情市情教育基地""宜昌市国防教育基地""宜昌市爱国主义教育基地""宜昌市青少年校外活动教育基地""三峡大学传统文化教育基地""湖北三峡职业技术学院传统文化教育基地""宜昌市知识产权保护单位"等。

由于愈来愈显著的文化效应和社会效应，一个规模宏大的三峡民俗文化产业园——袁裕校家庭文化园项目，已列入宜昌市文化建设十二五规划。项目以袁裕校家庭物质文化展览及家庭生活档案展览为主线，展览区域有《百年遗韵》《岁月光影》《家庭档案馆》《山楂树之恋影视基地》四个部分。届时，袁裕校家庭博物馆将以"袁裕校文化园"的崭新面貌，展示具有中国特色的家庭博物和档案文化，必将成为反映宜昌市乃至鄂西生态文化旅游圈近代历史文化的一张靓丽名片。

附录二　宜都正国民俗博物馆简介

宜都市正国民俗博物馆位于宜都市陆城红春社区民俗文化村。红春民俗文化村是红春社区实行集约土地、迁户腾地的方式推进的新农村建设项目，2008年3月动工兴建，规划总面积500亩，可容纳千户居民居住。总体构架分为商业贸易区、居民居住区、民俗博物展览区和田园山水绿化区。采取统一征用土地、统一风格设计、统一配套设施，形成了独特的清江流域民俗风情文化、明清时代徽派建筑风格。现修建有恢宏大气的民俗村石牌坊、别具一格的池塘石滚护坡以及历史痕迹厚重的石磨填铺街巷。

宜都市正国民俗博物馆于2008年8月正式立项兴建，2010年8月建成，占地8.2亩，建筑面积3 900平方米，展厅面积3 100平方米，总投资三千多万元。整个建筑为清代徽派井院式结构，高低错落。布局为正方形，坐南朝北，三面环水，由北向南依次为民俗博物展览馆楼、精品展览馆楼、办公楼等组成。所有的门窗、木制栏杆、檐角、基石都是从鄂西各市州县收集而来的古旧物，古色古香，并且运用大量收集的旧石碌、石磨铺制成护堤和道路，既节约了一定的成本，也富有浓厚的历史底蕴和文化气息。

博物馆共分为十五个展厅及一个精品展馆。现已建成并布好展的有宗教文化展厅、红木家具展厅、土家家具展厅、兵器展厅、木雕展厅、石雕展厅、鸦片用具展厅、土烟用具展厅、状元文化展厅、古字画展厅、精品床展厅、官方用品展厅、绣品展厅、巴人满顶床展厅、清江渔猎用具展厅。精品展馆还在施工布馆中。馆内藏品分为木雕、石雕、古典家具、陶器、瓷器、"文革"物品、绣品、杂项八大类共计几千件，已登记的有1 800件，包括明清时期鄂、湘、黔的木雕家具、民间服饰、挑花织锦、银器饰物、字画、陶瓷器、玉器、钱币等独特精美的生产生活用具、民俗用品、文艺及宗教祭祀用具，还有大量"文革"时期的用品等，其中尤以土家雕花滴水床、皇宫镂空雕花妃子床、大型孔雀开屏根雕等最为精美绝伦。这些展品反映了从古至今，我国劳动人民的勤劳和智慧。博物馆还收藏了清末民初杰出的历史地理学家、书法艺术家、藏书家、"日本书道之祖"杨守敬先生的家谱。

藏品的数量多、品种全、工艺精，极具艺术欣赏和研究价值，在民营性博物馆中比较罕见。自博物馆成立以来，中央、省、市、县各级领导多次莅临指导，并给予了高度评价。正国民俗博物馆现已成为宜都一个独特的文化交流的窗口和旅游景点。

2012年,正国民俗博物馆被授予"宜都市科普教育基地"。馆长刘正国被评选为2011年度"宜昌十大民选新闻人物",并获得第五届"薪火相传——中国文化遗产保护年度贡献奖"。

主要参考文献

蔡元亨.大魂之音:巴人精神秘史[M].北京:中央民族大学出版社,2000.
曹诗图.旅游哲学引论[M].天津:南开大学出版社,2008.
陈崧.五四前后东西方文化问题论战文选[M].北京:中国社会科学出版社,1985.
冯万林.宜昌记忆[M].北京:中国文联出版社,2007.
郭英之,张红,宋书玲,等.中国出境旅游目的地市场定位研究[J].旅游学刊,2004,
  (4):27~32.
胡韶华.中国三峡文化教程[M].武汉:武汉出版社,2004.
姜若愚,张国杰.中外民族民俗[M].北京:旅游教育出版社,2007.
蒋冰华.旅游商品的特点和分类研究[J].安阳师范学院学报,2005(3):60~62.
黎开锋,严红,余学新.三峡文化与旅游发展[M].武汉:长江出版社,2008.
李承燕.浅析三峡民俗旅游资源开发[J].中国三峡,2013(5):76~77.
李耀华.湖北省非物质文化遗产名录图典[M].武汉:湖北人民出版社,2012.
廖小波,谭清宣.从清季民初的民间祭祀看三峡地区的民间信仰[J].重庆师范大学学
  报(哲学社会科学版),2006(1):16~19.
柳兵.导游宜昌[M].北京:中国旅游出版社,2014.
陆慧.中国民俗旅游[M].北京:科学出版社,2014.
欧阳斌.中国旅游策划导论[M].北京:中国旅游出版社,2005.
邱德玉.旅游文化[M].北京:科学出版社,2014.
覃德清.中国民间宗教信仰现状与改革的思考[J].民间文学论坛,1997(4):3~80.
图道多吉.中国民族理论与实践[M].太原:山西教育出版社,2003.
王娟.中国民俗文化[M].北京:中央广播电视大学出版社,2006.
王衍军.中国民俗文化[M].广州:暨南大学出版社,2008.
吴澎.中国饮食文化[M].北京:化学工业出版社,2009.
宣炳善,刘魁立,张旭.民间饮食习俗[M].北京:中国社会出版社,2008.
叶禾.少数民族民居[M].北京:中国社会出版社,2006.
余远国.三峡民俗文化[M].武汉:中国地质大学出版社,2010.
张冰隅.农历与民俗文化[M].上海:上海教育出版社,2008.
张清河.区域民族旅游开发导论[M].北京:中国旅游出版社,2005.
赵修琴,代凯军.中国民俗礼仪婚丧喜庆对联大全[M].北京:民族出版社,2000.